관상은 성장 환경에 따라 바뀐다.

관상은 시대에 따라 바뀐다.

관상은 음식으로 바뀐다.

관상은 마음가짐(기분)으로 바뀐다.

관상은 의지로 바뀐다.

얼굴은 나이에 따라 변한다.

음陰 양陽 오五 행行 으로
인간관계를 읽다

觀相, 음양오행으로 인간관계를 읽다

초판 1쇄 인쇄 2018년 4월 7일
초판 1쇄 발행 2018년 4월 12일

지은이 김현남
펴낸이 양동현
펴낸곳 나들목
　　　출판등록 제6-483호
　　　주소 02832, 서울 성북구 동소문로13가길 27
　　　전화 02) 927-2345 팩스 02) 927-3199

ISBN 978-89-90517-97-5/ 03180

www.iacademybook.com

이 도서의 국립중앙도서관 출판시도서목록(CIP)은
e-CIP홈페이지(http://www.nl.go.kr/ecip)와 국가자료공동목록시스템(http://www.nl.go.kr/kolisnet)에서
이용하실 수 있습니다. CIP제어번호 : CIP2018010244

觀相

사람과 사람의 관계를 읽어 내는 관상의 기술

음陰양陽오五행行으로
인간관계를 읽다

김현남 지음

易 나들목

머리말

얼마 전 일본 관상학자들과의 교류를 위해 도쿄에 갔다가 들른 서점에서 후지모토 기이치(藤本儀一)가 쓴『남자의 얼굴은 영수증』이라는 책을 산 적이 있다. 현 시점에서 과거에 무엇을 하면서 살아왔는지, 어떤 생각을 하고 살았는지 그 결과는 반드시 '영수증'이 되어 얼굴의 표정이나 형태로 나타난다는 내용이었다. 이는 자신의 얼굴에 책임을 져야 한다는 의미라고 할 수 있다.

얼굴은 자신과 상대방, 상대방과 자신의 정보를 주거나 수집할 수 있는 최고의 도구이자 수단이다. 내가 상대방의 얼굴을 통해서 그 사람에 관련된 정보를 수집할 수도 있고, 얼굴을 통해 자신에 관한 정보를 알려 줄 수도 있다. 특히 심성과 감정은 얼굴에 그대로 나타나기 때문에 입으로는 거짓말을 해도 얼굴 표정은 거짓말을 못한다는 말도 있다.

아는 사람이든 모르는 사람이든, 처음 만났을 때 제일 먼저 눈길이 가는 곳이 얼굴이다. 얼굴을 통해서 상대를 식별하고, 어떤 사람인지를 무의식중에 판단하게 된다. 남자인가 여자인가? 나이는? 직업은? 성격은 좋은가? 이 사람은 나와 잘 맞는가? 혹시 사기꾼은 아닌가? 지금의 상태는 어떠한가? 등 상대방의 관상을 통해서, 그동안 겪어 왔던 자신만의 경험을 더해 상대를 분석하고 판단하려고 온 신경을 집중한다.

관상학에서는 각양각색인 사람들의 얼굴 유형을 총괄적으로 분석하여 다섯 가지 유형으로 설명한다. 동양인문학의 기본 원리가 되는 음양오행 이론을 관상학에 도입하여 얼굴 형태를 다섯 가지로 분류하고, 성격 · 기질 · 건강 및 운명의 길흉과 인간관계를 분석한다. 오행에서 말하는 상생상극(相生相剋) 관계를 통해 주위 사람들과의 관계를 살펴보면, 자신이 만나는 사람들 중에 '내가 좋아하는 사람, 나를 좋아하는 사람, 내가 싫어하는 사람, 나를 싫어하는 사람'으로 구분할 수 있을 것이다. 이로써 자신의 오행 특징에 따른 상생상극 관계로 인간관계가 형성되어 있음을 확인할 수 있다.

단체나 조직, 회사의 부서, 크게는 국가 운영에 이르기까지 유기적으로 형성된 조직은 성공할 수 있다. 이는 상생과 상극이 균형을 형성하는 구성이라 할 수 있다. 단체장(부서장)을 중심으로 '도움을 받는 사람, 도움을 주는 사람, 적절한 통제와 견제를 해야 하는 사람'으로 구성되었을 때, 그 조직은 원만하게 돌아가고 발전할 수 있다. 또한 자신의 관상을 오행으로 분석하여 특징을 파악하고 주위 사람들의 오행 특징을 파악했다면, 상대에 맞는 행동과 처신으로 결코 실패하지 않는 인간관계를 만들 수 있을 것이다. 또한 자신의 장점을 살리고 단점을 보완하기 위해 많은 노력을 해야 할 것이다. 이를 통해 자신의 행동과 삶에 의해 얼굴에 축적되는 정보 발신 기능을 좀 더 업그레이드할 수 있을 것이다.

2018년 봄

學而齋에서 김현남

김현남의 관상 핵심 비결 100가지

1. 인중(人中)에 세로주름[竪紋]이 있으면 본인의 신체에 상처나 흉터가 있다. 특히 손이나 다리 부위에 상처와 흉터가 많다.

2. 코의 연수(年壽) 부위에 어두운 기색[暗色]이 나타나면 질병에 걸리기 쉽다. 피부 속에서 흑색의 기색이 나타나면 질병 때문에 전반적으로 건강이 좋지 않다.

3. 인중이나 인중 양쪽 옆에 검은 점이나 사마귀가 있으면 자궁과 복부에 종양이 있으며, 여성의 인중 중간에 검은 사마귀가 있으면 이혼할 우려가 있다.

4. 눈썹 속이나 사이에 검은 사마귀가 있으면 집 안에 큰 나무나 우물이 있다(단독주택에 거주하는 사람의 경우).

5. 귀에 검은 사마귀가 있으면 어린 시절에 수해(水災)를 당한다.

6. 양쪽 귓불[耳垂]에 깊은 주름이 있으면, 왼쪽의 경우 6~7세, 오른쪽의 경우 13~14세에 큰 질병에 걸리며, 그렇지 않으면 큰 재난을 당할 염려가 있다. (성인일 경우 고혈압과 중풍을 예방)

7. 임산부의 인당(印堂)에 세로주름이나 T자 형 주름이 있으면 사

생아나 장애아를 낳을 수 있다.

8. 인중에 홈[凹]이 있으면 자식을 낳기는 하지만 그 수가 많지는 않다.

9. 인중에 가로주름이 있으면 자식을 낳지만 한 명밖에 없다.

10. 눈이 움푹하게 들어가 있는 사람은 첫 자식이 딸인 경우가 많다.

11. 인중이 위는 좁고 아래가 넓으면 첫째는 딸을 낳는다.

12. 인중과 입술이 닿는 부분이 V형이라면 첫째는 남자아이를 낳고, 원형(U)이라면 딸을 낳는다.

13. 눈이 깊게 들어간 사람은 결혼 전의 연애가 순조롭지 못하고, 약혼을 하더라도 파혼하는 경우가 있다.

14. 간문(奸門) 부위에 어두운 기색[暗色]이 나타나면 부부간에 자주 다투거나 이혼한다.

15. 여성의 이마에 있는 중정(中停) 부위가 함몰되어 있으면 반드시 이혼한다.

16. 산근(山根)에 흉터가 있거나 주름이 많으면 처(妻)를 극(克)한다.

17. 여성의 관골(顴骨 : 광대뼈)이 높고 눈이 들어가 있으면[凹] 반드시 남편을 상(傷)하게 한다.

18. 콧대에 마디[起節]가 있으면 부부가 불화하거나 이혼한다.

19. 임신한 여성의 와잠(臥蠶)·관골·준두(準頭)·인당이 홍색(紅色)을 띠면서 윤기가 있는 사람은 아들을 낳는다.

20. 임신한 여성의 와잠·관골·비골(鼻骨)·인당에 황색이 나타나거나 자색(紫色)이 나타나면 윤기가 없어도 아들을 낳는다.

21. 남성의 미두(眉頭)가 듬성듬성하면[疏淡] 누이가 있고, 미미(眉尾)가 듬성듬성하면 여동생이 있다. (여성은 그 반대로 본다.)

22. 눈썹에 흰색이 나타나면 형제가 부상을 당하거나 형제 중 누군

가의 초상[喪]을 당한다. (눈썹이 끊어져도 그러하다.)

23. 눈썹 끝이 꽃 피듯 흩어져 있으면 운세가 좋지 못하고 돈이 모이지 않는다.

24. 이마가 좁거나 평평하고, 이마 중앙이 함몰되어 있거나 얼굴(뺨)이 왼쪽으로 치우쳐 있거나 인중이 왼쪽으로 치우쳐 있거나 코가 왼쪽으로 틀어져 있으면 아버지가 어머니보다 먼저 돌아가신다.

25. 산근에 기절(起節)이 있으면 한평생 작은 질병에 시달리지만 큰 재난은 없다.

26. 코가 아름다운 사람은 애인(또는 부인이나 남편)이 아름답다.

27. 눈에 물기[水氣]가 많은 사람은 정이 많고 풍류를 즐긴다.

28. 법령선(法令線 : 팔자주름)이 굵고 깊으면 아들을 얻기 힘들다.

29. 간문과 어미(漁尾)의 주름에 가지가 많은 사람은 반드시 이혼한다.

30. 나쁜 눈[眼惡]을 가진 여성이 시집가면 남편을 극한다.

31. 인당이 지나치게 좁으면 결혼이 늦거나 아들을 늦게 낳는다. 빨리 결혼하면 첫째는 딸을 낳는다.

32. 눈 아래(와잠) 부위에 결함이 있으면 자식을 얻기가 어렵다. 남자의 왼쪽은 아들, 오른쪽은 딸이다.(여성은 그 반대이다.)

33. 법령선이 입으로 들어가면 굶어 죽는다.(위장질환에 주의해야 한다.)

34. 사람을 살필 때 눈에 정신(精神)이 있으면 운기가 좋고, 정신이 없으면 운기가 좋지 못하다.

35. 눈썹의 형태가 위쪽으로 솟아오르면 고귀함과 권력을 얻는다.

36. 법령선이 마치 팔(八)자 모양을 하고 있으면, 고귀함[貴]과 권력

을 함께 줄 것이다.

37. 관골이 높은 사람은 재능과 수완이 뛰어나다.

38. 이마가 넓고 큰 사람은 한 가지 뛰어난 재주를 가지고 있다.

39. 턱이 뾰족하면 자식운, 부하운, 말년운이 좋지 못하다.

40. 입술의 피부가 거칠면 일생이 고단하다.(자식이 없거나 가출한다.)

41. 어미에 주름이 많은 사람은 나이 들어서 한가롭지 못하다.

42. 손발이 거칠면서 크면 부귀를 얻거나 누리기가 어렵다.

43. 인중이 어느 한쪽으로 기울어져 있으면 가족 간에 불화가 많다.

44. 사람의 형태가 귀신 모양[鬼樣]을 하고 있으면 반드시 가난하다.

45. 여성의 얼굴이 둥글고 허리에 살집이 있으면 반드시 부귀를 누린다.

46. 입술이 홍색으로 윤기가 있으며, 치아가 희고 가지런하고 굵으면 반드시 부자가 되고, 당문(當門)의 양쪽 치아가 가지런하면 말년에 효도와 공경을 받게 되고, 사이가 벌어져 있으면 효도를 받지 못하고 곤궁하게 된다.

47. 등이 두텁고 허리가 둥글고 배가 적당하게 나와 있으면 반드시 부자가 된다.

48. 일월각(日月角)이 발달되어 있으면 고귀함과 권력을 쥔다.

49. 양쪽 입꼬리가 아래로 처져 있으면 자수성가하는 사람이 많다.

50. 눈이 삼각형이면 여성은 남편과 자식을 극하고, 남성은 처자를 극한다.

51. 귀가 눈썹에 비해 높으면 좋은 운명을 타고났으며 빈곤하지 않다.

52. 귀에 이륜(耳輪)과 수주(垂珠)가 있으면서 이마가 발달한 사람은

젊은 나이에 부귀를 얻는다.

53. 눈썹이 길으면서 가지런하면 모든 일이 빠르게 성취된다.

54. 눈썹이 듬성듬성하면[淡] 결혼이 늦어진다.

55. 좌우 양쪽 눈썹의 농담(濃淡), 고저(高低), 장단(長短)이 일정하지 못하면 재혼한다.

56. 지각(池閣)이 좌우 균형을 이루지 못하고 한쪽으로 치우쳐 있으면 재혼한다.

57. 양쪽 시골(腮骨)이 돌출되어 있으면 재혼한다.

58. 남성이 신자형(申字形) 얼굴이거나 여성의 목소리를 내거나, 여성이 남성의 목소리를 내면 재혼한다.

59. 남성의 왼쪽 눈이 작고 오른쪽 눈이 크면 처자(妻子)와의 인연이 좋지 못하다.

60. 남성의 산근이 낮고, 관골이 낮고, 특히 왼쪽 관골이 낮으면 처자를 극한다.

61. 남성의 눈꼬리가 아래로 처져 있고, 눈썹과 눈의 거리가 지나치게 가깝고, 눈썹이 지나치게 짙거나 듬성듬성하면 처자를 극한다.

62. 남성의 입이 작고 귀가 약하고 이마의 발제 부위가 둥근 형태를 하고 있으면 처자를 극한다.

64. 눈이 크면서 안신(眼神, 눈빛)이 뜨거나 노출되지 않으면 공예(工藝)를 업(業)으로 삼으면 좋다.

65. 비량(鼻梁)이 넓고 크면 재운이 좋다.

66. 눈썹이 섬세하고, 안신이 뛰어나고, 얼굴이 길고, 코가 길고, 눈동자가 길고, 관골에 기세가 있는 사람은 한 가지 뛰어난 재주가 있다.

67. 관골에 상처나 흉터가 있으면 형제 중에 고질병을 앓는 환자가 있다.

68. 눈이 짧고 눈썹이 길면 반드시 많은 돈과 양식을 가지고 있다.

69. 생각이 많고 마음이 편안하지 못하면 재운이 좋지 못하다.

70. 여성의 부성(夫星)은 코에 있다. 코의 형태가 풍륭(豊隆)하면서 단정하고 치우치거나 기울어지지 않고 색이 밝고 윤택하면 남편의 운이 좋다.

71. 재성(財星 : 코)을 육부와 오악이 잘 감싸고 있고, 불파(不破)하고 불충(不沖)하고 불고(不孤)하고 불로(不露)하면 큰부자가 된다.

72. 자성(子星)은 관골에 있는데, 밝고 윤기가 있고 풍만하면서 충파(沖破)가 없고 얼룩이나 사마귀가 없으면 자식에게 이익이 있다.

73. 남성의 왼쪽 대퇴부에 상처나 건강상의 문제가 있으면 아버지가 먼저 돌아가시고, 오른쪽 대퇴부에 상처나 문제가 있으면 어머니가 먼저 돌아가신다.

74. 밭장다리의 사람은 아버지가 단명(短命)한다.

75. 눈썹이 낮고 눈이 들어가 있으면 한평생 고생을 많이 한다.

76. 정(井)자 문양의 주름이 눈 아래에 나타나면 스스로 목을 매어 죽는다.

77. 인중이 깊고 길면 반드시 훌륭한 자식을 낳는다.

78. 인당에 세로주름이 하나 있으면 자식이 한 명, 긴 주름이 두 줄 있으면 두 명, 주름 네 개 있으면 자식이 네 명이고, 세로주름이 선명하지 못하면 양자를 둔다.

79. 눈썹이 짙으면 형제가 많고, 눈썹이 빈약하면 형제가 적고, 눈썹 머리에 소라처럼 말린 털[旋毛]이 있으면 형제간에 불화하며, 결함이 있으면 형제간에 다툼이 많다. 미두(眉頭)는 큰아들이나 큰

딸, 미미(眉尾)는 막내동생을 의미한다.

80. 자녀의 수는 안각(眼角) 위에 나타난 주름을 통해서 살피는데, 주름의 수가 자식의 수이다. 남성은 왼쪽, 여성은 오른쪽을 본다.

81. 형제 중에서 맏이는 코가 뾰족하고 눈썹이 만곡(彎曲)되어 있으면서 끝부분이 엇갈려 있고, 이마의 발제 부위가 가지런하지 못하면 대부분 맏아들(또는 맏딸)이다.

82. 여성이 배와 엉덩이에 살집이 없으면 고생하거나 가난하다.

83. 관골이 발달되어 있는데 턱이 빈약하면 고생을 한다.

84. 남자나 여자를 막론하고 콧속의 털이 밖으로 빠져나오면 재운이 좋지 않다.

85. 여성의 배꼽이 작으면서 얕고 팔다리에 살이 없으면 가난하다.

86. 얼굴은 큰데 코가 작으면 혼자 산다.

87. 남녀 모두 눈에 황색의 기색이 나타나면 성격이 급하고, 큰 재산을 모을 수 없다.

88. 남성이 가는 눈썹을 가지고 있으면 주로 여성의 재산을 얻는다.

89. 아래턱에 사마귀가 있는 사람은 노년에 명망(名望)을 얻는다.

90. 아래턱에 가로주름이 있으면 비명횡사한다.

91. 얼굴이 큰 며느리는 불효를 저지른다.

92. 여성의 관골이 눈동자보다 높으면 남편을 때린다.

93. 고향을 등지는 사람은 이곽(耳廓)이 밖으로 돌출되어 있고, 산근에 1~2개의 가로주름이 있고, 인당에 현침문(懸針紋)이 있고, 코끝이 돌출되어 있다.

94. 맏아들의 신체는 단정하고, 둘째는 어깨가 기울어져 있고, 셋째는 머리를 앞으로 내민다.

95. 와잠, 인중, 입, 귀 부위에 검은 기색이 나타날 때는 수해(水災)를 당할 염려가 있다.

96. 인당과 이마 부위에 붉은색의 기운[赤氣]이 나타나면서 광택이 없고, 얼굴에 근심걱정이 가득하고 양쪽 눈썹이 거칠어지면 화재를 당한다.

97. 역마(驛馬)에 살집이 많고 뼈가 일어나 있으면 장거리 여행이 가능하고, 결함이나 검은사마귀 및 점이 있으면 여행 도중에 재난을 당한다. 변지(邊地) 부위의 살집이 돌출되어 있으면 국내외에 좋은 일이 많음을 암시하고, 만약 변지에 결함이 있으면 국내외 여행이나 출장을 통해서 손실을 입는다.

98. 법령선 위에 추문(皺紋)이 몇 가닥 나타나면 손자에게 좋지 못한 일이 일어난다. 남성은 왼쪽, 여성은 오른쪽을 본다.

99. 법령선에 가지가 있거나 부속선이 나타나면 부업을 하거나 애인이 생긴다.

100. 이마가 평평하면서 좁거나 함몰되어 있고, 상처나 흉터가 있으면 15~25세 무렵에 고생을 많이 하고 여러 가지 일에 제약이 많아서 성취되는 일이 별로 없다.

목차

제3장 오행 관상의 상생상극 / 169

제4장 오행 관상으로 본 인간관계 / 207

제5장 오행 관상과 기색론 / 237

제6장 오행과 왕문결(王文潔)의 십자관상(十字觀相) / 259

제1장
음양오행의 기본 원리

음양오행설은 중국의 춘추전국시대 무렵에 발생한 음양설과 오행설이 결합되어 태어난 동
양철학의 가장 기본적인 사상이다. 우주 만물을 능동적·양진적(昻進的) 상태인 양(陽)과
수동적 침정적(沈靜的) 상태인 음(陰)으로 나누고, 이들이 화합·순환하는 것으로 만물의
생성과 소멸이라는 변화가 발생한다고 여긴다. 음양오행 이론은 중국의 의학 및 종교 철학
으로부터 출발하여, 최첨단 과학이 발달한 21세기 현대사회에서도 인간의 일상적인 삶이
나 사고(思考)는 물론 과학기술·의학·농업 등 많은 분야에서 활용되고 있다.

1. 음양(陰陽)이란 무엇인가?

'음양(陰陽)'이란 우주 삼라만상의 만물을 만들어 내는 음(陰)과 양(陽)의 두 가지 기운을 말한다. 쉽게 말해 음은 햇볕이 들지 않은 응달이요, 양은 햇볕이 내리쬐는 양지라 할 수 있다.

삼라만상은 상호 상반되는 음과 양의 활동에 의해서 소장(消長)과 성쇠(盛衰)를 반복한다. 자연계가 형성되고 질서가 유지되며, 정치나 도덕, 인간관계까지도 음양의 두 가지 기운의 변화에 순응함으로써 질서가 유지된다고 본다. 음양이원론(二元論)은 이 세상의 모든 것을 선(善)과 악(惡)으로 나누는 선악이원론과는 다르다. 양은 선이 아니고 음은 악이 아니다. 양에는 음이, 음에는 양이 있어야 비로소 하나의 요소(要素)가 될 수 있다.

또한 음은 수동적인 성질, 양은 능동적인 성질로 분류된다. 구체적으로 음은 어렴풋함[闇]·어둠[暗]·부드러움[柔]·물[水]·겨울[冬]·밤[夜]·식물[植物]·여성[女], 양은 빛[光]·밝음[明]·강함[剛]·불[火]·여름[夏]·낮[晝]·동물[動物]·남성[男] 등으로 나눌 수 있다. 이것들은 서로 상반되면서도, 한쪽이 없으면 다른 한쪽도 존재할 수 없다. 삼라만상은 상반되는 음과 양의 두 가지 기운에 의해서 소장과 성쇠를 반복하고, 음과 양의 두 가지 기운이 조화를 이루어 비로소 인간계와 자연계의 질서가 유지된다.

　『노자』에서는 "만물은 음(陰)을 지고[負] 양을 품는다"라고 했다. 더욱이 음양의 대립과 소장은 '우주의 기본 법칙'이라고 여겼다. 『주역(周易)』에서는 "일음일양(一陰一陽), 이것을 도(道)라고 한다"라고 하였는데, 이는 음양이란 자연계에 있는 것이고, 서로 조화와 대립하는 현상을 대략적으로 말한 것이다. 즉 대립과 통일을 포함한 개념이다. 또한 "음양, 이름은 있을지라도 형태는 없다"라고 했다. 『류경(類經)』에서는 "음양, 하나를 두 가지로 나눈 것이다"라고 하였고, 『소문(素問)』에서는 "청양(淸陽)은 하늘이 되고, 탁음(濁陰)은 땅이 되었다. 지기(地氣)가 상승하여 구름이 되고, 천기(天氣)가 내려와 비가 되었다"라고 하였다.

[음양표(陰陽表)]

	음(陰)	양(陽)
기본 특성	원심력(遠心力)	구심력(求心力)
경향(傾向)	팽창(膨張)	수축(収縮)
기능(機能)	확산(拡散), 분산(分散), 분해(分解), 분리(分離)	융합(融合), 동화(同化), 집합(集合), 편성(編成)
활동(活動)	불활발(不活発), 완만(緩慢)	활발(活発), 민속(敏速)
방향(方向)	상승(上昇), 수직(垂直)	하강(下降), 수평(水平)
위치(位置)	외부(外部), 주변(周辺)	내부(内部), 중심(中心)
중량(重量)	가볍다[輕]	무겁다[重]
광도(光度)	어둡다[暗 : 暗光, 月光]	밝다[明 : 明光, 光]
습도(濕度)	습윤(濕潤)	건조(乾燥)
감촉(感觸)	부드럽다	딱딱하다
기후풍토(氣候風土)	한랭(寒冷)한 기후	열대성기후(熱帶性氣候)

생물 특성(生物特性)	식물적(植物的)	동물적(動物的)
성별(性別)	여성(女性)	남성(男性)
부부(夫婦)	부인[妻]	남편[夫]
부모[親]	어머니[母]	아버지[父]
인간(人間)	정신[精神:心]	육체(肉體)
호흡(呼吸)	흡기(吸氣)	호기(呼氣)
문화(文化)	정신적(精神的)	물질적(物質的)
차원(次元)	공간(空間)	시간(時間)
내외(內外)	외측(外側)	내측(內側)
무술(武術)	부드러움[柔]	강함[剛]
전투(戰鬪)	방어(防御)	공격(攻擊)
방향(方向)	아래[下], 뒤[後], 왼쪽[左]	위쪽[上], 앞[前], 오른쪽[右]
표리(表裏)	내부[裏]	표면[表]
천지(天地)	땅[地]	하늘[天]
천체(天體)	태음(太陰 : 달)	태양(太陽 : 해)
주야(晝夜)	밤[夜]	낮[晝]
천기(天氣)	비[雨]	맑음[晴]
습도(濕度)	냉(冷)	열(熱)
춘추(春秋)	가을[秋]	봄[春]
하동(夏冬)	겨울[冬]	여름[夏]
동서(東西)	서쪽(西)	동쪽(東)
남북(南北)	북쪽(北)	남쪽(南)
수(數)	짝수[偶數]	홀수[奇數]
수학(數學)	마이너스 - (負)	플러스+ (正)
상황(狀況)	고요함[靜]	움직임[動]

1) 음양과 태극

'천지자연하도(天地自然河圖)'
라고 불리는 이 그림은 '음양어
(陰陽魚)'라고도 부른다. 흰 부
분과 검은 부분이 생선 모양이
어서 음양어로 부른다는 설도
있고, 원래는 '음양의(陰陽儀)'
였던 것이 발음의 혼돈으로 '음
양어'가 되었다는 설도 있다.

천지자연하도(음양어)

그림 왼쪽의 흰 부분은 양(陽), 오른쪽의 검은 부분은 음(陰)을 나
타낸다. 흰 부분의 넓은 면에 있는 검은 점은 양 속에 음이 있는 것
을, 검은 부분의 넓은 면에 있는 흰 점은 음 속에 양이 있는 것을 나
타낸다. 음과 양의 성질은 그림과 같다. 우주가 생성되기 전에는 아
무것도 없는 무(無)의 상태여서 그림으로 표현하는 것이 쉽지 않았
다. 굳이 표현하고자 할 때 원(圓)으로 표현했는데, 그 원조차 원주
를 나타내는 테두리가 있는 것이므로 정확하게 표현되었다고는 할
수 없다.

그 후 혼돈(混沌)이 나타났다. 혼돈은 대폭풍우가 불어 거칠어지
고 있는 상태로, 음도 양도 없었다. 혼돈이 서서히 수축되었다가 확
열린다. 이것을 '혼돈초개(混沌初開)'라고 한다. 이때도 음과 양은 아
직 존재하지 않으며, 이 상태를 '무극(無極)'이라고 부른다. 이 무극
의 상태에서 음과 양이 나뉘어 나오고, 태극(太極)의 상태로 옮긴다.
이때는 음과 양이 발생하고 있지만, 아직까지는 일체의 상태이다.
이 상태를 나타낸 것이 태극도이다.

그 후 태극으로부터 음과 양이 분리되어 양의(兩儀)가 된다. 양의는 세분화되어 사상(四象)이 되고, 사상은 또다시 팔괘(八卦)로 나뉘어 오늘의 만물이 생성되었다고 본다. 따라서 만물은 그 근원인 음과 양의 양면을 내재하고 있다.

2) 음양의 상호관계

(1) 음양의 대립과 제약

음양론에서는 모든 사물을 대립하고, 상호간에 제약하는 두 개의 측면에서 파악한다. 예를 들면, 위와 아래, 왼쪽과 오른쪽, 하늘과 땅, 동(動)과 정(靜), 출(出)과 입(入), 승(昇)과 강(降), 낮과 밤, 명(明)과 암(暗), 한(寒)과 열(熱), 물과 불 등 끝이 없다.

음과 양은 대립적이며, 통일적인 관계이다. 대립은 양자 사이가 상반되는 일면이며, 통일은 양자 사이를 제약하는 동시에 서로 보완하는 관계이다. 대립이 없으면 통일은 없고, 상반되는 것이 없으면 제약해 서로 보완할 것도 없다.

인체가 정상적으로 생명 활동을 계속하는 것은 음과 양의 상호 제약과 상호 소장에 의해서 태어난 통일의 결과다. 음과 양의 상호 제약과 상호 소장이 있어 사물은 발전하고 변화할 수 있다. 그리고 자연계는 한시도 쉬는 일 없이 반복적으로 운동한다. 음과 양의 관계는 '음의 기운이 많은 사물 혹은 그러한 측면'과 '양의 기운이 많은 사물, 혹은 그러한 측면'으로 정의하는 편이 이해하기 쉬울 것이다.

(2) 음양의 상호 의존

음양은 서로 대립하고 통일(의존)하고 있다. 하나만 단독으로 존재하지 못한다. 위를 양, 아래를 음이라고 구분하지만, 위가 없으면 아래가 없고, 아래가 존재하지 않으면, 위도 존재하지 않는다. 항상 대립되는 다른 한쪽이 존재해야 자신의 존재가 성립된다.

음양의 상호관계는 인체를 구성하고 생명 활동을 유지하는 근원인 '기(氣)와 혈(血)'에도 적용할 수 있다. '기는 양(陽)에 속하고, 혈은 음(陰)에 속한다'라는 말은, '기는 혈의 통솔자이며[帥], 혈은 기의 용기[舍]'라는 말과 같다. 이것은 물질과 기능 사이의 상호관계로 나타낸다. 물질은 음에 속하고, 기능은 양에 속한다. 기능은 물질 운동의 결과이며, 운동이 없는 물질은 존재하지 않는다. 음양의 상호의존 이론은 인체의 물질과 물질, 기능과 기능, 기능과 물질간의 상호의존 관계에 대해서도 적용할 수 있다.

(3) 음양의 소장평형

음양의 대립과 제약, 상호의존은 정지된 불변의 것이 아니라 끊임없이 움직이며 변화한다. 이것을 '소장평형(消長平衡)'이라고 한다. 소장평형이란 음과 양의 평형이 정지적(淨止的), 절대적인 것이 아니다. 음소양장(陰消陽長)과 양소음장(陽消陰長) 속에서 상대적 평형을 유지하고 있는 음양의 소장 평형은 '사물의 운동은 절대적이고, 정지는 상대적이며, 소장은 절대적이고, 평형은 상대적이다'라는 법칙성과 일치하고 있다. 절대적 운동 속에 상대적 정지가 포함되어 있고, 상대적 정지 속에 절대적 운동이 포함되어 있다. 사물은 절대적 운동과 상대적 정지, 절대적 소장과 상대적 평형 속에서 발생과 발전을 거듭 반복하고 있다. 사계절의 기후 변화를 예로 들면, 겨울 →

봄 → 여름이 되면서 기후는 추위에서 더위를 향하며, 여름 → 가을 → 겨울의 흐름에 따라 기후는 더위에서 한랭(寒凉)을 향한다. 전자는 음소양장, 후자는 양소음장이다. 그런데 일년을 통해 보면 기후는 상대적으로 더위 추위로 평형을 반복해서 유지하고 있다.

(4) 음양의 상호 전화

음양의 전화(轉化)는 상호의 소장(消長)에 의해서 일어나는 완만한 변화뿐만이 아니다. 일정 조건하에서는 정반대로 바뀌는 일이 있다. 음이 바뀌어 양으로, 양이 바뀌어 음으로 변한다. 음양의 상호 전화는 사물(事物) 전화의 '극(極)'의 단계, '물극(物極)이 되면 반드시 반대로 된다'이다. '음양소장'은 양적 변화의 과정의 이론이지만 음양 전화는 양적 변화의 결과에 의한 질적(質的) 변화이다. 대립하고 있는 쌍방은 대립하고 있는 상대측에 바뀌는 요소를 내포하고 있다. 새로운 사물이 생성될 때는 동시에 소멸하는 요소를 내포하고 있다. 사물이 소멸할 때는 새로운 사물이 생성되는 요소를 내포하고 있다.

음양의 전화에는 일정 조건이 필요하다. 사계의 변화로 말하면, 봄의 온난은 여름의 극점으로 향하여 한랭으로 향하는 전화가 된다. 가을의 시원함은 겨울의 추위의 극점으로 향하여 온난으로 바뀌는 기점이 된다. 인체의 생리(生理) 도 마찬가지로, 흥분과 억제가 한 예다. 질병의 발전 과정에서 양이 바뀌어 음이 되고, 음이 바뀌어 양이 되는 것은 자주 있는 일이다.

3) 음양과 인체

(1) 음양 체질의 특징

사람의 음양(陰陽)을 말하자면, 외(外)는 양(陽)이요, 내(內)는 음(陰)이다. 몸의 음양을 말하자면 등[背]은 양이요, 배[腹]는 음이다. 장부(腸腑) 중의 음양을 말하자면 오장(五腸)은 음이요, 육부(六腑)는 양이다. - 『소문(素問)』「금궤직언론(金匱直言論)」

체질은 크게 음체질과 양체질로 나눌 수 있다. 음체질은 음이 성한 반면 양이 약한 체질이고, 양체질은 양이 성한 반면 음이 약한 체질이다. 양은 밝음·능동적·적극적·더위 등으로, 양체질은 양이 왕성하여 체온이 높은 것이 특징이다. 따라서 서늘한 것을 좋아하고, 겨울이나 가을을 좋아하며, 물을 많이 마시고 특히 찬물을 즐기는 경향이 있다. 몸에 열이 있으므로 소화가 잘되고 식욕이 왕성하고, 얼굴에는 붉은 빛이 돈다. 또 능동적이고 적극적이기 때문에 감정 활동이 극렬하고, 육체적인 움직임이 많고, 잘 웃고 경쾌한 편이며, 용감하고 야욕이 강한 사람이 많다.

음은 어둠과 소극적·수동적·추위 등으로, 음체질은 음의 기운이 왕성하기 때문에 체온이 낮은 편이다. 그렇기 때문에 손발 또는 하복부가 냉하고, 냉대하가 심한 편에 속하고, 손발이 저린 경우가 많다. 따뜻한 물을 좋아하고 추위를 잘 탄다. 그렇기 때문에 봄이나 여름을 좋아한다. 음의 기운이 왕성한 체질은 양성 체질처럼 적극적이고 동적인 여행이나 등산 및 야외 활동보다는 정적이고 소극적인 취미를 가지는 경향이 많다. 게다가 침울하기 쉽고 불면증을 호소하거나 머리가 무겁고 어지럽다고 말하기도 하며, 생각에 잠기기 쉽고 눈물을 잘 흘리는 편이며, 의외로 성(性)에 탐닉하기도 한다.

(2) 음양의 체형

음의 기운이 왕성한 여성은 옷으로 가리고 있는 유방이나 엉덩이, 허벅지 등은 크고 부드럽고 둥글지만, 밖으로 나와 있는 얼굴이나 손발은 비교적 작고 날씬하며 가냘프다. 가리는 것은 음의 기운이 왕성한 것이고, 드러나는 것은 양의 기운을 가지고 있는 것이다.

음의 체질을 가진 사람은 노동력을 나타내는 손발이 작고, 사회성이 적다는 점에서 사회성을 나타내는 얼굴도 남성에 비해서 작은 것이 표준이다. 물론 현대사회에서는 여성도 사회에 진출하여 남성 못지않게 성공하는 사람들이 많다. 여성들의 관상을 볼 때 사회에 진출할 여성인지 가정형인지는 남성처럼 노동력과 사회성을 구비하고 있는 여성인지를 판단하면 될 것이다. 예를 들어 얼굴은 작지만 손발이 큰 여성들은 육체적인 일들을 힘들어하지 않는 유형이 많기 때문에 적극적으로 사회에 진출하거나 직장에 다니는 능동적인 여성이 많다. 게다가 얼굴이 크고 손발이 작은 여성은 추진력을 겸비하고 있어서 사람을 고용하여 장사하는 데 능숙하다고 할 수 있다.

여성에 비해서 상대적으로 양의 기운이 왕성한 남성은 가슴과 엉덩이 및 허벅지 등 옷으로 가리고 있는 부분이 여성처럼 풍만하지 않은 것이 특징이다. 그렇지만 얼굴과 손발 등 옷 밖으로 나와 있는 부분은 크고 강한 느낌이다. 남성들은 타고난 기질이 밖에 나가 일을 하는 것으로, 신체도 노동에 맞게 최적화되어 있다. 그리고 사회성을 나타내는 얼굴도 여성에 비해서 크고 각이 진 것이 특징이다. 또한 남성이 가리고 있는 부분이나 손발이 모두 작다면 운이 별로 좋지 못하고 사회적으로 성공할 확률이 적다. 하지만 가리고 있는 부분이 크고 손발이 모두 작은 남성은 여성적인 경향이 있어서 매우 세심하면서 전전긍긍하는 유형이라 할 수 있다.

2. 오행(五行)이란 무엇인가

'오행설(五行說)'은 생활에 필요한 다섯 가지 소재 즉 목(木), 화(火), 토(土), 금(金), 수(水)의 변전(變轉)으로 만물의 생성과 소멸을 설명하는 이론이다. '음양(陰陽)'과 밀접하여 '음양오행설(陰陽五行說)'로도 불리며, 동양철학과 한의학에서 음양설과 함께 중요한 역할을 해왔다.

1) 오행설의 역사

'음양설'은 중국 신화의 제왕 복희(伏羲)가 창안한 것으로, 모든 사상(事象)은 홀로 존재하는 것이 아니라 음과 양이라는 상반(相反)하는 형태, 예를 들면 명암(明暗), 천지(天地), 남녀(男女), 선악(善惡), 길흉(吉凶) 등으로 존재하고, 각각이 소장을 반복한다고 본다. 한편 '오행설'은 하(夏)의 창시자 우(禹)가 창안한 것으로, 만물은 '목·화·토·금·수'라는 다섯 개의 요소에 의해 성립된다고 본다. 오행설은 중국 고대문헌 『상서』 「홍범편」에 '민용오재(民用五材 : 생활에 필수불가결한 재료)'인 수화목금토가 처음 언급된 뒤로, 오경(五經)의

하나인 『예경(禮經)』에 목·화·토·금·수의 오행상생(五行相生), 제나라 추연의 토·목·금·화·수의 오행상승(五行相勝)으로 변모되었다.

오행설을 체계화한 추연(鄒衍 또는 騶衍 : 305~240 B.C.)은 춘추전국시대인 기원전 4세기말 제나라 선왕(宣王) 때의 직하사(稷下士)*이다. 그는 맹자 이후의 인물로, 오행설에 의해서 제왕의 덕을 나누고, 이에 따라 왕조 교체의 이론을 설파했다. 이미 주(周) 왕실의 쇠락이 극에 달하였고, 새로운 왕조를 세워 천하 통일을 염원하고 있었던 제후들은 이 학설을 칭찬하였고, 실제로 이 학설을 채용한 것은 진의 시황제였다. 주의 왕실은 화덕(火德)이며, 거기에 대신해서 일어난 진(秦)은 수덕(水德)으로 화덕(火德)을 이길 것을 선언했던 것이다.

추연의 역사발전론의 핵심은 오덕종시(五德終始) 즉 오행상승(五行相勝)설이다. 오덕(五德) 즉 오행(五行)은 인간의 일상생활에 필요한 생활 재료인 오재(五材)의 뜻을 지니고 있다. 생활의 기본 조건인 물[水]과 불[火], 땔감이자 목재 농기구인 나무[木], 청동 도구와 무기인 쇠[金], 농경생활의 터전인 흙[土]이 그것이다. 토덕(土德) 뒤에 목덕(木德)이 이어지고, 금덕(金德)이 그 다음이며, 화덕(火德)이 이어지고 그 뒤에 수덕(水德)이 이어진다.

추연은 세상의 모든 사상(事象)은 토(土), 목(木), 금(金), 화(火), 수(水)의 오행 상승 원리에 의해 일어난다고 했다. 그것은 또 자연현상과 동시에 인사(人事) 현상의 설명에도 활용이 가능하였다. 그리

---

* 제나라의 수도인 임치(臨淄) 근교의 직문(稷門) 성 근처에 전국의 학자들을 초치(招致)하여 학문을 장려했는데, 이 학자들을 '직하사(稷下士)'라 불렀으며, 이들이 연구하고 토론하는 곳을 '직학관(稷學館)'이라고 했다.

고 이를 바탕으로 역사를 변화하고 발전하는 과정으로 인식하고 그 과정에서 필연적 규율을 찾았다. 황제의 지위가 로마교황에 의해서 보증되었던 중세 유럽과 달리 보증이 없었던 중국의 제왕들은 덕(德)의 종류에 의해서 스스로를 전 왕조와 구별하고 새로운 왕조의 성립과 정통성을 명확하게 하고자 했던 것이다. 음양설과 오행설은 따로 발생했지만, 내용 면에서 매우 유사하며, 한대(漢代)에는 양자가 결합되어 '음양오행설'로 발전하였다.

2) 오행(五行)의 성격

(1) 목(木)

밖으로부터의 힘에 의해서 만곡(彎曲)하거나 곧게 성장하는 것이 수목(樹木)의 특징이다. 자연계의 사물이나 현상에 곡직(曲直)의 특징이 있는 것은 목의 범위에 속한다. 예를 들어, 사람의 사지가 휘어지거나 곧게 뻗는 것은 목의 작용이다. 또한 대지에 우거지는 초목, 삼림이나 정글을 나타낸다. 목은 봄의 상징으로, 오행 중에서 유일하게 생명을 가진다. 최초의 한 걸음을 내딛는 힘, 생명력, 빛을 향해 성장해 가는 힘의 뜻이 내포되어 있다.

목의 기본 성격은 춘기(春氣) · 생기(生氣) · 발생(發生) · 생장(生長) · 시작의 기운 · 초목의 성장이다. 목 기운의 특성은 다음과 같다.

① 새로운 일을 기획하고 새로운 분야에 대한 개척 정신이 뛰어나고, 장기적인 계획, 진취적이면서 미래지향적이고, 활기가 왕성한 젊음을 의미한다.

② 새로운 지식을 습득하고자 하는 욕구가 왕성하고, 주위에 새로

운 기술이나 학문을 보급하는 데 열의가 있다.

③ 제자를 양성하는 일을 비롯하여 교육적인 기질이 있다.

④ 목의 기운이 지나치면 일만 추진하고 결실이 없는 경우가 많고, 목의 기운이 약하면 진취성이 결여된다.

⑤ 목은 생장의 특성으로 인해 인(仁)의 성품을 지니고 있다.

⑥ 목의 기운을 많이 가진 사람은 교육 · 출판 · 언론 · 건축을 비롯하여 사람을 상대하는 일에 종사하면 자신의 능력을 최대한 발휘할 수 있다.

(2) 화(火)

불길이 활발하게 타오르는 것, 물건이 연소하여 왕성하게 불타오르는 것이 화(火)의 특징이다. 이처럼 과도하게 항성(亢盛)하는 것은 화에 속한다. 고열이나 화를 내는 것은 항성긴장(亢盛緊張) 상태로 모두 불[火]의 특징을 나타낸다. 빛나는 태양, 타오르는 불꽃, 일순간의 번쩍임, 재앙을 없애는 힘, 면학(勉學), 계속력(繼續力), 표현력, 예술 등이 화에 속한다.

화의 기본 성격은 여름[夏], 발산의 기, 기의 확산 및 확대, 결실(결과물)이다. 화 기운의 특성은 다음과 같다.

① 화는 자신이 하는 일을 표출하려는 성향이 있으며, 결과보다는 외형과 화려함을 중시한다.

② 화의 요소가 있으면 추진력 · 판단력 · 적극성이 강하다.

③ 모든 면에서 현실 지향적이며, 성격이 명랑하고 쾌활하면서 밝고, 질서와 순서를 철저하게 지키는 경향이 있다.

④ 화의 기운이 많으면 외형만 화려할 뿐 내실이 결여되고, 화의 기운이 적으면 현실성 및 추진력이 부족한 경향이 있다.

⑤ 화의 기운이 있으면 외형과 화려함을 중시하고, 예(禮)를 중시한다. 여기서 예는, 예의 형식을 갖춘다기보다는 드러내는 것이다.

⑥ 화의 기운이 왕성한 사람은 방송이나 예술, 종교와 정신 분야에 관련된 일, 전기 및 전자 등의 분야에 종사하면 자신의 능력을 최대한 발휘한다.

(3) 토(土)

자연계의 모든 물질은 흙(대지) 위에 실려 있다. 토(土)의 물건을 싣는다는 특징으로 볼 때 여름은 토의 범위에 속한다. 매년 여름이 되면 흙에서 양분을 얻은 초목이 성장해서 무성한 상태가 마치 흙에 실려 있는 모습이다. 금·목·수·화의 작용은 토에 물건을 싣는다는 기반에서 발생하는 것으로, 토 외의 다른 오행에는 없다. 방위로는 중앙의 왕(王)으로서, 만물을 기르는 토대가 되므로 '만물의 어머니'라고 부를 정도로 오행 중에서 가장 중요하다. 토는 도자기의 원료인 점토(粘土), 그릇, 환절기, 가정을 구축하고 보호하며 안정시키는 힘 등의 의미를 가지고 있다.

토의 기본 성격은 음양 교체 시기의 중립적인 에너지, 조절, 완충 작용, 하늘과 만물을 연결하는 역할이다. 토 기운의 특성은 다음과 같다.

① 중용지도와 신중성, 모든 것을 받아들이고 길러 내는 의미가 있다.

② 주어진 일을 유지하고 보존하는 성향에 보수적 기질을 가지고 있다.

③ 수동적으로, 목기와 화기에 비해 진취성이 떨어지는 편이다.

④ 가정적이면서 조직적이고, 개혁적인 성향이 조금 부족하다.

⑤ 토의 기운이 많을 경우 지나치게 보수적이고, 고집이 세면서 변화를 꺼리고, 조금 답답한 측면이 있다. 만약 토의 기운이 약하면 시작만 하고 마무리가 흐지부지되는 경향이 있다.

⑥ 토의 기운을 가지면 신의가 있어서, 믿음 · 성실 · 정직 · 관대함을 중요하게 여긴다.

⑦ 토의 기운이 왕성하면 부동산업, 종교계, 교육계에 종사하면 능력을 발휘한다.

(4) 금(金)

금속(金屬)은 맑은 소리를 내는 것이고, 소리를 내는 것이 금의 특징이다. 자연계의 사물이나 현상으로 소리를 내는 것은 모두 금에 속한다. 예를 들어, 목소리가 낮거나, 쉰소리거나, 기침 등은 일반적으로 금의 장부에 해당하는 장기가 질병에 걸린 것으로, 이와 같이 발성에 관계 있는 것은 모두 금에 속한다. 또한 금은 땅속에서 생성되는 것으로, 딱딱한 광물의 에너지와 날카로운 빛을 발산한다. 가을의 상징이며, 가공을 거쳐서 빛을 발산하고, 일순간에 분쇄하는 힘, 사물을 모으는 힘, 냉철하고 견고하다는 뜻을 가지고 있다.

금의 기본 성격은 가을의 기운, 응축(凝縮) · 감살(減殺) · 숙살(肅殺)의 기운, 초목의 결실을 주관하는 것이며, 오금(五金 : 금 · 은 · 구리 · 철 · 주석)과 바위이다. 금 기운의 특성은 다음과 같다.

① 금의 기운을 가지고 있으면 결과주의자로, 장기적인 계획보다는 몇 년 안에 나타날 경과(결과)를 중시하는 경향이 있다.

② 금의 기운이 있으면 비판적이면서 냉소적인 경향이 있고, 그리고 결단력과 냉철함을 가지고 있다.

③ 분석적이고 논리적이다.

④ 시비(是非) 판단을 명확하게 하고 의(義)를 중시한다.

⑤ 금의 기운을 가지고 있으면 공격적이면서 개혁적(음양 교체기)이고, 항상 자신과 타인을 긴장시키며, 신중하게 생각하면서 자신을 잘 드러내지 않거나, 소리 등의 의미를 가진다.

⑥ 금의 기운이 많으면 지나치게 비판적이고 외고집 · 다툼 · 분쟁 · 파괴적 성향이 나타나는 반면, 금의 기운이 부족하면 결단력이나 추진력이 약하고 우유부단하다.

⑦ 금의 기운이 왕성하면 이과의 경우 전기 · 전자 · 의학 · 제약 · 생명공학 · 금속 · 기계 · 자동차 · 음향 계통이 맞고, 문과의 경우 법 · 군인 · 경찰 · 경제 · 경영 분야에 종사하면 자신의 능력을 발휘하여 사회의 발전에 공헌한다.

(5) 수(水)

수(水)는 자연 상태로는 차갑고 한랭(寒冷)한 기질을 가진다. 예를 들어 겨울은 오행으로는 물[水]에 속한다. 또한 수는 생명을 낳는 바다이자 생명을 잇는 근원이다. 수는 오랜 시간을 들인 발견, 형태나 모양을 바꾸면서 상대에 맞추는 협조성, 영성, 자손 번영의 뜻을 내포하고 있다.

수의 기본 성격은 겨울 기운, 축장(蓄藏), 갈무리 기운, 봄을 준비하기 위한 씨앗, 생명의 대지 속에 흡수, 만물의 생장력과 원동력, 바다 · 강하(江河) · 우레 등이다. 수 기운의 특성은 다음과 같다.

① 수의 기운을 가지고 있으면 신중하면서 겸손하고, 유연한 태도와 인내, 침묵의 의미가 있다.

② 수의 기운을 가지고 있으면 예지력이 뛰어나고, 모든 것을 살

피는[揆] 능력이 있다.

③ 사색하고, 정보력과 지적 능력이 뛰어나다.

④ 교육하고 봉사하는 기질을 가지고 있다.

⑤ 수의 기운은 은밀하고 비밀스럽다.

⑥ 수의 기운이 왕성하면 유동적 · 융통성 · 인내심 · 겸손 · 지구력 · 임기응변 · 친화력이 뛰어나다.

⑦ 수의 운이 많으면 유동적 · 방황 · 주거가 불안한 측면이 있고, 수기가 지나치게 적으면 답답하고, 고지식하고, 여러 질병으로 고생한다.

⑧ 수의 기운이 왕성하면 직업으로는 해외(유학, 무역, 이민) · 유통 · 음식 등과 관련된 일에 종사하면 자신이 가진 능력을 최대한 발휘한다.

3) 오행의 상생(相生)과 상승(相勝)

오행설에는 상생설(相生設)과 상승설(相承設)이 있다. 상생(相生)을 설명하면자, 나무[木]는 불[火]을 일으키고, 불은 흙[土]을 일으킨다는 식으로, 목 · 화 · 토 · 금 · 수의 순서로 생성하고 변화하는 것이다. 상승(相承)을 설명하자면, 물은 불을 이기고, 불은 금을 이긴다는 식으로, 토 · 목 · 금 · 화 · 수의 순서로 순환하고 교체하는 것이다.

목 · 화 · 토 · 금 · 수의 각각의 행(行), 예를 들어 목이 반드시 나무 그 자체만을 가리키는 것은 아니지만, 그것이라고 해석하고 이미지를 부여할 수도 있다. '나무를 태우면 불이 되고, 불이 타서 남은 재는 흙이 되고, 흙속에서 금을 파내고, 금은 물에 씻겨지거나 물을 만들어 내고, 물은 나무를 기른다'라는 이미지를 가지고 있다. 게다가 중국 기원의 역법(曆法)에 이용되는 십간은, 오행 각각을 음양으로 할당하기도 한다. 여기에서는 음을 제(弟), 양을 형(兄)이라 표현하기도 하고, 목의 형(兄)이 갑(甲), 목의 제(弟)가 을(乙), 불의 형(兄)이 병(丙), 불의 제(弟)가 정(丁) 등으로 분류하며, 이것에 12지가 합쳐져서 10간 12지가 된다.

목·화·토·금·수는 목기(木氣)·화기(火氣)·토기(土氣)·금기(金氣)·수기(水氣) 혹은 목성(木性)·화성(火性)·토성(土性)·금성(金性)·수성(水性)으로 표현된다. 이것은 오행을 보다 에너지적인 상태로서 인식하는 것이다. 여기서 오행을 물리적 상태로 표현하면 다음과 같이 된다.

목의 상태에서는 분자가 비교적 빠르게 진동하고 있다. 화(火)의 상태가 되면 진동이 가속되어 전자와 양자가 자유롭게 돌아다녀 플라스마(plasma) 상태가 된다. 토(土)의 상태가 되면, 소립자의 움직임이 늦어지고, 원자와 분자로 고체화하기 시작한다. 금(金)의 상태로는 진동이 늦어져 최소가 된다. 그리고 분자가 단단하게 결합한다. 수(水)의 상태가 되면 굳어진 만큼 분자의 결합이 느슨해지기 시작하고 고체로부터 액체가 된다.

오행이란 상승하고, 폭발하고, 하강하고, 응축하고, 용해하는 움직임의 한 단면이며, 그 움직임이 삼라만상의 형태를 만든다. 다음의 표에 나타나 있듯이 계절·방위·색 등이 오행으로 분류된다. 다음 페이지의 오행 분류표를 참고해 보자.

〔 오행 분류표 〕

오행	목(木)	화(火)	토(土)	금(金)	수(水)
오장(五臟)	간(肝)	심(心包)	비(脾)	폐(肺)	신(腎)
오부(五腑)	담(膽)	소장 (小腸 : 三焦)	위(胃)	대장(大腸)	방광(膀胱)
오관(五官)	눈[目]	혀[舌]	입[口]	코[鼻]	귀[耳]
오사(五舍)	혼[魂]	신[神]	의[意]	백[魄]	정[精]
오시(五時)	봄[春]	여름[夏]	환절기[土用]	가을[秋]	겨울[冬]
오방(五方)	동(東)	남(南)	중앙(中)	서(西)	북(北)
오지(五志)	분노[怒]	즐거움 [喜 · 笑]	사색[思 · 慮]	슬픔[悲 · 憂]	공포[恐 · 驚]
오정(五情)	희(喜)	락(樂)	원(怨)	노(怒)	애(哀)
오정(五井)	우(憂)	희(喜)	외(畏)	비(悲)	공(恐)
오변(五織)	악(握)	우(憂)	해(噦)	해(欬)	률(慄)
오색(五色)	청(靑:綠)	홍(紅)	황(黃)	백(白)	현(玄:黑)
오취(五臭)	누린내[臊]	탄내[焦]	향내[香]	비린내[腥]	썩은 냄새[腐]
오미(五味)	신맛[酸]	쓴맛[苦]	단맛[甘]	매운맛[辛]	짠맛[鹹]
오미 적응 부위	근(筋)	골(骨)	영(榮), 지(智)	기(氣)	정(精)
오성(五聲)	호(呼)	언(言)	가(歌)	곡(哭)	신(呻)
오액(五液)	눈물[淚]	땀[汗]	군침[涎]	가래[涕]	침[唾]
오기(五氣)	어(語)	희(噫)	탄(呑)	해(欬)	흠(欠)
오음(五音)	각(角)	치(徵)	궁(宮)	상(商)	우(羽)
오악(五樂)	금(琴)	슬(瑟)	생황(笙)	간(竿)	가(笳)
오축(五畜)	닭[鷄]	양(羊]	소[牛]	개[犬]	돼지[猪]
오곡(五穀)	보리[麥]	기장[黍]	조(粟)	쌀[米]	콩[豆]

오과(五果)	배[李]	살구[杏]	대추[棗]	복숭아[桃]	밤[栗]
오채(五菜)	부추[韭]	염교[薤]	푸성귀[葵]	파[葱]	콩잎[藿]
오맥(五脈)	현(弦)	구(鉤)	대(代)	모(毛)	석(石)
오륜(五輪)	정(井)	영(榮)	유(兪)	경(經)	합(合)
오위(五位)	진震	이(離)	곤(坤)	태(兌)	감(坎)
오상(五常)	인(仁)	예(禮)	신(信)	의(義)	지(智)
오절구(五節句)	인일(人日)	상사(上巳)	단오(端午)	칠석(七夕)	중양(重陽)
오성(五星)	세성 (歲星 : 木星)	형혹 (螢惑 : 火星)	전성 (塡星 : 土星)	태백 (太白 : 金星)	진성 (辰星 : 水星)
오지(五指)	약지	중지	검지	엄지	소지
오진(五塵)	색(色 : 視覺)	촉(觸 : 觸覺)	미(味 : 味覺)	향(香 : 嗅覺)	성(聲 : 聽覺)
오금(五禁)	신(辛)	함(鹹)	고(苦)	감(甘)	산(酸)
오주(五主)	근 · 조 (筋 · 爪)	혈맥 (血脈)	기육순 (肌肉脣)	피모 (皮毛)	골수 · 모발 (骨髓 · 髮)
오사(五事)	모(貌)	시(視)	사(思)	언(言)	청(聽)
오충(五虫)	물고기 [魚과 爬虫類)]	새[羽:鳥]	벌레[裸]	맹수[獸]	갑각류 (甲殼類)
오수(五獸)	청룡(靑龍)	주작(朱雀)	황린, 황룡 (黃麟, 黃龍)	백호(白虎)	현무(玄武)
오룡(五龍)	청룡(靑龍)	적룡(赤龍)	황룡(黃龍)	백룡(白龍)	흑룡(黑龍)
오린(五麟)	용고(聳孤)	염구(炎駒)	기린(麒麟)	색명(索冥)	각단(角端)
오악(五惡)	풍(風)	열 · 서 (熱 · 暑)	습(濕)	조 · 한 (燥 · 寒)	한 · 조 (寒 · 燥)
오금(五金)	주석 (錫 : 靑金)	동 (銅 : 赤金)	금 (金 : 黃金)	은 (銀 : 白金)	철 (鐵 : 黑金)
십간(十干)	갑을(甲 · 乙)	병정(丙 · 丁)	무기(戊 · 己)	경신(庚 · 辛)	임계(壬 · 癸)
12지 (十二支)	인묘(寅 · 卯)	사오(巳 · 午)	진술축미 (辰 · 戌 · 丑 · 未)	신유(申 · 酉)	해자(亥 · 子)
月(음력)	1~3月	4~6月	해당 월 없음	7~9月	10~12月

3. 오행의 분류

1) 오행(五行)과 오관(五官) - 감각기관(感覺器官)

오행을 사람 중심으로 보면, 사람의 내면과 외부 세계를 연결해 주는 것이 감각이고, 연결의 매체가 되는 것은 감각기관이다. 오행에 따른 오관의 배당은 다음과 같다.

(1) 눈(眼)

오행 중 목성(木性)에 속하고, 간(肝)이 지배한다. 눈 아래 와잠 부위가 느슨해지거나 부풀어 있으면 간이 피곤하다는 증거이다. '천간은 기능, 성격', '지지(地支)는 물질적 조성 및 체질(體質)'이라는 견해는 다른 오행에서도 같다.

(2) 혀(舌)

오행 중 화성(火性)에 속하고, 심장과 소장의 지배를 받는다. 혀가 빨강이나 보라색을 띠면 심장병을 의심해야 한다. 황색이나 설태가 발생하면 음식을 절제해야 하는데, 이는 소장의 건강 상태가 좋지 못하다는 신호이다. 이것을 통해서 혀의 색과 내장의 관계를 알 수 있다. '심장=9자화성*=색은 빨강, 보라', '소장=몸의 중심 부분에 위치하는 내장=토성(土性)=황색, 흙빛'을 연상하면 될 것이다.

(3) 입(口)

오행 중 토성(土性)에 속하고, 비장과 위의 창구(窓口)이다. 입술도 같다. 폭음과 폭식으로 위의 기능이 좋지 않게 되면, 구내염이 생기거나 입 주위의 피부가 거칠어지는 것을 알 수 있다.

(4) 코(鼻)

오행 중 금성(金性)에 속하고, 폐와 대장의 지배를 받는다. 흉식(胸式)호흡을 하는 폐, 복식호흡을 하는 대장과 관계가 깊다. 비익(鼻翼)을 넓혀서 얕은 호흡을 하는 것은 폐가 죽음에 이른다는 위험 신호다. 감기에 걸리면 설사를 하는 경우가 많은 것은 폐와 대장이 표리(表裏)의 관계에 있기 때문이다.

(5) 귀(耳)

오행 중 수성(水性)에 속하고, 신장과 방광의 지배를 받는다. 귀울림이나 귀가 잘 들리지 않는 것은 신장에 이상이 있다는 신호다. 귀는 생식 능력과 관계가 있어서 귀에 붉은색이 나타나면 성관계를 할 때에 지구력이 떨어진다.

---

* 일반적으로 구성(九星)에서 '눈=보는 것=밝은 것=불(火)'이라는 분류는 기능[用]에 의한 분류로, 간지(干支)의 간(干)에 의한 분류이다. 9자화성(九紫火星)이 의미하는 눈은 기관으로서의 눈이 아니라 시력을 나타낸다.

2) 오행과 오장(五臟) - 장기(臟器)

감각기관의 바탕이 되는 것은 인체의 장기이다. 한의학에서는 간 · 심 · 비 · 폐 · 신의 오장을 오행에 대입하여 인체의 생리 · 병리에 적용시켜 응용해 왔다. 목 · 화 · 토 · 금 · 수에 대응시키고, 인체의 기능을 다섯 개로 나눈 것이 오장오부이다. 오장을 중심으로 인간의 몸은 기능하고 있으며, 간 · 심 · 비 · 폐 · 신으로 나타내진다. 서양의학에서 말하는 간장 · 심장 등의 장기와는 다르고, 그 개념도 보다 넓은 기능을 나타내고 있다. 예를 들면 오장의 '간'은 간장(肝臟)의 타자율신경(他自律神經)까지 포함한 개념이다.

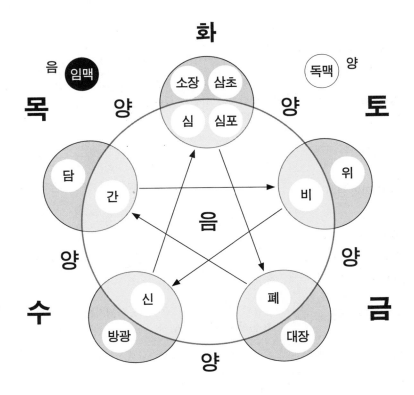

(1) 간장 · 담낭(肝臟 · 膽囊)

오행 중 목성(木性)이다. 간은 음(陰)에 속하고 담낭은 양(陽)에 속하지만, 이 둘이 하나가 되어 혈액을 정화하거나 담즙을 만드는 등의 중요한 기능을 한다. 목성의 활동력, 실행력, 감정의 근원이 되기도 한다.

〔 간(肝) 〕

기운이 부드럽게 움직이도록 조절한다. 스트레스의 영향을 받기 쉬운 장기이다. 간은 체내에서 기(氣)가 순조롭고 느긋하게 움직이도록 조절하며[疏泄機能], 혈(血)을 체내에서 배분하고 조절하며, 장혈(藏血) 기능이 있다.

분노[怒]와의 관계	초조나 억울(抑鬱), 히스테리 등의 정서적인 장애와 관련이 있다.
눈[目]과의 관계	눈에 관련된 각종 질병, 시력장애, 야맹증, 눈곱, 충혈에 관련이 있다.
근육[筋]과의 관계	손발 운동의 장애, 경련, 수전증 및 마비나 경직, 골수염, 종아리 경련, 안면 신경증 등에 영향을 미친다.
청색[靑]과의 관계	아침에 일어날 때 안면이 창백(蒼白)하고, 푸른 핏줄이 나타나거나 입술에 나타나는 청색의 기색에 영향을 미친다.
신맛[酸]과의 관계	신맛이 있는 음식과 각종 약[食藥], 간이 피로했을 때 신맛을 느끼게 한다.
풍(風)과의 관계	간은 돌발성 질병인 통풍, 뇌졸중, 뇌경색, 심근경색에 영향을 미친다.
봄[春]과의 관계	느긋하고 편안하게 활동하는 봄, 느긋하고 편안하게 하루를 시작하는 아침에 간의 기운이 영향을 미친다.
여성 생리기능과의 관계	간에 이상이 있을 시에 생리 기능 이상, 월경과다, 무월경, 폐경 등에 영향을 준다.
손톱[爪]의 상태와 관계	손톱의 변형, 윤기가 없어진다. 약해지는 것은 모두 간의 이상에 영향을 받는다.
담낭(膽囊)과의 관계	지방이 지나치게 쌓이면 담낭에 부담을 준다.

(2) 심장 · 소장(心臟 · 小腸)

오행 중 화성(火性)이다. 심장은 혈액을 보내는 펌프와 같은 역할을 하는 음(陰)의 장기로, 모든 조직에 에너지를 보내 준다. 소장은 주로 영양분을 흡수하는 기능을 가진 양(陽)의 장기이다. 심장과 소장의 관계는 혈액의 순환과 영양소의 흡수라는 밀접한 관련이 있다. 심리적으로는 투쟁심, 자기방어[自衛]를 담당한다.

〔 심(心) 〕

심장과 소장은 심박동이나 순환의 원동력으로서의 기능 외에 의식이나 사고, 수면과도 관련되어 있다.

즐거움[喜]과의 관계	심리적인 불안상태, 안면이 홍조, 기쁨이 지나치면 심장에 부담을 준다.
혀[舌]와의 관계	언어장애, 혀가 제대로 움직이지 않는 상태, 가끔 혀를 깨무는 상태, 혀의 통증, 혀의 부종으로 심장의 건강상태가 나타난다.
맥(脉:脈)과의 관계	순환기장애, 어지럼증, 현기증, 동계, 부정맥, 고혈압과 관련이 있다.
붉은색[赤]과의 관계	코나 손가락 끝, 얼굴이 붉어지거나, 눈이 충혈되거나 한다.
쓴맛[苦]과의 관계	야생초의 쓴맛이 나는 음식이나 약[食藥]은 심장에 영향을 준다.
더위[暑]와의 관계	더우면 심장 박동이 증가하고 심장에 부담을 주므로 뜨거운 목욕탕에 가는 것을 금한다.
여름[夏]과의 관계	작열하는 여름과 가장 더운 낮에는 심장에 부담을 준다.
수면장애, 정신장애와의 관계	혼수상태, 헛소리, 잠꼬대, 치매증 등도 모두 심장의 기능에 영향을 받는다.
소장(小腸)과의 관계	작열감, 구내염, 잔뇨감, 배뇨시의 작열감, 소변이 진한 것 등은 심장과 소장의 기능에 영향을 받으며, 웃음은 소장을 활성화한다.

(3) 비장 · 위(脾臟 · 胃)

오행 중 토성(土性)이다. 한방에서는 비장과 췌장을 비(脾)라고 한다. 위(胃)는 양(陽)으로 음식을 소화시키고, 비장은 음(陰)으로 혈액을 조절한다. 췌장은 인슐린을 분비하는데, 인슐린이 부족하면 당뇨병에 걸린다. 따라서 당뇨병은 토의 성질을 가진 질병이다. 심리적으로는 의욕(意慾)과 지혜(智慧)를 담당한다.

〔 비(脾) 〕

비장은 생명력을 보충하는 중요한 장기이면서 동시에 질병도 함께 만들어 내는 장기이다. 비장과 위장은 '기 · 혈 · 진액'을 보충하고 운행하는 기능이 있고, 오래된 혈액이나 림프액을 처리하는 작용을 한다.

생각[思]과의 관계	고민이 많아지면 식욕이 없어진다. 쓸데없는 걱정, 고민도 비장의 영향을 받는다.
입술[口]과의 관계	입술이 부어오르고, 입술에 염증이 생기거나, 입맛이 달고, 미각에 이상이 발생하는 것도 비장의 영향이다.
기육(肌肉)과의 관계	비장은 전신의 근육, 피하지방에 영양물질을 보내고, 손발의 힘을 유지하거나 근의 위축 및 근 디스트로피 등을 담당한다.
노란색[黃]과의 관계	비장의 피로가 황색이 되어 손이나 다리, 얼굴에 나타난다.
단맛[甘]과의 관계	피곤하거나 지쳤을 때 단것이 먹고 싶어진다. 곡물의 단맛이 느껴지는 식약(食藥)은 비장에 영향을 미친다.
습(濕)과의 관계	습기를 비장이 싫어한다. 체내에 습도가 높으면 속이 메스꺼워지는 현상이 나타난다.
장하(長夏)와의 관계	환절기(토용(土用))에는 비장이 부담을 느끼고 입술이 까칠해지는 등의 현상이 나타난다.
통혈기능장애(統血機能障害)의 관계	부정성기출혈(不正性器出血), 혈변, 피하출혈이 일어나기도 한다.
위(胃)와의 관계	소화불량 · 복통 · 위하수 · 위무력증 등의 질환에 영향을 미친다.

(4) 폐장 · 대장(肺臟 · 大腸)

오행 중 금성(金性)이다. 폐는 공기로부터 산소를 도입하고 탄산가스를 배출하는 음(陰)의 장기이다. 대장은 수분의 흡수를 담당하는 장기로 분변(糞便)의 배설을 담당하는 양(陽)의 장기이다. 이 둘은 산소와 물이라는 생명에 필수적인 것을 도입한다. 심리적으로는 사랑과 기백을 담당한다.

〔 폐(肺) 〕

폐와 대장은 호흡기 및 수분대사나 피부와도 관계가 있다. 다양한 알레르기성 질환에도 영향을 미치고, 림프액 순환의 중추이면서, 수분대사 · 땀샘 기능 · 면역 기능을 담당하기도 한다.

슬픔[悲]과의 관계	울면 콧물과 눈물이 나온다.
코[鼻]와의 관계	축농증 · 코 막힘 · 알레르기성 비염 · 꽃가루 알레르기, 쉰 목소리 등에 영향을 미친다.
피모(皮毛)와의 관계	피부 질환의 전반적인 현상, 아토피 · 습진 · 여드름 · 궤양 · 폴립 등에 영향을 미친다.
흰색[白]과의 관계	결핵, 슬픔으로 머리카락이 희어진다.
매운맛[辛]과의 관계	매운 것을 먹으면 호흡이 거칠어지고 땀이 난다. 매운 맛이 있는 채소(식약)은 폐의 기능에 영향을 미친다.
조(燥)와의 관계	너무 건조하면 폐에 부담, 적당한 가습이 필요하다.
가을[秋]과의 관계	가을, 하루 중 저녁이 폐에 부담을 준다. 가을은 왠지 슬퍼지는 등 우울증에 영향을 미친다.
호흡기질환(呼吸器疾患)과의 관계	기침 · 담 · 천식 · 폐암 등에 영향을 준다.
수분대사와의 관계	부종 감소, 오줌량 감소, 다한증(多汗症) · 무한증(無汗症)에 영향을 준다.
대장과의 관계	변비(便秘) · 설사[下痢] · 대장암에 영향을 준다.

(5) 신장 · 방광(腎臟 · 膀胱)

오행 중 수성(水性)이다. 신장은 혈액 속의 수분을 걸러서 방광에 보내는 역할을 한다. 이때 혈액 속의 노폐물이 걸러진다. 체내의 수분을 조정하는 기능도 있다. 방광은 소변을 일정량 가두었다가 배출하는 역할을 하고, 인체의 정력(精力 : 에너지)과 끈기(根氣)를 담당한다.

〔 신(腎) 〕

신장과 방광은 인체의 성장과 발육, 생식에 관한 기능을 한평생 좌우한다. 생명력의 원천과 밀접한 관련이 있다.

두려움[恐]과의 관계	고소공포증 · 폐소공포증 · 대인공포증 등에 영향을 주거나 받는다.
귀[耳]와의 관계	귀울림 · 난청 · 중이염 · 이음[尿道 · 肛門]의 질병에 영향을 미친다.
뼈[骨]와의 관계	골다공증 · 백혈병 · 류머티즘 · 허리의 곡선 등에 영향을 준다.
검은색[黑]과의 관계	상처 · 주근깨 · 기미, 허리 주위의 점, 인중의 점 등에 영향을 준다.
짠맛[鹹]과의 관계	곡물 중에 있는 소금 성분은 신장과 방광의 기능에 도움을 준다.
추위[寒]와의 관계	추우면 신장에 부담이 간다. 사지를 차지 않게 하는 것이 중요하다.
겨울[冬]과의 관계	추운 겨울, 하루 중 밤이 신장에 부담을 준다. 어두운 것은 공포심을 느끼게 한다.
치아[齒]와 모발[髮]과의 관계	신장이 나쁘면 치아가 나빠지고, 머리카락이 희어지거나 빠지는 현상이 나타난다.
방광(膀胱)과의 관계	배뇨 이상 · 빈뇨 · 야뇨증 · 방광염 등의 질병이 발생하는 데 영향을 미친다.

3) 오행과 오액(五液) - 체액(體液)

(1) 눈물(淚)

오행 중 목성(木性)에 속한다.

　간의 기능이 약해지면 눈물을 자주 흘리게 된다. 간은 액체로 치면 눈물이다. 즉 액체(체액)에서 눈물은 간에 해당한다. 간은 눈과 연결되어 있어서 눈을 촉촉하게 보호하는 액체이다. '눈물'도 간과 관계가 깊다. 봄 → 간 → 알레르기 → 눈 → 눈물로 연결된다.

(2) 땀(汗)

오행 중 화성(火性)에 속한다.

　심장 박동이 빨라지거나 혈압이 상승하면 땀을 많이 흘리게 되는데 액체에서 심장에 해당하는 것이 땀이다. 진액(몸속의 수분)이 양기(陽氣)의 작용을 받아 땀샘에서 나온 것이 땀이다. 땀과 함께 양기도 밖으로 분출되므로 열을 쫓는 것이다. 적당히 열을 내면 양기는 몸의 표면을 닫아서 땀을 멈춘다. 진액은 혈액의 원료인 동시에 땀의 원료로, '혈한동원(血汗同源 : 피와 땀은 원래 같은 것이다)'으로 표현하기도 한다. 필요할 때 적당히 땀이 나오고, 필요 없을 때는 땀을 흘리지 않는 것이 정상적인 상태이다. 땀이 멈추지 않거나 동계(動悸)가 격렬하게 되는 것은 심장의 양기가 약해졌기 때문이고, 땀을 흘리는 것도 심장의 양기가 약해졌기 때문이다. 여름 → 불(열) → 심장 → 땀으로 연결된다.

(3) 침(涎)

오행 중 토성(土性)에 속한다.

비장의 기능에 이상이 발생하면 침을 많이 흘리게 된다. 액체(체액)에서 비장에 해당하는 것이 침이다. 침[涎]이란 '타액(침)으로 점도가 낮고, 부드러운 것'이라 한다. 점도가 높은 것은 '타(唾)'라 불리는데 신장과 관련 있다. 일반적으로 '비장의 기능이 나빠지면 침이 증가하고 입으로 흐르게 된다'라고 하였다. 단순히 침의 양이 많아서가 아니라 입이 꽉 다물어지지 않기 때문이기도 하다. 비장은 '입'과 관계 있는 동시에 오체(五體)로 쓰고 있지만 근육의 쇠약과도 관련 있다. 그래서 비장이 약해지면 입이 잘 다물어지지 않아 침을 흘리는 것이다. 환절기(토) → 불안정 → 단 것을 지나치게 섭취 → 위장 상태 → 입의 형태로 연결된다.

(4) 콧물[涕]

오행 중 금성(金性)에 속한다.

폐에 이상이 있으면 기관지에 가래가 생기거나 콧물이 나온다. 액체(체액)에서 폐에 대응하는 것은 콧물이다. 체(涕)는 원래 눈물이지만 폐와의 관계에서는 '코의 점액'과 '가래'를 말한다. 정상적인 상태에서는 코의 점액도 정상적으로 분비되어 콧속을 적당히 보습한다. 가래가 끓는 일도 없다. 폐가 차가워져 기능이 약해지면 코의 점액은 점차적으로 콧물로 흘러나오게 된다. 폐에 열이 나고 기능이 약해지는 경우 코의 점액이 노랗고 탁하면서 점도도 높아진다. 폐가 건조하여 기능이 약해지는 경우에는 코의 점액이 줄어들고, 콧속도 건조해진다. 가래는 소량이지만 점도가 높아서 쉽게 내뱉을 수 없다. 가을 → 건조 → 코 → 콧물로 연결된다.

(5) 가래〔唾〕

오행 중 수성(水性)에 속한다.

신장의 기능이 약해지면 자주 침을 뱉게 된다. 액체(체액)에서 신장에 대응하는 것은 침[唾]이다. 비장에서 이야기한 것처럼 '타액에서 점도가 높은 것'을 침이라고 한다. '침은 신정(腎精)에서 생산된다'라고 본다. 양생법에서도 '침을 삼키는 것'을 매우 중요하게 여기는데, 침을 삼킴으로 신장의 정(精)을 강화한다고 한다. 신장의 정(精)은 살아 있는 에너지이다. 노화는 신정(腎精)이 줄어들기 때문이다. 또한 침은 비위와 관계가 깊은데, '침은 소화를 돕는다'라고 한다. 그리고 소화뿐만 아니라 내장에 쌓인 더러운 것을 씻어 낸다고 생각한다. 타액은 비위뿐만 아니라 오장육부 전체에 영향을 미친다. 겨울 → 추위 → 신장 → 에너지 저하 → 타액이 감소 → 면역력 저하로 연결된다.

4) 오행과 오역(五役)

오역(五役)이란 각 장기와 감각기관과의 관계를 말하는 것이다.

(1) 색(色)

오행 중 목성(木性)에 속하고, 간의 지배를 받는다. 색은 시각[눈]과 관계되어 있으며, 오행(오장)에는 각각의 색이 배당되어 있다. 그래서 간에 이상이 발생하면 얼굴이나 피부의 기색으로 나타난다.

(2) 냄새(臭)

오행 중 화성(火性)에 속하고, 심장의 지배를 받는다. 심장에 이상이 발생하면 후각이 민감해진다. 냄새는 코에 관한 것이어서 폐라고 생각하기 쉽지만, 심(心)의 속성인 화는 끓이는 데 열을 가하기 때문에 냄새를 강하게 한다. 이러한 측면에서 냄새는 심의 활동에 관계하는 것으로 본다. 또한 냄새도 향으로 오장에 배당되어 있다.

(3) 맛(味)

오행 중 토성(土性)에 속하고, 비장의 지배를 받는다. 비장의 기능이 약해지면 미각이 변한다. 맛은 음식에 관한 것으로 소화 흡수의 중심인 비장에 관련되어 있다. 오미(五味)도 오장에 배당된다.

(4) 소리(聲)

오행 중 금성(金性)에 속하고, 폐의 지배를 받는다. 폐에 이상이 있으면 소리가 변한다. 소리는 폐의 생리기능으로 발성을 하는 것이기 때문에 냄새가 아니라 소리가 오역으로 되어 있다. 물론 목소리에 대한 배당은 오성(五聲)과 오음 등으로 각 오행과 오장에 배당이 되어 있다.

(5) 분비물(液)

오행 중 수성(水性)에 속하고, 신장의 지배를 받는다. 분비물은 신체의 수분에 관계 있는 신장의 생리기능에 의해서 수분을 조절한다. 신장에 이상이 있으면 수액으로 나타나기 때문에 부종 등을 일으킨다. 분비물도 각 오장이 신체에서 분비하는 분비액이 있다.

5) 오행과 향기[五香] - 체취

체취에도 그 사람의 체질이나 질병 등이 나타난다.

(1) 고(膏 : 기름 같은 냄새가 난다)

오행 중 목성(木性)에 속하고 간의 지배를 받는다. 간의 기능이 나쁘면 어딘지 모르게 지방이나 동물적인 냄새가 난다.

(2) 초(焦 : 단 냄새가 많다)

오행 중 화성(火性)에 속하고 심장의 지배를 받는다. 심장의 기능에 이상이 있으면 땀 냄새처럼 단내가 많이 난다.

(3) 향(香 : 달콤한 냄새가 난다)

오행 중 토성(土性)에 속하고 비장의 지배를 받는다. 비장의 기능에 이상이 있으면 꽃이나 과일처럼 조금 단 냄새가 난다.

(4) 성(腥 : 비릿하다)

오행 중 금성(金性)에 속하고 폐의 지배를 받는다. 폐에 이상이 있으면 무엇인가 모르게 생선과 같은 비릿한 냄새가 난다.

(5) 부(腐 : 썩는 냄새가 난다)

오행 중 수성(水性)에 속하고 신장의 지배를 받는다. 신장의 기능에 이상이 있으면 뭔가 모르게 썩은 것 같은 냄새가 난다.

6) 오행과 미각[五味]

음식의 맛이나 기호도 오행으로 배당한다.

(1) 신맛

간(肝) 체질[木性]은 신맛을 지배한다. 매실장아찌나 초절임 등 시큼한 것을 좋아하는 경향이 있는네, 신 음식을 지나치게 섭취하면 간이나 근육을 약하게 만드는 결과를 초래한다. 근육[筋]도 간이 지배하고 있다.

(2) 쓴맛

심(心) 체질[火性]은 조금 쓴맛이 나는 식품을 좋아하는 경향이 있다. 그러나 쓴맛을 지나치게 섭취하면 심장과 혈액, 뼈에 나쁜 영향을 미친다.

(3) 단맛

비(脾) 체질[土性]은 단것을 좋아하는 경향이 있다. 그러나 단맛을 지나치게 섭취하면 비장의 건강을 나쁘게 하고, 살집[肉]에도 나쁜 영향을 미친다.

(4) 매운맛

폐(肺) 체질[金性]은 카레나 고추, 겨자 등 매운맛이 나는 음식을 좋아한다. 그러나 매운맛을 지나치게 많이 섭취하면 폐에 나쁜 영향을 미친다.

(5) 짠맛

신(腎) 체질[水性]은 젓갈·소금에 절인 생선 등 짠 식품을 좋아한다. 그러나 짠맛을 지나치게 섭취하면 생식기와 배설 기관에 나쁜 영향을 미친다.

6) 오행과 오상(五常)

오상(五常)이란 인간사와 운세를 살피는 데 빠뜨려서는 안 되는 다섯 가지의 행동을 말한다. 그리고 오상을 반복해서 행함으로써 다섯 가지의 덕[五德]이 자기의 것이 된다고 한다. 목은 인(仁), 화(火)는 예(禮), 토는 신(信), 금은 의(義), 수는 지(智)를 담당한다. 자기계발을 위해 오상의 덕을 쌓는 것은 중요하지만, 사물에는 반드시 선악이 있다는 점을 헤아리고, 자신의 특성에 맞추어 알맞게 계발할 줄 아는 것이 현명한 처사이다.

(1) 목 – 인(仁)

오행 중 목(木)은 땅을 가리고 덮어서 무성하게 하는 성질이 있고, 오덕 중에서 인(仁)에 배당된다. 목의 덕[仁]의 본체는 타인을 생각하는 마음 즉 측은(測隱)이다. 즉 나무가 무성하여 땅을 덮듯이, 상대를 생각하는 마음을 넓게 베푸는 덕이 인이다. 목(木)은 정(情)과 봉사(奉仕)를 소중하게 여긴다. 인의 긍정적인 의미가 '정'과 '배려'라면, 부정적인 의미는 '차별'과 '거짓'이다. 감정적으로는 '편애'로 연결된다.

(2) 화 - 예(禮)

오행 중 화(火)에는 어둠을 사라지게 하고 밝게 비추는 성질이 있고, 오덕 중에서 예(禮)가 배당된다. 불[예]의 본체는 분별이며, 이것은 만사를 옳고 그름으로 구별하는 것이다. 불이 어둠을 사라지게 하고 만물을 확실하게 분별하여 올바른 길을 실천하게 하는 것이 예(禮)이다. 화(火)는 예의 실천과 행동을 소중하게 여긴다. 예의 긍정적인 의미가 '예의를 지키는 것'이라면, 부정적인 의미는 '부당하게 강요하는 것'이다. 예의를 준수하기 때문에 형식을 벗어나는 것을 싫어하고, 타인에게 그것을 강요하기도 한다.

(3) 토(土) - 신(信)

오행 중 토(土)는 만물을 유지하고 땅속[地中]에 간직하고 있는 성질이 있고, 오덕 중에서 신(信)이 배당된다. 신의 본체는 불기(不欺)이며, 이것은 타인을 속이지 않는 것이다. 자타(自他) 모두를 속이지 않는 성실함을 '신(信)'이라고 한다. 토(土)는 의심하지 않는 것을 소중히 여긴다. 신의 긍정적 의미가 '정직한 것'이라면, 부정적 의미는 '사물(物事)을 이해하지 않는 것'이다. 정직하다는 것은 의심하지 않는 것이고, 그것은 사물을 통째로 삼키는 것을 의미한다.

(4) 금(金) - 의(義)

오행 중 금(金)은 딱딱해서 강하면서[剛] 예리한 성질이 있고, 오덕 중에서 의(義)가 배당된다. '의(義)'의 본체는 '합의(合義)'이며, 이것은 때와 목적과 장소에 필적하는 올바른 판단과 행동을 하는 것이다. 법률이나 인간의 도리에 맞도록 시비나 선악을 바르게 판단하고 재판하는 것을 의라고 한다. 금은 이치에 필적하는 것을 소중하게 여긴다. 의(義)의 긍정적인 의미가 '이치에 필적하는 것'이라면, 부정적인 의미는 '이(理)에 이길 수 없는 비뚤어진 마음을 가지는 것' 즉 아무리 이기적이고 잔인해도 본인의 이치에 필적하면 올바른 행동이라고 생각하는 것이다.

(5) 수(水) – 지(智)

오행 중 수(水)는 축축하게 유통하는 성질이 있고, 오덕 중에서 지(智)가 배당된다. 지의 본체는 요지(了智)이며, 이것은 모든 것을 깨달아 모두를 아는 것이다. 모두에게 유통되는 물처럼 만사를 깨달아 모든 것을 아는 것이 '지(智)'이다. 수(水)는 사물에 대해서 잘 알고 지혜를 움직이게 하는 것을 소중하게 여긴다. 지(智)의 긍정적인 의미가 '지혜를 움직이게 하는 것'이라면, 부정적인 의미는 '자신의 지혜에 자만(自慢)하거나 악용하는 것'이다. 지혜가 증가할수록 거짓과 의심, 부정도 증가한다.

7) 오행과 오성(五聲)

(1) 오행과 오성(五聲)

목소리가 크고 발음이 뚜렷하고 여운 있는 소리의 사람, 소리가 단전에서 나는 사람은 운세도 안정되어 있다. 소리가 약하고 말꼬리가 흐린 사람, 여운이 없는 사람은 운세도 전반적으로 좋지 못하다. 큰소리를 내지 않아도 명료하고 좋은 울림이 있는 소리라면 체력도 운세도 좋다. 큰 소리일지라도 말이 끊어지거나 하는 것은 전반적으로 체질이 허약한 사람이다. 병적인 소리는 그 유형에 따라서 오장의 상태를 잘 파악할 수 있다. 소리에 의한 판단은 첫 대면의 사람이라도 잘 알 수 있다.

- 호(呼) : 목성이다. 간의 지배를 받고, 간이 허약하면 어조가 강하고, 외치듯 고함을 치는 듯 소리를 내기가 쉽다.
- 소(笑) : 화성이다. 심장에 문제가 있으면 잘 웃거나 혼잣말을 하거나 언어가 중간에 끊어지거나 하는 경우가 많이 일어난다.
- 가(歌) : 토성이다. 비장에 문제가 있으면, 노래하는 것처럼 흥분된 목소리가 나온다.
- 곡(哭) : 금성이다. 폐에 문제가 있으면 숨소리나 목소리가 끊어지거나 감정이 없는 가라앉은 말투가 나온다.
- 신(呻) : 수성이다. 신장에 문제가 있으면 귀찮은 듯 신음하는 말투로 말을 하게 된다.

(2) 오행과 오음(五音)

노래는 멜로디와 가사로 이루어지며, 멜로디를 구성하기 위해 음표를 사용한다. 현대 음악은 7음계로 약보(略譜)의 "1 · 2 · 3 · 4 · 5 · 6 · 7"에서 음계의 "도 · 레 · 미 · 파 · 솔 · 라 · 시"가 된다. 동양에서는 고대부터 음계를 오음으로 표현하고 '각(角) · 치(徵) · 궁(宮) · 상(商) · 우(羽)'로 했다. 오음에는 7음 중에서 4(파)와 7(시)이 없다. 따라서 오음은 약보의 "3 · 5 · 1 · 2 · 6"에서 음계는 "미 · 솔 · 도 · 레 · 라"가 된다.

오음과 오행은 밀접한 관계가 있다. 예를 들어, 나무는 느긋한 유연성을 가지고 있고, 불은 따뜻하면서 위로 향하고, 땅은 만물을 기르면서 널리 실어 나르고, 쇠는 맑으면서 단단한 느낌이 있고, 물은 촉촉하면서 아래로 향하는 특징이 있다. 오음의 각·치·궁·상·우는 각각 오행의 목·화·토·금·수에 해당한다. 따라서 노래를 부를 때는 오음의 특색을 살려서 노래한다.

- 각(角)의 음은 부드럽게 숨을 토해내듯 느긋하게 발성한다.
- 치(徵)의 음은 뿜어져 나오는 기쁨을 나타내듯 크게 울려 퍼지는 것처럼 발성한다.
- 궁(宮)은 풍부하고 중후해서 흙이 만물을 품는 것처럼 발성한다.
- 상(商)은 맑고 탁함이 없는 소리로 힘차게 높게 발성한다.
- 우(羽)는 차분하고 가늘게 물이 흐르는 듯한 이미지로 발성한다.

인체에는 오장(五臟)이라 불리는 간장(肝臟)·심장(心臟)·비장(脾臟)·폐장(肺臟)·신장(腎臟)이 있다. 오장과 오행은 서로 통한다. 간은 목에 속하며, 심장은 화, 비장은 토, 폐는 금, 신장은 수에 속한다.

오행의 특성으로 오장의 기능을 설명할 수 있다. 간은 소설(疏泄) 작용을 하므로 기와 혈의 흐름을 원활하게 촉구한다. 심장은 혈액을 순환시켜 몸을 따뜻하게 하고, 비장은 먹은 것을 소화시켜서 에너지로 변화시킨다. 폐는 호흡에 의해 이물질을 제거하고 청결하게 유지한다. 신장은 수분 대사를 촉진한다. 이처럼 오장의 기능은 인체의 생명 활동을 유지하는 중심이 되고 있다. 오장의 기능이 정상이어야 생명 활동을 유지할 수 있다.

오행(五行)	목(木)	화(火)	토(土)	금(金)	수(水)
오음(五音)	각(角)	치(徵)	궁(宮)	상(商)	우(羽)
오장(五臟)	간(肝)	심(心)	비(脾)	폐(肺)	신(腎)

오음이 오장에 전해지는 법칙이 있는데, 각음(角音)은 간에 통하고, 치음(徵音)은 심장, 궁음(宮音)은 비장, 상음(商音)은 폐, 우음(羽音)은 신장을 통한다. 사람들이 노래를 부를 때 생생한 오음이 오장에 전해지고, 내장 기능 및 정신 상태를 조절한다. 또한 마음을 진정시키거나 즐거운 기분을 유지하여 심신의 건강을 유지하거나 회복시키거나 한다. 원대의 주진형(朱震亨)은 "음악(소리)은 약이다"라고 했다.

오음과 오장의 대응 반응은 더욱이 오음이 오장의 기능에 의해 발생되는 것을 의미하고, 오음을 낼 때 오장의 특징과 일치한다. 예를 들어, 각의 소리를 부드럽고 느긋하게 내는 것은 간기(肝氣)의 소설(疏泄)에 영향을 받는 것이고, 치의 소리가 뿜어져 나오는 기쁨은 심장에서 혈맥이 전신을 뛰어다니듯이 활발하게 돌아다녀서 의식이 명확하게 대응한다. 궁의 음은 중후해서 비장의 운화 작용에 의해서 기혈생화(氣血生化)의 근원이 되는 것과 비슷하다. 상의 소리인 폐기는 리듬의 상승과 하강과 비슷하다. 우의 소리는 차분하고 섬세함은 신장에 통하고 있다. 신장은 하초에 주로 봉장(封藏)하여 있어서 우의 소리는 아래에서부터 깊게 나온다. 따라서 오장의 기능에서 오음이 나오고, 오장의 기능은 소리의 아름다움을 조화시키고,

듣는 사람을 감동시킨다.

(3) 소리의 오행 분류

목소리도 사람마다 제각각의 특성을 가지고 있는데, 음성의 특징을 가지고 오행으로 분류하면 다음과 같다.

- **목형의 소리** : 날카로우면서 높은 목소리로 멀리서도 잘 들린다. 많은 발전을 거듭하고, 간에서 나오는 소리이다.
- **화형의 소리** : 눌어붙은 듯한 목소리로 여운이 없는 소리. 중년에 실패하고 노년에는 고독하다. 심장에서 나오는 소리이다.
- **토형의 소리** : 말이 무겁게 약간 탁한 소리. 발달이 늦은 사람으로 희생을 많이 한다. 비장에서 나오는 소리이다.
- **금형의 소리** : 윤기가 있으면서 찰진 듯한 작은 소리이지만 상쾌하다. 상황에 맞게 발전한다. 폐에서 나오는 소리이다.
- **수형의 소리** : 언어가 길고 여운이 있으면서 느긋하다. 부귀 장수의 관상이다. 신장에서 나오는 목소리이다.

사람마다 현재의 상황에 만족하는 사람도 있고, 만족을 하지 못하는 사람도 있다. 만약 자신의 목소리가 마음에 들지 않고, 현재의 상황에서 탈피하여 보다 더 발전적인 삶을 살고자 한다면 목소리를 바꾸어 운명의 흐름을 바꾼다. 자신의 언어 장단점을 파악하여 아래처럼 보완한다면 발전적인 삶을 살 수 있다.

- **목형의 사람** : 언어를 길고 느긋하게 발음하고, 충분한 여운과 뻗어나가는 듯한 소리를 낸다. 또한 가끔은 거칠면서 임팩트 있

는 효과적인 발성으로 신축성을 붙여 보는 것도 좋다.

• 화형의 사람 : 뚫고 나가는 것 같은 명료한 고음을 내고, 또는 침
착하고 묵직한 저음과 신음과 떠듬떠듬 말하는 모양으로 온화하
게 말을 거는 듯한 목소리도 좋다.

• 토형의 사람 : 윤기가 있지만, 어미(語尾)가 뚜렷하고 신축성이
있는 것처럼 이야기하고, 노래를 부를 때 상쾌한 인상을 주는 목
소리. 가끔 카랑카랑하고 거친 듯한 목소리도 기분 전환이 된다.

• 금형의 사람 : 작은 목소리로 차분하고 포용력이 있는 저음과 떠
듬떠듬 말하는 말투나 창법을 활용한다. 혹은 여운이 있는 느긋
한 목소리를 낸다.

• 수형의 사람 : 분명하면서 말끝이 똑 부러지는 듯한 말투나 창법
으로 상쾌한 느낌 있는 목소리를 낸다. 높은 것을 관통하는 것처
럼 멀리에서도 잘 들리는 목소리도 좋다.

이 밖에도 소프라노, 알토, 테너, 바리톤 등에 의해서 어느 정도의
성격을 알 수 있다고 한다. 또한 체형과 목소리도 밀접한 관계가 있
는데, 신중한 사람은 목소리가 낮고, 목이 굵고 키가 작은 사람은 높
은 음성을 가진 경우가 많다. 턱이나 광대뼈가 긴 사람은 비교적 좋
은 목소리의 소유자가 많은 것을 볼 수 있다.

(4) 음성과 성격

옛날부터 동양에서는 '성음전(聲音傳)'이라 하여 음성이나 말투에
근거하여 운명을 판단하고 예지하는 비법이 전해 오고 있다. 위대한
수행자이자 관상가인 달마 대사는 『달마상법(達磨相法)』에서 "모든
것을 판단하는 것은 소리에 있다"라고 하였다. 이처럼 음성이나 말

투는 미래의 운명을 판단하는 열쇠라 할 수 있다.

주목할 것은 이 음성만은 연령과 성[男女]을 지극히 중시하고 있다는 것이다. 즉, 아이에게는 아이의 음성이, 여성에게는 여성의 음성이, 노인에게는 노인의 음성이 행운을 부르는 좋은 음성이다. 확실히 우리는 본능적으로 아이로 어른스러워진 음성이나 말투, 여성으로 남성처럼 보이는 음성이나 말투, 노인으로 젊은이와 같은 음성이나 말투를 들으면, 왠지 모르게 위화감을 느낀다. 이는 본능적인 위화감이다.

음성과 말투를 통해 직업이나 지위도 파악할 수 있다. 우리는 본능적으로 사회적 지위를 차지하고 있는 사람들의 음성이나 말투에서 공통성을 감지하고 있다. 예를 들면 일본의 아베 수상은 음성만으로 볼 때 성질(聲質)이 가볍고, 말이 약간 빠르다 할 수 있다. 이러한 음성이나 말투는 보좌관으로는 유능한 인물에게 많지만, 직업을 떠나 최고의 자리에 오랫동안 있는 인물로서의 음성이나 말투로는 적당하지 못하다.

- 아이인데 어른스러운 음성이나 말투 : 복잡한 가정에서 자라고 있는 경우가 많고, 어린 시절부터 어른 역할을 하게 된다. 한 집안의 기둥으로서 일찍부터 가족의 생계를 위해 일하게 된다.
- 여성인데 남성적인 음성이나 말투 : 결혼으로 행복을 누릴 수 없다. 사업운은 강하여 성공한다. 음성만 남성적이고 기혼자라면 남편을 깔아뭉개며 바람기가 있다.
- 남성인데 여성적인 음성이나 말투 : 결혼으로 행복을 누릴 수 없다. 여성적인 분야의 일이라면 성공하는 운이 있다. 음성만 여성적이라면 연애에 있어서는 각종 문제로 골치를 썩인다.

- 젊은데 노인 같은 음성이나 말투 : 사회의 제일선에서 젊게 활동한다. 지병(만성질환)을 가지기 쉽다. 식생활이 담백한 편이다.

- 노인인데 젊은 음성이나 말투 : 사회의 제일선에서 계속 일을 하게 된다. 후계자가 없는 사람이다. 젊은 사람들과의 교류가 계속되고, 연애운도 꽃피우게 된다.

- '째지는 소리'의 여성 : 선조나 손윗사람으로부터의 혜택을 받지 못한다. 결혼도 한 번으로 끝나지 않는다. 기혼자라면 이기적인 경향이 있어서 애정을 얻을 수 없다.

- 찢어진(깨진) 북과 같은 음성과 말투 : 금전상의 문제가 많다. 재운이 없고 생활이 안정되지 않는다. 사고나 중병에 걸려 장수하기 어렵다.

- 시들어 듣기 괴로운 음성이나 말투 : 부하운, 후배운을 타고나지 못했으며, 사회적 지위나 재산을 길게 유지하기가 힘들다. 가정적으로도 마음고생을 많이 하고, 항상 가족간의 문제를 안고 있다.

- 상시(常時) 울음소리 같은 음성이나 말투 : 잔걱정이 많은 성질로, 어떠한 환경에서도 대인관계에 많은 문제를 일으키며, 뜻하지 않은 재난에 휩쓸리기 쉽고, 희망이 없는 인생을 걷는다.

- 여운을 남기는 음성이나 말투 : 선조나 손윗사람의 혜택을 받아 사회적 지위나 명예가 주어지는 운명이다. 부하나 후배의 도움이나 혜택도 많아서 서서히 실력을 발휘해 나간다.

- 달콤한 음성이나 말투 : 협조를 잘하고 대인관계를 타고나 이성의 지지와 혜택을 받는다. 인기 있는 직업을 선택하면 장래에 반드시 성공한다.

- 코맹맹이 소리나 말투 : 남녀 모두 연애나 금전적인 면에서 문제

가 생기기 쉽다. 환경은 풍족하고, 예술 · 예능 · 접객 방면에서
성공할 수 있다.

- **딱딱하게 여운이 전혀 없는 음성이나 말투** : 성실하고 일에 열심
  이지만, 대인관계를 좋아하지 않는다. 실력이 있어도 인기가 부
  족하고, 사회적인 평판을 얻기 어렵다.
- **순함을 가지고 있는 음성이나 말투** : 부드러운 인상을 주는 순한
  소리는 이성의 존경을 받는다. 가정도 평안하고 풍족하다.
- **무겁고 탁한 음성이나 말투** : 무슨 일에서든 인내심이 강하고 집
  중력이 있고, 실력이나 재능을 서서히 발휘해 나가는 사람이다.
  인기나 사회적 지위보다는 부동산이나 재운을 타고났다.

8) 오행과 오장(五臟), 오색(五色)

(1) 청색(靑色)과 간(肝) 그리고 인체

청색(靑色)과 관계 있는 장기는 간[肝臟, 간장]이며, 오행의 목(木)에
속한다.

간은 담즙의 배설과 관련된다는 점에서 서양의학과 공통점이 있
지만, 주된 작용은 소설(疏泄) 기능이다. 간의 소설 기능은 기(氣)를
유통하고 혈액과 진액의 운행을 조절하는 생리 기능이다. 정서 변
화는 기본적으로 심장이 주관하는 정신 작용에 의한 것이지만 간도
깊은 관계가 있다. 따라서 우울증 · 분노 · 신경질 등 스트레스가 많
은 현대사회에서는 장애를 받기 쉬운 장기라고 할 수 있다. 서양의
학으로 원인을 파악할 수 없는 많은 질병과 정신질환, 자율신경실조
증으로 진단되는 것 중에도 간에 관련된 것이 많다.

간은 혈액을 체내에서 배분하고 조절하는 기능도 한다. 활동할 때나 수면 상태에 맞춰 필요한 곳에 혈액을 보내고 나머지는 간에 저장한다. 이를 장혈(藏血) 기능이라고 하는데, 서양의학에의 혈관 평활근과 혈류량을 조절하는 자율신경계의 기능에 해당한다.

오행으로 말하면 간(肝)·목(木)은 바람과 같은 속성이며, 갑자기 일어나는 바람의 성질로는 간과 관련되는 기능의 장애가 일어나는데 그 증상으로 운동장애가 발생한다.

간의 상태는 손톱에 반영되는데, 손톱의 광택이나 손톱이 약해지거나 변형하는 등, 손톱의 상태는 간의 상태와 관계가 깊은 것이다. 간은 또한 간접적으로 머리카락의 상태에도 영향을 준다.

간의 외계로의 출구는 '눈'이며, 시력과 눈의 충혈 등은 '간'과 관계가 깊다. 그러나 간 이외에도 시력은 신장과 결막의 충혈 등은 심장과도 관계가 깊다.

간은 청색·신맛·분노와 관계가 있고, 분노가 간에 많은 영향을 미친다는 것을 알아야 한다. 과민 반응은 몸속의 에너지를 손상시키기도 하기 때문에 항상 안정적이고 여유 있는 마음을 가지도록 노력을 해야 한다. 간 이상과 관련된 증상의 특징은 긴장감이다. 느긋하게 움직이고 있던 것에 혼란이 오기 때문에 체증이 일어난다고 생각하면 좋을 것이다. 옆구리에 팽만감이 있거나 위장과 하복부가 걸려 통증이 일어나기도 한다. 생리와 관련하여 가슴에 통증이 있거나 생리통이 있는 것도 간과 관련이 있다. 간의 이상은 다른 장기로 이동하기 쉽고, 위(胃)로 이동하여 메스꺼움과 구토, 폐로 옮기면 기침이나 천식, 비장에 영향을 미치면 설사나 복명(腹鳴), 복만(腹滿)을 일으킨다. 게다가 과민성 장염 등에도 관계가 있다. 심장에 미치면 동계나 불안감, 불면증 등을 일으킨다. 또한 얼굴로 영향력을 확대하면 안면 홍조나 비정상적으로 입이 마르고, 두통이나 현기증, 이명 등을 만들고, 중증이 되면 의식 장애 및 뇌졸중의 상태를 일으킨다. 현대 사회의 관점에서 중요한 간의 증상은 짜증과 분노, 우울증 및 권태감 등의 정서적인 현상에 영향을 받는다. 감정의 변화나 스트레스로 심해지는 증상과 질병의 대부분은 간의 이상에 속하는 것이다.

(2) 적색(赤色)과 심(心) 그리고 인체

적색(赤色)과 관계 있는 장기는 심장(心臟)이며, 오행의 화(火)에 속한다.

서양의학적인 심장의 기능과 공통되는 부분이 많은데, 심장 박동과 순환의 원동력으로서의 역할을 담당하고 있지만 동시에 의식이나 사고 등의 정신 활동, 즉 서양의학으로 말하면 뇌의 기능에 관계하는 부분도 심장의 작용에 의한 것이다. 간접적으로 수면의 구조와도 관련이 있다. 심장의 상태를 외부에서 눈으로 살필 수 있는 부위는 혀로, 혀를 통해서 몸의 여러 가지 정보를 얻을 수 있으며, 한의학적인 진단을 하는 데 있어 매우 중요하다. 혀의 색이나 표면 상태를 통해 심장의 상태가 드러나는데, 특히 혀끝에 심장의 건강 상태가 반영된다. 예를 들어, 심맥이 원활하지 못하면 혀에 자색이나 암자색이 나타난다.

오행의 의하면, 화(火)인 심장은 색으로는 붉은색, 맛으로는 쓴맛, 정서로는 즐거움과 관계가 깊다. 특히 붉은색은 생동감을 설명하는 근거가 되기도 한다. 얼굴은 혈맥이 풍부하고 전신의 기혈이 올라오는 곳이므로 얼굴 색을 통해 심기와 심혈 상태를 예측할 수 있다. 정상이면 얼굴색이 붉고 윤기가 나지만 부족하면 얼굴색이 희고 윤기가 없다.

심장이 건강하면 기쁨이 많고, 심장의 기능이 약해지면 슬픔이 많다. 심장이 과로하면 입맛이 쓰게 느껴지고 심장의 활동이 왕성한 사람은 씀바귀처럼 쓴것을 잘 먹는다.

심장의 기능에 이상이 발생하면 안색이 나빠지고, 손발이 냉해지고, 혈액순환 등의 순환장애와 관련된 증상 외에도 초조감, 쉽게 놀라거나 심장이 두근거리는 증상과 깊은 수면을 취하지 못하거나 꿈을 많이 꾸는 등의 수면장애가 나타날 수 있다. 심한 경우에는 혼수상태나 치매, 헛소리 등의 정신장애를 초래할 수도 있다. 혀의 통증과 미란(糜爛) 또는 혀가 굳어지거나 언어장애 등 혀에 나타나는 이상 증상은 심장과 관련이 있다.

(3) 황색(黃色)과 비장(脾臟) 그리고 인체

황색(黃色)과 관계 있는 장기는 비장(脾臟)이며, 오행의 토(土)에 속한다.

비장은 위장과 함께 소화 흡수에 관한 일을 담당하고 있다. 서양의학의 비장과는 전혀 다르다. 비장과 위장의 기능은 단순한 소화흡수뿐만 아니라, 음식물 중에서 선택된 몸에 필요한 것을 온몸으로 전달하는 기능을 가지고 있다. 또한 비장에서 에너지[氣]나 혈액이 만들어지고, 또한 혈액이 밖으로 새는 것을 방지하는 '통혈(統血)'의 기능도 있다. 진액(津液)의 대사 중에서도 중요한 역할을 하고 있고, 기(氣)·혈(血)·진액 전체의 보충 및 운영에 필수적인 장기이다.

비장은 세상에 태어나서 생명력을 보충하는 중요한 기관이며 후천의 에너지원이라고 한다. 비장은 또한 기(氣)나 혈액을 생산하는 기능을 통해 전신의 근육과 피하지방 등 이른바 근육[肉]에 영양을 보내고 손발의 힘을 유지하고 있다. 비장은 입을 출구로 가지고 있는데, 비장의 기능 상태는 식욕과 미각을 좌우한다. 따라서 비장의 기능에 이상이 발생하면 식욕이 없고 설사 · 연변(軟便) · 복통 등 소화불량이나 위장 증상이 나타난다. 또 기운이 없고 안색이 나빠지거며, 몸이 마르고 쉽게 피로해지거나 손발에 힘이 들어가지 않는 등의 기나 혈액이 부족해지는 증상도 볼 수 있다. 근육의 위축이나 영양실조도 비장과 관계가 있다. 또한 비장의 이상은 입맛이 떨어지거나 입맛이 달거나 입 속이 끈적끈적해지는 등 미각에 이상이 나타난다. 위하수 외에 탈장과 탈항, 자궁탈출증 등 내장이 아래로 떨어지는 증상도 비장과 관련이 있다.

오행에서 비장은 황색 · 단맛 · 생각과 관계가 있고, 지쳤을 때는 단것이 먹고 싶어지거나, 걱정거리가 많아지면 식욕이 없어지는 것과도 관계가 있다. 후천적인 에너지원의 근원으로 중요시되는 비장은 생명력의 보충을 비롯하여 많은 활동을 지원한다. 이와 동시에 담(痰)과 습(濕)이라 불리면서, 몸에 방해가 되는 각종 질병의 원인이 되는 물질을 만들어 내는 장기이기도 하다. 식생활을 비롯한 생활습관이 나쁘면 비장에 부담이 되어 생명력의 보충을 방해하고 질병의 원인이 늘어난다.

(4) 백색(白色)과 폐(肺) 그리고 인체

백색(白色)과 관계 있는 장기는 폐(肺)이며, 오행의 금(金)에 속한다.

호흡을 통해 '맑은 기'를 몸에 보충하는 기능은 서양의학에서 말하는 폐의 기능과 같지만, 한의학에서는 진액을 온몸에 전달하는 기능이 있다고 본다. 피부의 조절, 외사(外邪)의 방어 작용 등을 담당하고 있다. 즉 호흡 기능뿐만 아니라 수분대사, 피부, 땀샘, 면역 기능도 폐와 관련이 있다. 폐의 기능이 정상이면 피부가 치밀해져서 외부의 침입을 막는 힘이 강해진다. 하지만 폐의 기능이 약화되면 피부가 치밀하지 못하여 기가 흩어져 자한이 나고 호흡이 미약해져 숨이 찬 증상이 나타난다.

폐는 외부와의 교류를 코로 하고, 코의 기능은 폐와 깊은 관계가 있다. 꽃가루 알레르기와 알레르기성비염, 만성비염, 축농증, 코막힘, 후각 이상 등은 폐 치료를 포함해야 한다. 콧물은 폐에서 만들어진다. 폐의 기능이 정상이면 콧물이 콧구멍을 습윤하게 하므로 밖으로 흘러나오지 않게 하지만, 폐가 차면 코에서 맑은 콧물이 흐르고 폐에 열이 있으면 끈끈하고 탁한 콧물이 흐른다. 폐가 마르면 코도 마른다.

성대도 폐의 기능과 관계 있으므로, 목소리 이상은 폐질환과 연관 있다. 또한 폐는 대장과도 관계가 깊고, 변비나 설사 등의 배변 이상 또한 폐와 관련 있다. 따라서 배변 이상을 치료하는 데 폐를 치료하거나, 배변을 좋게 하여 폐의 병변을 치료할 수 있다.

폐는 오행의 백색과 매운맛 및 슬픔과 관계 있다. 슬픔으로 오열할 때 호흡이 흐트러지거나, 콧물, 매운 음식을 먹을 때 호흡이 거칠어지고 땀이 증가하는 등의 현상 등이 그 관련성을 나타내는 것이다. 폐에 병이 있는 사람은 매운 음식을 싫어한다. 폐가 건강한 사람은 매운맛을 좋아한다. 감기로 기침이 날 때 매운맛이 나는 약재를 사용하는 이유도 그것이다.

폐의 기능에 이상이 발생하면 기침 · 가래 · 호흡곤란 · 천식 등의 호흡기 증상은 물론, 진액 대사와도 관련 있어서 부종 · 소변량 감소, · 배뇨장애 등의 증상이 나타나기도 한다. 또한 피부가 건조하고, 땀을 많이 흘리거나 땀을 흘리지 않거나 등 피부 병변과 발한(發汗)

이상이 보이는 것 외에도, 아토피성피부염·알레르기성비염 등의 알레르기성 질환과 관련이 있다. 폐와 피부와의 관계에서 천식과 아토피가 같은 사람에게 나타나기 쉬운 경향이 있다. 또한 감기에 걸리기 쉬운 등의 면역에 관련된 증상도 많아진다.

(5) 흑색(黑色)과 신장(腎臟) 그리고 인체

흑색(黑色)은 신장(腎臟)과 관계가 있고, 오행의 수(水)에 속한다.

신장은 서양의학적인 배뇨 기능을 포함하지만, 그것은 극히 일부의 작용에 불과하다. 한의학에서 신장은 성장, 발육, 생식 기능을 평생토록 좌우하는 매우 중요한 생명력의 근원이며, 선천적인 에너지라고 할 수 있다. 이 선천적인 에너지는 세상에 태어나서 후천적인 에너지원인 비장의 작용에 의해 보충된다. 신장의 조절에 의해서 유아기에서 사춘기, 장년기로 성장하고 기능이 발달한다. 그리고 신장이 쇠약해지면서 노년기의 상태가 만들어지는 것이다. 따라서 신장은 성 기능·배란·월경 등 생식 기능의 주기적 변화와 관계가 깊으며, 뼈의 발육과 유지, 치아, 모발 등과도 깊이 관련되어 있다. 예를 들어 신장의 기능이 약해지면 머리카락이 마르고, 빠지고, 희어지고, 꼬불꼬불해진다.

신장은 뼈의 변화에도 영향을 미친다. 한의학에서 신은 정(精)을 저장하고, 정은 골수를 만들고, 골수는 골격을 기르는 것으로 본다. 따라서 골격이 약하고 발육이 나쁘거나 뼈가 약해 골절이 잘되면 신장의 정이 허해진 것으로 본다. 치아 또한 뼈의 일부로, 이빨이 늦게나고 흔들리고 일찍 빠지는 것도 신장의 정이 모자란다고 본다. 최근 골다공증과 칼슘의 관계에서 칼슘 부족만 강조되는 경향이 있는데, 이러한 몸의 본래의 다양성을 고려하면 뼈의 병적인 변화를 일으키지 않기 위해서는 신장을 평소부터 관리하고 실천하는 것이 중요하다.

신장은 척추와 허리의 근력, 하체의 힘과 관계하고 있기 때문에 노인이 허리가 구부러지거나 사지가 약해지는 것도 신장의 변화에 깊은 관계가 있다. 또한 신장은 진액의 대사조절과 관련이 있다. 소변의 이상이나 야뇨증 등은 물론 신장과 관련된 증상이다. 신장과 모발의 관계도 깊고, 신장의 꽃은 모발이고, 모발의 윤기와 탈모 등은 신장의 기운과 관련되어 있다.

신장은 오행에서 검은색과 짠맛, 두려움과 관계 있다. 음식을 지나치게 짜게 먹는 사람은 대개 정력이 약하다. 극한의 공포를 경험하게 되면 머리가 하얗게 변하는 현상도 신장과 관계가 있다. 너무 무서우면 신장의 정기가 내몰려 위로 오르지 못하여 심(心)과 폐(肺)의 영양이 소실되고 수(水)와 화(火불)의 조화가 깨져 흉복부가 팽팽해지고 불안하고 불면증이 온다.

신장의 외계와의 출입구는 귀와 이음(二陰)이다. 이음은 요도를 포함한 외부생식기(전음)과 항문(후음)의 두 가지를 말한다. 즉, 생식기능 외에도 배뇨·배변 조절을 비롯하여 난청과 이명증도 신장과 관련이 있다.

신장과 관련된 병적인 증상은 무월경·자궁발육 부전·배란 이상·불임·무정자증·정자과소증·발기부전·조루 등의 생식 기능의 이상뿐만 아니라 요실금·설사·변비 등의 배변 이상, 난청·이명·현기증·시력장애·백내장·골다공증·치아가 빠지는 증상, 백발·탈모 등도 신장의 기능과 관계가 깊다. 따라서 신장의 이상은 노화에 의해 나타나는 변화와 관련된 증상을 많이 볼 수 있지만, 그뿐만 아니라 생명력의 근원과 깊이 관련되어 있기 때문에, 천식을 비롯하여 많은 만성 질환과 난치병에서 신장의 관계를 고려하여 치료를 진행해야 하는 경우를 많이 볼 수 있다.

4. 오행의 상호 관계 : 상생과 상극

오행의 기본적인 관계는 상생(相生), 상극(相剋), 비화(比和) 이 세 가지로 알려져 있다. 하지만 명리학(命理學)이나 한의학에서는 상생(相生), 상극(相剋), 비화(比和)에, 상승(相乘), 상모(相侮), 승복(勝復)을 더하여 총 여섯 가지로 상호 역학 관계를 설명하고 있다.

〔 오행의 역학 관계 〕

상생(相生)	상대를 도와주는 관계
상극(相剋)	상대를 공격하는 관계
비화(比和)	같은 기운이 겹쳐져서 강해지는 관계
상승(相乘)	과잉된 상생 및 상극 관계
상모(相侮)	상극 관계가 반전하는 상태
승복(勝復)	상생과 상극 관계가 균형을 유지하는 기능

1) 오행의 상호관계

오행의 상생상극 작용을 다음와 같이 분류할 수 있다.

(1) 강하게 하는 관계

같은 오행은 서로를 강하게 하는 관계로 이를 비화(比和)라고 한다. 좋은 경우에는 더욱더 좋은 관계로, 나쁜 경우에는 더욱 더 나빠지는 관계를 만들어 낸다.

- 목(木)과 목(木) ⇒ 목(木)이 강해진다.
- 화(火)와 화(火) ⇒ 화(火)가 강해진다.
- 토(土)와 토(土) ⇒ 토(土)가 강해진다.
- 금(金)과 금(金) ⇒ 금(金)이 강해진다.
- 수(水)와 수(水) ⇒ 수(水)가 강해진다.

(2) 도와주는 관계(내가 상대를 도와줌)

나무[木]가 불[火]을 일으키면, 불[火]의 기운은 강해지지만 불[火]을 일으키기 위해서 나무[木]는 에너지를 소비하기 때문에 목[木]의 기운은 약해진다.

- 나무[木]는 불[火]을 일으키고 ⇒ 나무[木]는 약해지고, 불[火]은 강해진다.
- 불은 흙[土]을 만들고 ⇒ 불[火]은 약해지고, 흙[土]은 강해진다.
- 흙[土]은 쇠[金]를 만들고 ⇒ 흙[土]은 약해지고, 금[金]은 강해진다.

- 쇠[金]는 물[水]을 일으키고 ⇒ 쇠[金]는 약해지고, 물[水]은 강해진다.
- 물[水]은 나무[木]를 키우고 ⇒ 물[水]은 약해지고, 나무[木]는 강해진다.

(3) 생겨지는 관계(상대로부터 도움을 받음)

예를 들면 나무는 물의 에너지를 받아서 생육된다. 물의 에너지를 받고 나무는 강해지지만 물은 약해진다.

- 나무[木]는 물[水]로부터 생육하고 ⇒ 나무[木]는 강하게 되지만, 물[水]은 약해진다.
- 물[水]은 쇠[金]로부터 생성되고 ⇒ 물[水]은 강하게 되지만, 쇠[金]는 약해진다.
- 쇠[金]는 흙[土]으로부터 생성되고 ⇒ 쇠[金]는 강하게 되지만, 흙[土]은 약해진다.
- 흙[土]은 불[火]로부터 생성되고 ⇒ 흙[土]은 강하게 되지만, 불[火]은 약해진다.
- 불[火]은 나무[木]로부터 생성되고 ⇒ 불[火]은 강하게 되지만, 나무[木]는 약해진다.

(4) 극하는 관계(상대가 나를 약하게 만듦)

예를 들면 나무는 흙을 극한다. 나무는 흙을 극해서 약해지지만, 흙을 극하기 위해서는 나무도 에너지를 소모하고, 나무도 약해진다. 나무는 조금 약해지고 흙은 매우 약해진다.)

- 나무[木]는 흙[土]을 극한다. ⇒ 나무[木]는 약간 약해지고, 흙[土]은 매우 약해진다.
- 흙[土]은 물[水]을 극한다. ⇒ 흙[土]은 약간 약해지고, 물[水]은 매우 약해진다.
- 물은 불[火]을 극한다. ⇒ 물[水]은 약간 약해지고, 불[火]은 매우 약해진다.
- 불[火]은 쇠[金]를 극한다. ⇒ 불[火]은 약간 약해지고, 쇠[金]는 매우 약해진다.
- 쇠[金]는 나무[木]를 극한다. ⇒ 쇠[金]는 약간 약해지고, 나무[木]는 매우 약해진다.

(5) 극해지는 관계(내가 상대를 약하게 만듦)

예를 들면 나무[木]는 쇠[金]로부터 극해진다. 극해지면 나무[木]는 약해지고, 쇠[金]도 에너지를 소비하고, 쇠[金]도 약해진다.(나무[木]는 매우 약해지고, 쇠[金]도 약간 약해진다.)

- 나무[木]는 쇠[金]로부터 극해진다. ⇒ 나무[木]는 매우 약해지고, 쇠[金]는 약간 약해진다.
- 쇠[金]는 불[火]로부터 극해진다. ⇒ 쇠[金]는 매우 약해지고, 불[火]은 약간 약해진다.
- 불[火]은 물[水]로부터 극해진다. ⇒ 불[火]은 매우 약해지고, 물[水]은 약간 약해진다.
- 물[水]은 흙[土]으로부터 극해진다. ⇒ 물[水]은 매우 약해지고, 흙[土]은 약간 약해진다.
- 흙[土]은 나무[木]로부터 극해진다. ⇒ 흙[土]은 매우 약해지고,

나무[木]는 약간 약해진다.

2) 오행의 상생(相生)

상생이란 '서로(相) 도와서 생(生)하는' 관계로서, 다음의 그림으로
나타낼 수 있다.

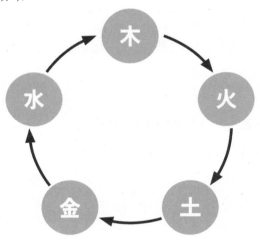

(1) 목생화(木生火) : 나무는 불을 일으킨다

나무는 자신을 희생하여 불사르면서 불(火)을 발생시킨다. 이것을
화(火)의 입장에서 보면 불이 타는 것을 나무가 도와주는 것이다.
『주역』에서 목(木)은 손[巽]을 의미하는데, 이는 바람[風]으로, 바람
(공기)은 불을 강하게 만들어 준다. 이것을 목(木)의 입장에서 보면,
나무가 지닌 에너지가 불이 되어 방출되는 것을 의미한다. 잘 취하
면 나무의 잠재된 에너지가 밖으로 나타나 다른 것을 따뜻하게 하
거나 밝게 한다. 한편으로 나무 자체로는 자신의 에너지를 소모한다

는 측면도 있다.

(2) 화생토(火生土) : 불은 흙을 만든다

불[火]이 다 타면 재가 되어 흙으로 변한다[化]. 태양의 열을 지면이 흡수하는 사상(事象)이다.

　도자기 작업 공정에 비유하면, 불과 흙의 적당한 관계는 양질의 도자기를 만들어 낸다. 하지만 불과 흙의 관계가 지나치면 가뭄이 발생하여 논밭이 마르고, 작물을 육성할 수 없는 흙이 된다. 흙의 용도와 성질에 의해 화생토(火生土)의 길흉(吉凶)이 변화한다.

(3) 토생금(土生金) : 흙은 금을 만든다

땅속에서 금(金 : 광석, 금은보석)이 출토되는 사상(事象)이다. 좋은 산은 보석[金]을 산출하지만, 흙[土]이 지나치게 많으며 오히려 금을 묻어 버린다[埋金]. 금을 파묻어 버려 출세할 수 없게 한다는 의미도 있으므로, 토생금(土生金)은 강약에 의해 길흉(吉凶)이 변화한다.

(4) 금생수(金生水) : 금은 물을 만든다

바위 틈[金]에서 물이 솟아오르는 사상(事象)이다. 금속의 표면에 물방울이 생성되는 것에 비유하기도 한다. 금의 측면에서 보면 금생수(金生水)는 금의 잠재능력을 밖으로 끌어내는 작용을 하고, 물(水)의 측면에서 보면, 금은 물을 생산해 주는 수원(水源)이라 할 수 있다.

(5) 수생목(水生木) : 물은 나무를 키운다

물이 나무를 육성하는 작용에 비유할 수 있다. 다만 물이 지나치게 많으면 나무가 떠내려가 버리므로, 물이 적당해야 나무를 키우는 좋은 작용을 할 수 있다.

3) 오행의 역생(逆生)

'역생(逆生)'이란 상대를 적당히 약하게 만드는 관계를 말한다.

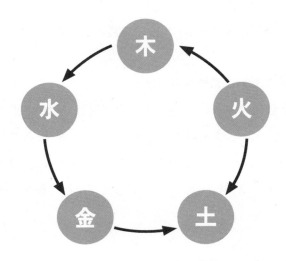

- 화역목(火逆木) : 불은 나무를 태운다.
- 토역화(土逆火) : 흙은 불을 약하게 한다.
- 금역토(金逆土) : 금속제의 농기구는 흙을 파헤치거나 움직이게 한다. .
- 수역금(水逆金) : 물이나 습기가 많으면 금속을 녹슬게 한다.
- 목역수(木逆水) : 나무는 물을 빨아들인다.

4) 오행의 상극(相剋)

'상극(相剋)'이란 서로 극(剋)하는(이기는) 관계로, 다음과 같은 관계를 형성하고 있다.

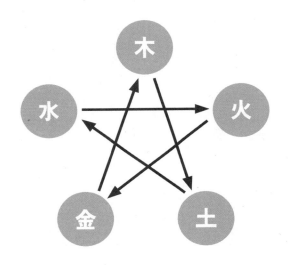

(1) 목극토(木剋土) : 나무는 흙을 극한다

나무는 땅 속에 뿌리를 내리고 흙의 영양분을 흡수한다. 나무(식물)가 지나치게 왕성하게 자라 숲이 무성해지면 흙은 야위어[瘦] 버린다. 반대로 흙이 너무 강하거나 딱딱해져도 나무가 뿌리를 내리지 못하는 등, 나무도 반극 작용(反剋作用)을 받아 시들어 버린다.

(2) 토극수(土剋水) : 토는 물을 극한다

흙은 제방이 되어 물이 범람하는 것을 막지만, 흙이 너무 많거나 질이 나쁘면 물이 탁해진다. 또한 물의 기세가 지나치게 강하면 흙도 반극 작용(反剋作用)으로 제방이 무너져 물이 범람하기도 한다.

(3) 수극화(水剋火) : 물은 화를 극한다

물은 불을 극(剋)하여 사라지게 한다. 적당한 물은 불의 흉세(凶勢)를 억제하고, 물도 불의 반극 작용에 의해서 따뜻해지기도 하지만, 지나치게 강한 물은 완전하게 불을 사라지게 하여, 불의 효용(效用)을 없애버린다. 또한 매우 강한 불에 물을 붓는 것에 의해서, 불을 끄기보다는 오히려 폭발시키는 현상이 발생하기 때문에, 다른 상극과 달라 불과 물의 상극관계는 주의해서 살펴보지 않으면 위험한 일이 발생한다.

(4) 화극금(火克金) : 불은 금을 극한다

불은 금을 극해서 금속을 녹여서 형태를 변형시키는 작용을 한다.

금속이 선용(善用)되려면 적당한 불로 단련되는 것이 중요하다. 금속이 그릇 종류나 명검이 되기 위해서는 불의 기세가 적당한 정도로 필요하다. 그렇지만 불의 기세가 너무 강하면 강철도 완전하게 용해(溶解)되어 그릇(명검)을 만들 수 없다.

(5) 금극목(金剋木) : 금은 목을 극한다

금은 나무를 극하고, 도끼나 톱 등으로 나무를 벌목한다.

나무는 금에 의해서 벌목되고 잘게 잘려서 사람들에게 도움이 되는 건축자재나 가구 등에 유용한 자재가 된다. 그렇지만 지나치게 잘게 잘려지면 나무가 죽어버리기 때문에 사람들에게 유용한 자재가 될 수 없다. 반대로 나무가 지나치게 단단하면 나무의 반극 작용으로 금속(도끼나 톱)이 부러지게 된다.

5) 오행의 비화 관계

오행의 비화(比和)는 같은 기운이 중복되면 그 기운은 더욱더 활발하게 된다. 같은 기운이 겹친 결과가 좋은 경우에는 더욱 더 좋아지고, 나쁜 경우에는 더욱 더 나빠진다. 예를 들면, 양(陽)의 나무인 갑(甲 : 樹木)이 겹쳐지면 숲이 되지만, 음(陰)의 나무인 을(乙 : 草, 蔦)이 겹쳐지면 수풀이 된다.

오행에서 유일한 생물인 나무가 자라려면 물이 필요하다. 여름의 비는 나무들에게 있어서 단비가 되어 숲을 더욱더 무성하게 하지만 겨울의 비는 나무를 얼게 만든다. 기본적으로 비화는 길(吉)이지만, 조건에 따라서 흉으로 변하기도 한다.

- 목 = 목 : 나무가 모이고 숲이 되듯이 활기찬 상태가 된다.
- 화 = 화 : 불이 더욱더 강하게 되어 기세가 강한 상태가 된다.
- 토 = 토 : 광대한 대지가 넓어지고 경치와 같이 아름다움을 감상할 수 없는 상태이다.
- 금 = 금 : 딱딱한 금속끼리가 부딪쳐 튀어 오르는 상태가 된다.
- 수 = 수 : 물이 흘러넘쳐 홍수가 발생하는 상태로 전개된다.

6) 오행의 상모(相侮) 관계

상모(相侮*)는 오행을 음양(強弱)으로 분류한 십간(十干)이다. 갑을

---

* '모'는 경시하는, 상극의 반대로 반극(反剋)하는 관계.

(甲乙 : 樹木 · 蔦), 병정(丙丁 : 太陽 · 炎), 무기(戊己 : 山 · 大地), 경신 (庚辛 : 武器 · 寶石), 임계(壬癸 : 海 · 露)의 의미와 특징을 이해하면 모순이라고 생각되는 이론도 쉽게 이해할 수 있다.

- 금극목(金剋金) : 금이 강한 금인 도끼라면 강한 수목(樹木)도 손상시키지만, 금이 약한 금인 귀금속이라면 강한 나무가 방망이가 되어 반대로 귀금속을 파괴하거나 부드럽게 만들어 준다.
- 목모금(木侮金) : 목이 강하면 금의 극제(克制)를 받지 않고, 반대로 목이 금을 경시한다.
- 금모화(金侮火) : 금이 강하면 화의 극제를 받지 않고, 반대로 금이 화를 경시한다.
- 화모수(火侮水) : 화가 강하면 수의 극제를 받지 않고, 반대로 화가 수를 경시한다.
- 수모토(水侮土) : 수가 강하게 되면 토의 극제를 받지 않고, 반대로 수가 토를 경시한다.
- 토모묵(土侮木) : 토가 강하게 되면 목의 극제를 받지 않고, 반대로 토가 목을 경시한다.
- 화허금모(火虛金侮) : 화 자신이 약하기 때문에 금을 극제하지 못하고, 반대로 금이 화를 경시하다.
- 수허화모(水虛火侮) : 수 자신이 약하기 때문에 불을 극제하지 못하고, 반대로 화가 수를 경시한다.
- 토허수모(土虛水侮) : 토 자신이 약하기 때문에 수를 극제하지 못하고, 반대로 수가 토를 경시한다.
- 목허토모(木虛土侮) : 목 자신이 약하기 때문에 토를 극제하지 못하고, 반대로 토가 목을 경시한다.

- 금허목모(金虛木侮) : 금 자신이 약하기 때문에 목을 극제하지 못하고, 반대로 목이 금을 경시한다.

7) 오행의 상승 관계

상승(相乘)의 승(乘)이란 능욕(陵辱)하는 것으로 상극이 과잉된 것을 말한다. 명리학이나 육효(六爻)에서는 같은 오행이나 도움이 되는 관계, 아무 장애도 없이 세 개 이상이 출현하여 강한 경우에는 '태과 = 과잉(太過 = 過剩)'라고 하여 길흉이 역전한다고 본다. 그것은 흉의 경우에도 같은 것이며, 길(吉)한 경우에는 역전을 한다.

- 목승토(木乘土) : 목이 너무 강해서 토를 극하는 것이 지나치고, 토의 형성이 부족하다.
- 토승수(土乘水) : 토가 너무 강해서 수를 극하는 것이 지나치고, 수를 과잉되게 흡수한다.
- 수승화(水乘火) : 수가 너무 강해서 화를 극하는 것이 지나치고, 화를 완전하게 소화(消火)한다.
- 화승금(火乘金) : 화가 너무 강해서 금을 극하는 것이 지나치고, 금을 완전하게 용해(溶解)한다.
- 금승목(金乘木) : 금이 너무 강해서 목을 극하는 것이 지나치고, 목을 완전하게 잘라서 넘어뜨린다.
- 토허목승(土虛木乘) : 토 자신이 약하기 때문에 목극토의 힘이 상대적으로 강해지고, 토를 한층 더 약하게 할 수 있는 것이다.
- 수허토승(水虛土乘) : 수 자신이 약하기 때문에 토극수의 힘이

상대적으로 강해지고, 수를 한층 더 약하게 할 수 있는 것이다.
- 화허수승(火虛水乘) : 화 자신이 약하기 때문에 수극화의 힘이 상대적으로 강해지고, 화를 한층 더 약하게 할 수 있는 것이다.
- 금허화승(金虛火乘) : 금 자신이 약하기 때문에 화극금의 힘이 상대적으로 강해지고, 금을 한층 더 약하게 할 수 있는 것이다.
- 목허금승(木虛金乘) : 목 자신이 약하기 때문에 금극목의 힘이 상대적으로 강해지고, 목을 한층 더 약하게 할 수 있는 것이다.

8) 오행의 승복 관계

오행의 승복 관계란 위에서 설명한 상극관계에 의해 오행이 어느 쪽인가로 기능의 항진(亢進)이나 저하(低下)가 생기면 평형을 유지하려고 하는 자연순환론이다. 예를 들면 목의 기능이 저하되어 마이너스 상태가 되면 토는 플러스(+), 수는 마이너스(-), 화는 플러스, 금은 마이너스, 목은 플러스가 되어 기능 항진 상태로 다시 평형 상태가 유지된다는 이론이다.

이는 인체도 마찬가지다. 또한 목승토(木乘土)에 의해서 목이 토를 이겼을 경우에는, 금이 목을 억제하거나 토의 어머니인 화가 토를 돕지 않고 정상적인 범위를 유지하는 것을 말한다. 즉 음양론에서 말하는 음양병행과 같은 것이 오행에서도 일어나는 것을 의미한다.

9) 오행의 상호 관계

(1) 목기(木氣)

- 목과 화의 관계 : 목생화(木生火). 목은 화에 의해 꽃을 피우고 열매가 열린다. 화가 지나치게 많으면 수(물)가 고갈되어 목이 생장할 수 없다. 수가 없거나 미약한데 화가 지나치게 왕성하면 목이 분멸(焚滅)한다.

- 목과 토의 관계 : 목극토(木剋土). 목은 토를 만나야 뿌리를 내릴 수 있다. 목이 많아도 토가 없으면 목은 왕성하지도 않고 성장할 수도 없다. 목은 많은데, 토가 미약하면 목이 토를 붕괴시킨다. 목이 많으면 넓은 땅이 필요하다.

- 목과 금의 관계 : 금극목(金剋木). 금목상쟁(金木相爭)이 되면 법적인 문제와 구설, 몸을 많이 움직이거나 험한 일을 하게 된다. 목은 금이 있어야 뿌리가 더욱 견실하다. 금은 목을 아름답게 다듬어 주는 역할을 한다. 목에 비해 금이 지나치게 왕성하면 극벌(剋伐)을 당한다. 목은 수가 있어야 자랄 수 있고, 금은 수가 있어야 목을 다듬어 줄 수 있다.

- 목과 수의 관계 : 수생목(水生木). 목은 수가 없으면 생장을 멈춘다. 목의 뿌리가 약한데 수가 왕성하면 부목(浮木)이 된다.

(2) 화기(火氣)

- 화와 목의 관계 : 목생화는 목화통명(木火通明)의 관계가 된다.

- 화와 토의 관계 : 화생토(火生土). 화는 대지에 온기를 공급한다. 화가 지나치게 왕성하면 토는 척박해진다.

- 화와 금의 관계 : 화극금(火剋金). 화는 금을 녹이고 통제한다. 화

가 금에 비해 왕성하면 금은 녹아 버린다.

- 화와 수의 관계 : 수극화(水剋火). 수화기제(水火旣濟)의 관계로, 화에 비해 수가 지나치게 왕성하면 불꽃이 꺼진다. 화에 비해 수가 미약하면 수는 말라 버린다.

(3) 토기(土氣)

- 토와 목의 관계 : 목극토(木剋土). 토는 목을 기르고 배양한다. 토는 허약한데 목이 왕성하면 토는 붕괴된다. 토는 많은데 목이 없거나 미약하면 목을 강하게 끌어들인다.
- 토와 화의 관계 : 화생토(火生土). 화토중탁(重濁)의 관계를 형상한다.
- 토와 금의 관계 : 토생금(土生金). 건조한 토는 금을 만들어 내기가 어렵다.
- 토와 수의 관계 : 토극수(土剋水). 토는 수가 있어야 비옥한 땅이 된다. 토는 수의 제방이 된다. 수는 미약한데 토가 많으면 탁수(濁水)가 되기 쉽다.

(4) 금기(金氣)

- 금과 목의 관계 : 금극목(金剋木). 목은 금의 칼자루이다. 금은 칼자루가 견실해야 쓰임을 얻는다. 칼자루가 많으면 하는 일이 많거나 직업의 변화가 많다. 금에 비해 지나치게 목이 왕성하면 칼날이 손상된다. 금에 비해 목이 약하면 목이 손상된다.
- 금과 화의 관계 : 화극금(火剋金). 금은 화에 의해 자신이 빛난다. 그러나 화가 지나치게 왕성하면 쓸모없는 칼과 같다.
- 금과 토의 관계 : 토생금(土生金). 금에 비해 토가 많으면 금은

매몰된다.

- 금과 수의 관계 : 금생수(金生水). 금은 수를 만나야 예리해진다. 금백수청(金白水淸) · 금수상함(金水相涵)의 관계에서 금은 수가 없거나 미약하면 쓰임을 얻을 수 없다. 금이 탁수(濁水)에서 놀거나 머물러 있으면 금도 탁해진다.

(5) 수기(水氣)

- 수와 목의 관계 : 수생목(水生木). 수는 목을 성장시키는 역할을 한다. 수가 미약한데 목이 왕성하면 수는 고갈된다. 지하수는 목이 있어야 수를 끌어올릴 수 있다. 탁수는 오히려 목을 썩게 한다.
- 수와 화의 관계 : 수극화(水剋火). 수화기제(水火旣濟)이며, 화가 치열하면 시간이 지날수록 수는 고갈된다.
- 수와 토의 관계 : 토극수(土剋水). 수는 토를 만나야 안정된 흐름을 유지할 수 있다. 토가 없으면 주거와 직업 등이 불안정하다. 수는 미약한데 토가 지나치게 많으면 탁한 물(濁水)이 된다.
- 수와 금의 관계 : 금생수(金生水). 수는 금이 있어야 고갈되지 않고, 금은 수가 있어야 윤택(潤澤)해진다. 금이 약하면 수를 생(生)할 수 없다.

5. 오행으로 본 사람들의 성격과 기질

1) 목형인(木形人) : 정의감이 강한 외골수적인 리더

식물이 봄에 싹트고 점차적으로 위로 성장해 가듯이 강한 상승 지향을 품고 이상을 체현(體現)하려는 사람이다. 곧게 하늘로 향해 성장하는 수목, 단단한 씨앗의 껍질을 찢고서 싹트는 화초나 과일 나무, 그것이 목 본연의 모습이다. 나이가 들어도 항상 젊음이 흘러넘치고 성장하려고 하는 자세를 잊지 않으며 주위 사람들의 '견본(見本)'이 되는 존재이다.

성장하려고 하는 정신, 성실함, 직설적인 표현도 자신감의 바탕이다. 본인 스스로 주역이 될 때, 역경에 처했을 때, 도전을 할 때, 이상을 추구할 때 빛날 것이다. 모두가 포기하는 상황에서도 한결같이 노력하므로 자연스럽게 리더십을 발휘해 나가는 것으로 여겨진다.

사람들이 큰 나무 아래서 사람들이 휴식하듯이, 목(木)의 특성을 가진 사람은 존재만으로도 의지가 되어 주위에 많은 사람들이 모여든다. 많은 동지와 연결된 목의 사람은, 나무가 모여 숲을 형성하듯이 보다 큰 대지에 뿌리 내려 더불어 성장한다. 나무가 열매를 맺고 잎을 떨어뜨려 땅을 기름지게 하듯이, 목의 사람을 견본으로 만들어진 그룹은 많은 사람들을 성장시키는 힘을 가지게 될 것이다.

2) 화형인(火形人) : 밝고 총명한 아티스트

화(火)의 성질에는 두 가지 유형이 있다. 하나는 태양, 다른 하나는 '타오르는 불'이다. 이것은 음양의 차이로, 어느 쪽이든 태어난 날이나 관상학적인 특징으로 정해지지만, 공통적인 것은 빛을 뿜어내어 어둠을 비추는 성질, 열을 발산하는 성질이다. 그 밝기에 의해 주위 사람들의 마음을 따뜻하게 해 주고, 어둠속에서 헤매는 사람들에게 있어서는 방향을 찾아내는 지표가 되는 것이 화의 특징을 가진 사람들의 사명이다.

불은 위로 타오르는 성질이 있고, 이것은 위를 목표로 하므로 안정되지 않은 부분을 나타낸다. 한곳에 정착하여 머무르기보다는 호기심을 가지고 유랑하는 것이 성격에 맞는다. 활발한 양기(陽氣)를 가진 사람으로, 유머와 위트가 넘치고 다재다능하며 예의가 바르다. 자존심이 강하면서도 서비스 정신이 왕성하고 화려한 매력이 있는 것이 화형의 특징이다.

순식간에 불이 붙어서 번지는 것처럼 충동적이고 감정적이 되기 쉬운 부분이 있고, 얼룩이나 싫증을 잘 내는 것은 변덕에 기인한 것이다. 그러나 불의 특징이나 기질을 가진 사람에게 이러한 부분을 제어하려고 하면, 순간적으로 불이 꺼진 것처럼 의지를 잃고 재미가 없는 사람이 되어 버릴 수 있다. 따라서 이러한 부분을 다재다능함이나 유연성의 이면이라고 인정하고 다른 사람에게 맞추려고 하지 않는 것이 좋다.

자신이 서투른 분야는 다른 오행의 특질을 가진 사람에게 맡기면 좋다. 특히 화형의 사람이 지나치게 불타오르지 않도록 억제해 주는 토의 기질을 가진 사람이 좋다. 금의 사람일 경우 능숙하게 화력을 조절하지 않으면 오히려 금의 사람이 상처를 입게 되고, 목(木)의 사람은 연료 역할을 하여 더욱더 잘 탄다. 수(水)의 기질을 가진 사람에게서는 불이 소멸되는 조마조마한 기운을 포함하면서도 왠지 모르게 끌리게 된다.

불의 특징을 가진 사람은 주위 사람과의 관계에 의해서 변하기 쉽다. 그런데도 불의 사람을 미워할 수 없는 것은 그 밝기, 보고 또 봐도 질리지 않는 재미, 정열 그리고 예술적인 감성 때문이다. 본인 스스로 주역이 될 때, 호기심으로 즐기고 있을 때, 유행을 따를 때 자신의 능력을 충분히 발휘할 수 있다.

3) 토형인(土形人) : 성실한 사람

토의 성질은 크게 두 종류이다. 하나는 산이나 바위 같은 단단한 성질이고, 다른 하나는 대지와 전답 같은 부드러운 성질이다. 둘 다 공통되는 점은 생명을 품고 생육시키는 것과 땅의 침착함이다.

흙의 기질을 지닌 사람은 산이나 대지처럼 침착하고 느긋하며 치유의 능력을 가지고 있다. 충동적으로 무엇인가를 시작하기보다는 착실하게 토대를 쌓고 신중하게 일을 진행하는 것이 적성에 맞는다. 그리고 바로 그러한 점이 타인에게 신뢰감을 주어 신용을 얻는 결과로 연결된다.

토형의 기질을 가진 사람이 초조해하거나 불안해한다면, 이는 토대를 쌓아 올릴 수 없는 상태에 있기 때문이다. 우선은 자신이 안정적으로 생활할 수 있는 요소 즉 기반을 굳혀야 행동할 수 있는 힘을 얻을 수 있게 된다. 자신의 페이스를 찾아서 착실하게 밀고 나가면 상사로부터 신뢰를 받거나 대중의 사랑을 받게 된다. 따라서 다소 요령이 부족하더라도 기죽지 말고 인간미 넘치는 본연의 모습으로 사는 것이 좋다. 흙의 사람은 사람들에게 의지처를 제공할 때, 차근차근 노력을 쌓아 올릴 때 빛이 난다.

4) 금형인(金形人) : 두뇌 회전이 빠른 현실주의자

금(金)은 철이나 중기(重機) 등의 양(陽)의 금과, 반짝거리는 보석이나 작은 금속 제품 등의 음(陰)의 금으로 구분된다. 양의 금은 전면적인 개혁을 추구할 정도로 밀어내는 힘이 강한 데 비해, 음의 금은 칼로 세공하는 듯한 섬세한 힘이 있다.

　어느 쪽이든 금은 근현대사회에서 사용하는 도구 또는 장식품으로 이용된다. 현대적이고 고급스러운 이미지의 내면에는 모든 것을 계산하고 결단하고 개혁하는 현실적인 두뇌를 가지고 있다. 일단 목표를 세우면 강한 집중력을 발휘하여 단기간에 결과를 내려고 한다. 쿨하고 두뇌 회전이 빠르고 손익 감정(勘定)을 확실하게 결단하며 자신 있게 승부에 도전하며 자부심이 강한 높은 완벽주의자이다. 달리 말해 호전적이고 차가운 인상이라 생각할지도 모르지만, 다른 오행에 비해 일목요연하다. 금의 특성을 가진 사람에게 감도는 고급스러운 느낌은 저절로 상대를 인정하게 한다.

　금의 기질을 가진 사람들이 성질(性質)을 최대한 살리려면, 그 성질이 활용되는 장소[土]에 정열[火]과 유연성[水]을 갖추는 것이 중요하다. 금의 사람은 결단할 때, 두뇌로 승부할 때, 속박되지 않는 환경에서 자신의 능력을 발휘하게 된다.

5) 수형인(水形人) : 유연성이 풍부한 독창적인 사람

수(水)의 대표적인 성질을 음(陰)이라고 생각하기 쉽지만, 실제로 물의 기질을 지닌 사람은 밝다. 어떤 그릇에도 들어가기 때문에 유연성이 높다고 볼 수 있다. 다양한 환경, 대중에 순응하면서도 속마음만큼은 굽히지 않는 힘이 특징이다.

물은 바다, 하천, 호수, 비나 눈처럼 하늘에서 내려오는 등 다양한데, 어느 쪽이든 스케일이 크다. 따라서 물의 기질을 가진 사람은 생각도 스케일이 크고 독창적이며 마음이 넓다. 호기심이 왕성하고 근면한 사람이 많은데, 그것은 향상심에 의한 것이라기보다는 순수한 탐구심에서 발원하는 것이다.

흐르는 물이 융합한다는 면에서 보면 다소 의존적인 성질도 가지고 있다. 온후하고, 이지적이고, 순응하지만 진심으로 따르지는 않으며, 향상심이 적은 것은 물이기 때문에 나오는 매력이다. 수의 사람은 연애에 관련된 시추에이션, 밤, 적은 인원이 모이는 장소 등에서 빛난다.

〔 오행 관상표 〕

얼굴(顔)						
	얼굴형이 사각형이다				金	
	얼굴형 삼각형이다		火	土	金	
	얼굴형이 둥글다			土		水
얼굴	얼굴형이 가늘고 길다	木				
	이목구비와 윤곽이 뚜렷하다				金	
	하관이 길다				金	
	턱이 뾰족하다		火			
연령	나이에 비해 동안(童顔)으로 보인다					水
	나이에 비해 노안(老顔)으로 보인다		火			
머리	머리가 평균보다 크다			土		
	머리가 평균보다 작다		火			
이마	이마가 상하로 넓다	木				
	이마가 상하로 좁다		火			
눈썹	눈썹이 굵다/짙다	木		土		
	눈썹이 가늘다/연하다		火		金	水
눈	눈이 크다		火	土		水
	눈이 작으면서 가늘다	木			金	
	눈이 좌우로 길다	木			金	
	눈이 둥글다					水
	눈과 눈 사이가 떨어져 있다(산근이 넓다)					水
	눈이 치붙어 있다(전택궁이 좁다)		火		金	

		木	火	土	金	水
코	코가 크다					水
	코다 낮으면서 작다		火			
	콧대가 높다				金	
	콧대가 쭉 뻗어 있다	木				
입	입이 크다		火	土		
	입이 작다	木				
	일(一)자로 입을 꽉 다물고 있다				金	
입술	입술이 모두 얇다	木	火			
	입술이 모두 두툼하다			土		水
귀	귀가 크다/두툼하다					水
	귀가 작다/얇다		火		金	
수염	수염과 체모가 짙으면서 풍성하다	木		土		
	수염과 체모가 빈약하다		火			
모발	모발이 흑색이다/굵다/많다	木			金	水
	모발이 갈색이다/가늘고/적다		火			
소계						
체형(體型)						
외관	몸에 살이 많다(살집이 좋다)			土		水
	살이 보통이다[中肉]				金	
	몸이 약하다(마르다)	木	火			
등	등이 높다/약간 높다/ 몸집이 크다	木				
	보통(中背)			土	金	
	등이 낮다/약간 낮다/ 몸집이 작다		火			
근육	근육질/역삼각형			土	金	
	오동통함/부드러운 느낌이 있다					水

		木	火	土	金	水
골격	골격이 튼튼하다			土	金	
	골격이 크다/어깨의 폭이 넓다	木				
목	목이 짧게 보인다			土		
	목이 길어 보인다	木				
손발	손발이 길다/가늘다	木				
	손발이 짧다 / 굵다					水
	손바닥이 두툼하다			土		水
	손바닥이 얇다		火			
	손이 거칠다				金	
행동	중후하면서 점잖게 보인다			土		水
	경쾌하면서 활동적으로 보인다	木	火			
인상	화려한 느낌이 있다		火		金	
	수수하면서 소박한 느낌이 있다	木		土		水
	쿨(냉정)한 느낌이 있다				金	
	열정적인 느낌이 있다		火			
	침착한 느낌이 있다	木		土		
	침착하지 못한 느낌이 있다					水
피부	피부가 창백하다	木				
	피부가 희다				金	
	피부가 거무스름하다					水
	피부가 붉다		火			
	피부가 누렇다			土		
	피부에 윤기가 있다					水
顔 + 體型 합계		/20	/20	/20	/20	/20

제2장
음양오행과 관상

사람의 얼굴과 체형을 오행의 특징에 맞추어 다섯 가지 유형으로 구분하는 것을 '오행 관상'이라고 한다. 일반적으로 한 사람에게는 복수의 오행이 혼재되어 있다. 예를 들면 얼굴은 목형[木]의 유형이면서도, 체형은 수형[水]에 가까운 경우가 있다.

관상학의 고전에서는 "인간은 본래 수(水)의 정(精)과 화(火)의 기(氣)를 받아서 태어났다. 여기에 정신이 함한 뒤에는 신이 생겨서 형체가 온전하게 이루어졌으며, 다시 오행─목(木), 화(火), 토(土), 금(金), 수(水)─기운을 얻어서 각각의 형상을 갖추었다. 오행 중 한 가지의 참된 것만 얻어도 귀(貴)하게 되지는 못할지라도 복(福)을 누리고, 오행 중 한 가지의 형상을 얻어 성(性)과 합치게 되면 이 역시 귀인이 되지는 못하나 수명은 누릴 수 있다"라고 하였다.

1. 목형[木] 관상의 특징

목형의 관상을 가진 사람은 기본적으로 세 가지가 긴 것이 특징이다. 전체적으로 몸이 길고, 얼굴이 길고, 손가락이 길다. 또한 전체적으로 몸이 여위고 곧고 머리와 얼굴은 골격에 살집이 적고, 코는 곧고 길며, 눈은 가늘고 길다. 손가락도 길되 무늬가 많아야 한다. 어깨와 등이 날씬하고 빼어나며, 수염과 머리털이 모두 맑고, 기색이 맑고 수려해야 진정한 목형이라 할 수 있다.

1) 관상학 고전에 나타난 목형의 특징

목형의 형상은 늘씬한 모습으로 여원 듯하고 길쭉하여 체구가 곧으며, 뼈마디가 드러나 있으면서 머리가 융성하고 이마가 솟아 있다. 혹은 뼈대가 무겁고 비대하며 허리와 등이 납작하고 얇으면 목의 형상으로는 좋지 않은 것이다. 『시(詩)』에 말하길 "모가 난 것 같은 형상에 파리한 뼈대에 늠름하면서 다시 길쭉하게 뻗었다. 수려한 기운이 눈썹과 눈에 나타났으면 모름지기 늦게 큰 빛을 보리라." - 『마의상법(麻衣相法)』 제2권

목 기운의 형체를 가진 사람은 전체가 길쭉하고 꿋꿋하며 곧아 팔다리 사지가 길쭉하게 보이니, 우러러 보듯이 모든 사람한테 노출됨에 두려울 것이 없다. 만약 골격이 진중하고 무거운 것 같으면서 몸에 비해 살지고 허리 부위와 등 부위가 작고 또한 엷으면 이 사람은 목형으로 좋은 것은 아니다. 형체가 파리한 듯하면서도 골격은 위풍이 있고 꺾이지 않는 위세는 서릿발과도 같으며, 빼어난 기운은 눈썹과 눈에 나타나니 말년이 되어서는 꽃다운 향기를 흩날린다는 것을 알 수 있다. -『상리형진(相理珩眞)』「오행형상시단(五行形象詩斷)」

목형인은 키가 곧게 높아서 커야 마땅하고, 눈이 맑고 입이 크며, 안신이 풍족해야 한다. -『유장상법(柳莊相法)』「논형설(論形說)」

형상이 곧고 바르고 늘씬하고 길쭉하게 쭉 뽑아진데다 눈썹과 눈이 수려하고 기가 맑으면 동량지재가 된다. 또 뼈가 굵고 살이 풍부하면 신기가 탁해서 좋지 않다. 등이 얇고 허리가 가늘면 마땅하지 않으며, 백기가 짙으면 금(金)이 목(木)을 극하므로 빈궁하지 않으면 단명한다. -『시(詩)』

2) 목형의 외모

목형의 관상	
얼굴	얼굴이 가늘고 길다. 코는 쭉 뻗어 있다. 눈은 가늘고 길다. 안색은 창백하다. 이마는 M자형이다. 머리카락은 곧고[直] 검다.
체형	골격이 크고 몸이 날씬하다. 등이 높다. 손발이 가늘고 길다. 수염을 비롯하여 체모의 색이 짙다.

성격	인자하면서 생각이 깊다. 세상사에 관련된 이야기를 좋아한다. 모든 것에 충실하고, 청아하고, 주위 사람들에게 참견을 많이 하고 화를 자주 내고, 결단력이 떨어지는 측면도 있고, 부끄러움을 타거나 때로는 오만(傲慢)하게 보이기도 한다.
직업	정치 · 교육 · 종교 · 자선 · 의사 · 치료 · 약물 · 건축 · 직물 · 기도 · 점복 등에 종사하는 것이 적합하다.
좋아하는 말	'사랑은 인류를 구한다', 'We are the world', '청정(淸淨)', '깊은 물은 고요하게 흐른다.'
대표적 인물	김현정(연예인), 손학규(정치인), 이문세(연예인), 정몽준(정치인), 진경(연예인), 추자현(연예인), 한석규(연예인), 황치열(연예인), 허창수 회장(기업인)

(1) 목형의 얼굴

목형의 얼굴을 보면 입술이 붉고 주름이 잔 것이 특징이다. 코에는 약간의 마디 같은 것이 보이며, 머리는 높이 솟아 있으면서 이마는 볼록하게 튀어나와 있다. 눈썹과 눈은 맑고 수려하며, 인중에는 수염이 있고, 목에는 결후(結喉)가 있고, 전체적으로 활력이 넘치는 얼굴을 하고 있다. 남성이라면 결후가 있는 것이 무방(無妨)하지만 여성에게 결후가 있으면 개성이 강하여 혼인에 많은 영향을 미친다.

갑목(甲木)의 관상을 가진 사람은 대머리는 꺼리지 않지만 탈모증은 기피한다. 반면에 을목(乙木)에 해당하는 사람은 대머리를 꺼린다. 탈모증이 일어났을 경우에는 곧 죽지 않으면 큰 가난과 실패를 겪는다. 일반적으로 키가 남성은 170cm 이상, 여성은 160cm 이상일 경우에는 갑목에 해당하고, 이하는 을목에 해당한다.

을목의 관상을 가진 사람들은 나이를 불문하고 대머리를 꺼리고, 대머리들은 운이 좋지 못하고 수명을 단축한다. 또한 을목의 관상을

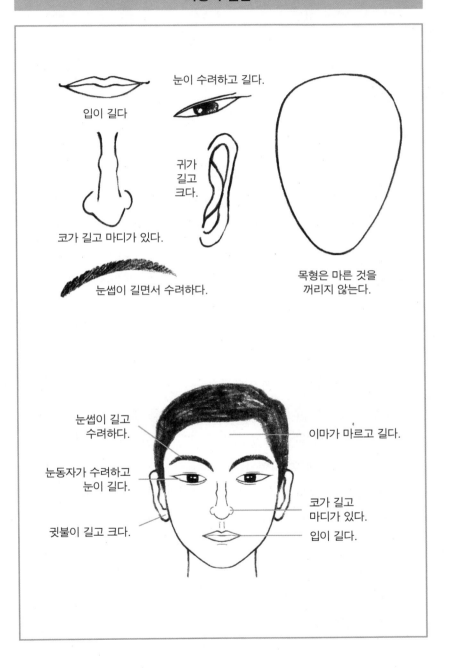

입이 길다

눈이 수려하고 길다.

귀가
길고
크다.

코가 길고 마디가 있다.

눈썹이 길면서 수려하다.

목형은 마른 것을
꺼리지 않는다.

눈썹이 길고
수려하다.

이마가 마르고 길다.

눈동자가 수려하고
눈이 길다.

코가 길고
마디가 있다.

귓불이 길고 크다.

입이 길다.

가진 사람들의 코에 마디[起節]가 있거나 풍륭(豊隆)한 것을 꺼리지는 않지만, 다만 성질이 급하고 처자식[妻子]에게 어려움이 많고 만사가 원만하게 풀리지 않는 경향이 있다. 게다가 구레나룻[鬢]과 수염[鬚]이 거칠고 짙으면서 검은 사람은 한평생 곤경에 처하는 경우가 많다.

목형인은 머리 가장자리가 지나치게 돌출되거나 높은 것은 좋지 않다. 반면에 금·수·토형의 관상을 가진 사람은 머리 가장자리가 높을수록 좋다. 또한 갑목의 관상과 체형을 가진 사람들은 미간(인당) 사이에 있는 현침문(懸針紋)을 꺼리지는 않지만, 현침문이 나타나는 사람은 소년 시절부터 분주(奔走)하게 활동하였고, 자식을 낳으면 장남과 형극(刑克)이 되거나 교통사고에 주의해야 한다. 만약 여성에게 현침문이 있다면 부인과 계통의 질환 및 부부관계가 원만하지 못해서 고독한 경우가 많다. 그렇지만 을목의 관상을 가진 사람들은 인당에 현침문이나 기타 주름이 나타나는 것을 꺼린다.

▶ 목형의 얼굴 특징에 따른 빈부귀천

- 목형 관상 중에서 눈빛이 맑고 눈이 가늘면서 길고, 안신을 간직하고 있으면서 위엄이 있고, 목소리가 크면서 밝은 사람은 고귀한 사람이 될 상[貴相]이다.
- 턱이 둥글고 발달되어 있으면서 머리와 서로 바라보고 있는 듯하고, 얼굴의 기색이 윤기가 있는 홍색을 띠면 부자가 될 상[富相]이다.
- 입술이 전체적으로 두툼하면서 골격이 크고 기색이 안정되어 있으면 장수하는 상[壽相]이다.
- 눈에 안신(眼神)이 없고 항상 슬픈 듯한 얼굴을 하고, 얼굴이 화

를 내는 것처럼 자주 표정이 바뀌는 것은 비천한 상[賤相]이다.

- 턱에 살집이 없으면서 시골(腮骨 : 턱의 뒤쪽)이 드러나고 신체가 여위어 있는 것은 가난한 사람의 상[貧相]이다.
- 입의 형태가 작고 입술의 기색에 붉은색이나 청흑색(靑黑色)이 나타나거나 입술의 형태가 오므라들었거나 피부가 거친 사람은 요절할 상[夭相]이다.
- 눈썹의 형태가 짙으면서 흐리고 눈썹이 거칠거나 딱딱하고 턱수염이 어지럽게 자라면 형벌을 당할 상[刑相]이다.
- 작은 부자(富者)는 코를 살피고, 대귀(大貴)는 눈을 살피는데, 눈과 코가 모두 아름답게 생겨야 한다.

(2) 목형의 체형

갑목 형태의 체형과 관상을 가진 사람은 키가 크고 팔다리가 길어 훤칠하게 보이며, 몸이 곧고 늘씬하게 보인다. 또 허리가 가늘면서 둥글다. 손가락이나 발가락도 역시 길고 섬세하며, 피부결이 잔잔하면서 많다. 특히 허리가 조금 가는 듯 하나 어깨가 벌어져 여유가 있는 체형과 얼굴을 가진 사람이 갑목의 관상이라 할 수 있다. 을목의 관상을 가진 사람은 전신의 오부가 비교적 짧고 작으며, 도량과 기개도 갑목의 관상에 비해서 뒤떨어진다.

또 갑목인 사람은 몸이 한 일(一)자 모양으로 곧은 것을 꺼리지 않는다. 그러나 몸이 곧은 사람은 소년시절에 고생하고 장남[長子]의 운을 해친다. 여성이 이러한 관상을 가지고 있다면 유산하거나 남편을 이롭지 않게 하며 말년에는 외롭게 살아가게 된다. 을목(乙木)은 대머리와 한 일자로 곧은 체형을 꺼리며, 코에 마디가 드러나는 것도 꺼린다. 등은 척추가 구부정하거나 휘어진 것보다는 곧게

얼굴이 길고
안색이 안정되어 있다.

어깨가 튼튼하지만
살집이 없다.

팔다리가 가늘고 길다.
마치 나무와 같다.

바로 선 것이 좋다.

목형 관상을 가진 사람이 치우치고 얇으며 이지러져 있으면 소인의 관상이며, 힘줄이 드러나고 뼈가 보이면 많은 고생을 하게 된다.

목형의 관상을 가진 사람에게 금(金)의 요소가 있으면 상극이 되어 좋지 않다. 하지만 목의 기운이 많고 금의 기운이 적으며 형체와 모양이 높으면 반드시 풍파와 좌절을 겪고 난 뒤에 훌륭한 재목으로 성장할 수 있다.

목형의 관상을 가진 사람은 피부와 체형이 파리하게 마른 것을 꺼리지 않는다. 또한 목형의 관상과 체형을 가진 사람이 목의 에너지를 많이 얻으면 훌륭한 자식을 얻고 자식들의 재주가 풍부하다.

▶ 목형의 체형에 따른 길흉

- 목형의 체형을 가진 사람이 오행이 서로 상생하는 것은 마땅하
지만 상극은 좋지 못한 것이다. 오행의 형체끼리 상극하면 여러
가지 재앙이 발생되며, 오행의 형체와 기운이 상승해서 서로의
기운을 살려 주면 복(福)이 된다.

- 목형의 관상을 가진 사람이 학(鶴)처럼 냉정한 모습을 하고 있으
면 대운을 떨치기 어렵고, 오관이 뾰족하게 돌출되어 있으면 범
죄를 저지르기 쉽다.

- 눈빛이 흐리멍텅하면 스스로 창업하기가 어렵고, 눈빛이 누르스
름하면 법을 어기거나 하는 일마다 실패를 많이 하고, 희면서 맑
은 기색을 띠면 수명이 짧아져서 요절하게 된다.

- 목형이 진수(眞髓)를 얻으면 큰 인물로 성장하여 국가를 이끌어
가는 동량지재(棟樑之材)가 된다. 심성이 인자하므로 측은지심
(惻隱之心)이 강하고, 기질적으로 정직하면서 약간은 고지식한
측면이 있다. 특히 목형의 관상은 체형이 마른 것을 나쁘게 보지
는 않는다. 반면에 너무 깡마르면 운세가 약하고 장수하지 못한
다. 얼굴과 체형이 지나치게 모나고 둥글면 금의 에너지[金氣]가
많이 혼잡된 형상으로서 금극목(金克木)의 상극이 되기 때문에
이름은 떨치지만 큰 성공을 거두지는 못한다.

- 목형의 관상은 임(壬)·계(癸)·해(亥)·자(子)년이나 갑(甲)·
을(乙)·인(寅)·묘(卯)년은 금기(金氣)가 사(死)·절(絶)이 되고,
목(木)이 생존되는 시기이므로 발전하는 수가 많지만, 만약 경
(庚)·신(辛)·신(申)·유(酉)년에는 금이 에너지가 지나치게 왕
성하여 흰색의 기색[白氣]이 나타나면 극상을 당하므로 재난이
발생한다. 그러나 금기가 왕성한 경(庚)·신(辛)·신(申)·유(酉)

년이라 할지라도 백색의 기운이 나타나지 않으면, 이는 자연계의 극상을 받지 않으므로 큰 재난은 없을 것이다.

- 이와 반대로 임계(壬癸) · 해자(亥子)나 갑(甲) · 을(乙) · 인(寅) · 묘(卯)년이라 하더라도 백색의 기운이 나타나면 자연 현상의 도움에도 불구하고 극(尅) 상을 당하고 있으므로 매사에 행동과 말에 주의해야 한다.

(3) 목형의 귀

목형의 귀는 전체적으로 역삼각형 형태이다. 골상에서는 '목이(木耳)'라고도 부른다. 목형의 귀를 가지면 편안하게 살 수 있는 방벽(防壁)이 없어서 재물이 모이지 않는다. 목이의 바퀴(이륜)는 날아오르는 듯하고 이곽(郭)은 뒤집혀서 가족[六親]과 멀어지고 또 집안에 재물도 부족해진다. 만약 얼굴의 전체적인 관상이 좋으면 남에게 빌붙어 살고, 그렇지 못하면 가난하여 고생을 많이 하고 꽃이 피어도 열매를 맺지 못하는 일이 발생하기도 한다.(즉 자식이 없다.)

목형의 귀는 천륜(天輪)의 형태가 뾰족하고 이곽이 돌출되어 있으면 화형을 겸하고 있는 것인데, 목형의 귀가 화형을 겸하고 있으면 이것은 상생의 격국(格局)으로 길하다. 또 귀가 방형(方形)으로 흰색을 띠고 있는 것을 금국(金局)이라 하는데, 목형이 금국을 겸하고 있으면 형극(刑克)이라 하여 젊은 시절에 형상(刑傷)을 당한다.

만약 여성이 목형의 귀를 가지고 있으면 기혈(氣血)이 많아도 건강하게 보이지 않고, 항상 부인과 계통의 질병으로 고생을 하고 성격이 원만하지 못하고, 가족과의 관계도 좋지 못하고, 게다가 천수

(天壽)를 누리지 못하고 남성의 총애를 받기도 어렵다.

(4) 목형의 손

목형의 관상에 목형의 손을 가진 사람
의 손등을 보면 전체적으로 손가락이
길게 보인다. 손의 전체적인 형태는
역삼각형이므로, 손을 자연스럽게 펼
쳤을 때 손목으로부터 손가락 끝까지
지엽(枝葉)이 퍼지는 형태이다. 손가
락 관절(손가락 마디)이 눈에 띈다. 손
가락의 관절은 솟아올라 있고 지방이

적기 때문에 관절과 관절의 사이는 가늘다. 손등 피부에는 거친 주
름이 많다.

(4) 목형의 기색

음양오행에서 목형의 기색은 청색(靑色)으로, 얼굴이나 피부에 흑색
을 띠는 것은 괜찮지만 백색(白色)을 꺼리고, 방위는 동쪽에 해당한
다. 그렇지만 갑목이나 을목 모두에게 작고 뾰족한 턱이 해롭지는
않지만, 피부색이 파리하고 거무스름한 것을 좋아하고 누르스름한
빛이나 색을 가지는 것은 좋지 못하다.

　청색은 나무의 색으로, 맑은 하늘에 해가 장차 솟아오르는 모양
과 같이 윤택함이 있어야 길하고, 만약 마르고 응어리져 번쩍번쩍하
고 고정되지 않는 흰색 같은 것이 나타나면 목을 이기고 때를 거역
하는 것이니 흉하다. 청색이 재백궁(財帛宮)에 있으면 재물을 날리
고, 부모궁(父母宮)인 일각과 월각에 나타나면 부모에게 질병이 있

는 것이고, 자녀궁(子女宮)에 있으면 자녀에게 질병이 있다.

또한 목형의 관상을 가진 사람들이 약간의 화기(火氣)를 띠게 되면 이는 목화통명(木火通明)이 이루어지지만, 만약 토형인이 적색을 띠거나 금형인이 홍색을 띠게 되면 모든 것이 원만하게 성취되지 못한다. 목형의 관상을 가진 사람에게 약간의 흰색의 기운[白氣]이 나타나는 것은 마땅한 것으로 명예를 구하는 사람이다.

(5) 목형의 음성

목형의 관상을 가진 사람들은 목소리가 탁 트인 가운데 그윽함이 담긴 것을 좋아하고, 우는 소리나 찢어지는 듯한 소리는 꺼린다. 특히 목형의 관상을 가진 사람에게 음성이 깨지는 소리가 나는 것은 매우 흉하다. 또 목형의 관상을 가진 사람의 음성은 난간(欄干)의 옥(玉) 소리가 울리는 것과 같고, 모든 것을 참고 견디는 것이 마치 겨울을 나는 푸른 소나무와 같고, 가지가 줄기로 연결되고 가지가 깊은 골짜기에 잠긴 듯하면, 이 사람은 각종 시험에 합격하여 부귀공명을 달성할 것이다.

(6) 목형의 행동 특징

목의 기운이 수려하고 골격이 견고한 사람은 전체적으로 파리한 듯하지만, 활동이 가볍지 않고 걸음걸이에 여유가 있고, 심리적으로 안정되고 편안한 사람은 바야흐로 건물의 기둥이나 대들보처럼 중후한 인격을 가진 사람이다. 목형[木]의 관상으로 목(木)국에 바탕을 얻는다면 활동하고 거처하는 것이 따스하고 부드러우며, 어려움을 잘 헤쳐 나가는 판단력과 문제 해결 능력이 뛰어나다.

4) 목형의 기질과 성격

몸이 곧고 길어서 나무가 곧은 것 같고 체형과 기색이 맑으며 기운이 수려하면 바른 기상을 얻었다고 할 수 있다. 만약 허리가 휘어져 있거나 한쪽으로 기울어져 있으면서 등이 엷으면 목(木)의 기운이 아름답다고는 할 수 없다. 목형의 관상을 가진 사람은 어진 마음을 가지고서 매우 밝고 청정하며 수려하게 되니, 귀하고 천한 것을 정할 수 있는 것이다.

▶ 목형의 인생 경향

목형의 관상을 가진 사람들은 큰 나무가 그늘을 만들어 사람들의 더위를 식혀 주듯이 자비로운 마음이 가득한 인생을 보내는 사람이다. 어려움에 처한 사람을 보면 그냥 지나치지 못하고 무엇인가 도움을 베푸는 성격이다. 게다가 종교적인 신앙심이 강하고, 맑고 수수하면서 박애주의적 인생을 이상적으로 여기는 경향이 있다. 애정이 무시되면 화를 내는 경향이 있으며, 지식에 대한 욕구가 강하기 때문에 왕성하게 다양한 분야에 대해서 독서를 한다. 사람들을 위로하면서 애정으로 포용하는 성직자나 수행자와 같은 인생을 지향하는 경향이 있다. 팔방미인이 되지 않도록 때로는 자신의 입장을 명확하게 해야 인생이 조금은 편안할 것이다.

5) 목형의 건강

목형의 관상을 가진 사람은 기질적으로 화(짜증)를 잘 내기 때문에 간(肝)과 담(膽)이 제 기능을 발휘하지 못한다. 간과 담의 기운이 지나치게 왕성하면 비·위의 기능을 상하게 하여 가슴과 옆구리에 통증을 유발하기도 한다. 또한 목형들은 혈(血)에 관련된 질병이 발생하기 쉽다. 혈허(血虛)에 의한 두통으로 고생하며, 어혈(瘀血)로 인해 생리불순 등의 질병이 자주 발생한다. 따라서 목형의 관상을 가진 여성들은 어혈을 제대로 풀어 줄 수 있도록 산후조리에 특별히 신경 써야 한다. 특히 이러한 체질을 가진 사람들은 밤이 되면 증상이 더욱 심해지고 낮에는 가벼워지는 경향이 있다.

목형인은 간과 담이 지배하고 눈(기타 눈에 관련된 질환)·목·고관절·편도선·근육·발·손톱·발톱 등의 신체 기관을 담당한다. 때문에 간과 담의 기능이 저하되거나 나빠지면 간암·간염·담석증·늑막염·편두통으로 고생하거나, 눈이 따갑고 눈물이 자주 나는 현상이 일어난다. 또 혀에 백태가 많이 끼이거나 입이 쓰거나 목쉼·편도선염·가래, 근육통이나 근육경련이 자주 발생하고, 손발톱의 이상이나 잠을 잘 때 이를 갈거나 잠꼬대를 하기도 한다.

6) 목형의 애정과 궁합

• 목형의 관상을 가진 사람이 수형의 관상을 가진 사람을 남편이나 부인으로 맞이했을 때, 부부가 서로 화목하고 도움을 주므로 원하는 만큼의 재물을 축적할 수 있다.
• 목형의 관상을 가진 사람이 화형의 관상을 가진 사람을 남편이나 부인으로 맞이했을 때, 부인은 현모양처이고 남편은 많은 재주와 따뜻한 마음을 가지고 있으며, 남편과 부인이 서로 궁합이

맞으면 점차 부귀해질 것이다.

- 목형의 관상을 가진 사람이 토형을 만났을 때는 부부가 서로 안정되지 못하고, 부유한 집안으로 시집이나 장가를 가더라도 삶이 안정되지 못하고, 마치 부평초처럼 이리저리 떠돌면서 시간을 보내는 경향이 많다.
- 목형의 관상을 가진 사람이 목형을 만났을 때는 반달[半月]처럼 기운이 나누어지거나 서로 친해지거나 또는 서로를 다스리려고 하지만, 말년에는 부부가 함께 부귀영화를 누릴 수 있다.

7) 목형의 직업

목형의 관상을 가진 사람들은 사람들을 상대하는 판매업·회사원·공무원 그리고 노동력이 많지 않은 분야가 적합하다. 또는 기술·예술·교육·학술·교사 등 개인적인 사업에 종사하면 자신의 능력을 발휘할 수 있다. 그리고 정치·교육·종교·자선·의사·치료·약물·건축·직물·기도·점복 등의 분야에 종사해도 좋다. 또한 목형의 관상을 가진 사람은 나무[木]에 관련된 직업으로 목재상·가구·장식·각종 나무 제품(제지업), 재배·원예·조경·향신료·야채·채식·음식에 관련된 비즈니스 및 직업에 종사해도 능력을 발휘할 수 있다.

2. 화형[火] 관상의 특징

화형의 관상을 가진 사람은 얼굴에서 세 가지의 뾰족한 것을 가진 것이 특징이다. 즉 머리가 뾰족하고, 코가 뾰족하고, 귀가 뾰족한 것이 화형의 특징이다.

기색이 붉되 피어오르는 불꽃 같은 것을 취하고, 머리는 길되 뾰족하고, 코·눈·입·이가 모두 솟은 듯이 보이며, 귀는 뾰족하되 높직하게 붙고, 머리털과 수염은 전체적으로 불그스레하고, 목소리는 괄괄하고, 성질이 급하고, 동작은 경쾌하고, 얼굴의 기색이 붉되 선명하고, 신기(神氣)가 활발하고, 근육과 골이 솟으면 바로 화형의 진정한 모습이다.

1) 관상학 고전에 나타난 화형의 특징

화의 형상은 위는 뾰족하고 아래는 넓고, 위는 예리하고 아래는 풍부하며 그 성질은 조급하고 위로 날며 색깔은 붉은 것이 화의 형상이다. 『시(詩)』에 말하길 "화의 형모(形貌)를 알고자 할진대 아래는 넓고 머리가 뾰족한가를 보라. 행동거지가 전혀 안정되어 있

지 않고 턱 주위에는 수염이 별로 없다." - 『마의상법』 제2권

화의 형체로 태어난 사람은 전체로 봐서 머리의 윗부분이 뾰족하고 밑은 넓은 듯하며, 윗부분은 아주 날카롭고 예리한 듯하고, 밑부분은 풍부하며 골격과 근육은 평형(平衡)되지 못하며, 그 형체는 초조하고 급하게 동작을 놀리고, 전체 피부의 빛이 분홍빛과 붉은 빛이 나타면 이에 화형[火]의 기색이 되는 것이다. 화형으로 태어난 사람은 대부분이 조급함이 많아 초조하며 급한 일이 많고, 밑(턱)의 부분은 넓지만 머리 윗부분은 뾰족한 느낌이 들고, 행동을 함에 나아가고 멈추는 것이 안정적이지 못하고, 턱 주위의 수염이 듬성듬성하여 수가 적다. - 『상리형진』 「오행형상시단」

화형인은 위는 뾰족하고 아래가 넓으며, 행동이 산만하며, 수염이 적고, 얼굴이 홍색이며 코가 높다. - 『유장상법』 「논형설」

화형은 전반적으로 삼정(三停)이 모두 뾰족한가[尖]를 보고 신체에 밝게 보이는 곳이 없고, 볼에는 수염이 적다. 또 얼굴이 붉으면서 거무스름한 기색[黑氣]이 나타나는 것이 두렵다. 오로(五露)가 온전하지 않은 가운데 부위가 기울고 피부가 거칠면 초년에는 비록 발전을 하나 말년에는 자녀가 없을까 두렵다. - 『시(詩)』

화형의 관상	
얼굴	주먹밥 형태의 얼굴에 머리가 뾰족하고 턱이 넓다. 대부분이 큰 눈, 붉은 안색, 갈색의 모발을 가지고 있다.
체형	날씬한 몸으로, 등이 낮다. 돌출되어 있는 가슴, 작은 몸집, 수염이 적고, 손바닥이 얇은 것이 특징이다.
성격	예의 바르고, 정열적이고, 명랑하면서 낙천적이고, 두뇌가 총명하다. 성질이 급하고 흥분을 잘하여 침착하지 못한 경향이 있고, 감정적이면서 단순하고, 일희일우(一喜一憂)하는 기질이 있다.

직업	문학 · 법률 · 수학 · 어학 · 미술 · 음악 · 예능 · 미용 · 편집 · 설계 · 골동 · 전기 등의 분야가 적합하다.
좋아하는 말	"먹고 노래 부르고 사랑하라." "의식이 풍족해야 예절을 지킨다."
대표적 인물	김성태(국회의원), 나경원(국회의원), 류수영(연예인), 박지원(국회의원), 서현진(연예인), 유이(연예인), 유인나(연예인), 이재용 부회장(기업인), 전원책(변호사), 정다빈(연예인)

2) 화형의 외모

(1) 화형의 얼굴

오행 중 화(火)의 기운은 밝은 것을 주관한다. 땅에서 노출되는 기색이 혼잡 되지 아니함을 얻고, 정신이 산란하지 않고 그 형체가 날카로우면서도 얼굴의 하정 부분이 풍부하다.

얼굴이 붉고 머리가 길며 귀가 뾰족하고 높게 붙어 있으며, 눈이 드러나고 콧구멍이 위로 들린 듯하다. 또한 입이 벌어진 것처럼 치아가 드러나 보이고, 머리털과 수염은 적으나 붉은 기운이 감돌고, 근골이 드러나 보이나 기색은 선명한 편이다. 또 콧대 마디가 튀어나오고 눈 주위는 붉으며, 광대뼈가 뾰족하고 뼈가 드러나 보인다.

게다가 기색까지 붉고 윤기가 있으며 양쪽 귀가 높게 위치하고 있으면 발전이 빨라서 중년이 되기 전에 출세가 가능하지만, 사업상 장애물이 많아 고난 속에 발전이 이루어진다. 또 화형인은 모발의 숱이 적어야 하며, 구레나룻의 수염도 적어야 하며, 배가 크고 입이 크면 좋지 못하다. 또한 화형인은 두상이 높아야 아들을 낳을 수 있으며, 그렇지 않으면 아들을 낳기가 어렵다.

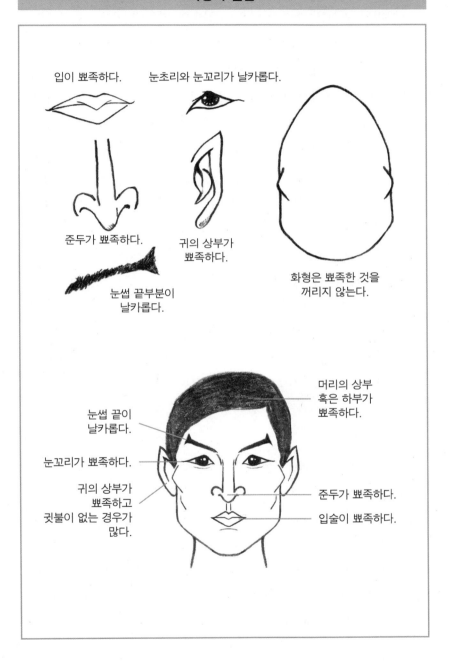

입이 뾰족하다.

눈초리와 눈꼬리가 날카롭다.

준두가 뾰족하다.

귀의 상부가 뾰족하다.

눈썹 끝부분이 날카롭다.

화형은 뾰족한 것을 꺼리지 않는다.

머리의 상부 혹은 하부가 뾰족하다.

눈썹 끝이 날카롭다.

눈꼬리가 뾰족하다.

귀의 상부가 뾰족하고 귓불이 없는 경우가 많다.

준두가 뾰족하다.

입술이 뾰족하다.

▶ 화형의 얼굴 특징에 따른 빈부귀천

- 화형의 관상을 가진 사람으로 입술의 기색에 홍색으로 윤기가 있고, 음성이 단전으로부터 나오고, 살집이 좋으면서 마르지 않은 사람은 고귀한 관상[貴相]이다.
- 등 부분이 후중(厚重)하면서 목소리가 아름답고 피부색이 윤기가 있는 홍색을 띠면 부자가 될 상[富相]이다.
- 코가 크고, 말에 조리가 있고 얼굴이 단정하고 이치를 아는 사람들은 장수하는 상[壽相]이다.
- 입술에 흰색이 나타나거나 눈빛에 색기(色氣)가 있으면 천한 상[賤相]이다.
- 등 부위에 살집이 없고 얼굴이 뾰족하거나 오관이 얇고, 뼈가 크면서 거칠면 가난할 상[貧相]이다.
- 비두(鼻頭)가 상향이거나 콧구멍이 드러나 있고 신체의 형태가 비만하면 요절하여 단명할 상[夭相]이다.
- 귀의 형상이 얇고[輕薄] 인후 부위가 돌출되어 있으면 형벌을 받을 상[刑相]이다.

(2) 화형의 체형

화형인의 체형을 보면 형색이 초조한 것 같고, 기울어진 마른 나무 막대기와 같으며, 움직이고 고요한 것이 떳떳하지 못하다. 오히려 초조한 기운만 노출하게 되어 전체 기상의 윗부분은 날카롭게 뾰족해서 화의 기운이 위로 솟아오른 것과 같다.

화형의 관상을 가진 사람은 뾰족한 것을 꺼리지 않으며, 화형의 관상과 체형에 화의 기운을 얻으면 좋은 격국을 갖추는 것이다. 고전에서는 "위는 작고 아래는 넓으며, 소리가 급하고 맹렬하면, 초년

화형의 체형

머리가 뾰족하다.
두정부에 각이 있다.
관골이 높다.
안색이 홍색으로 빛이 난다.
코가 뾰족하다.
턱이 뾰족하다.

몸이 기울어지거나
휘어져 있다.

부터 점점 부자가 되는 것이 화형인이다. 게다가 신체의 형상이 맑고 수려하고 야위고 곧고 뼈가 드러난 사람은 목국(木局)을 띤 것이다. 목은 능히 화를 생하므로 영화가 넘치는 관상이다”라고 하였다.

화형의 체형 중에 병화(丙火)의 격국을 가진 사람들은 강한 화인 양화(陽火)로서, 남자는 170cm 이상, 여성은 160cm 이상의 키에 어깨가 위로 솟아 있어서 ‘솔견(鳶肩)’이라 한다. 그리고 정화(丁火)의 체형은 남자는 170cm 이하, 여성은 160cm 이하의 체형이다. 병화의 체형을 가진 사람들은 평온하지 못하고 대부분이 무장(武將)의 격국에 속한다. 젊은 시절에 빨리 실권을 잡지만 오랫동안 유지하지 못하는 경향이 있다.

▶ 화형의 체형에 따른 길흉

사람의 기상이 노출되는 것은 말하자면 화의 기운이 노출되는 것이며, 얼굴의 중앙은 토의 기운이라고 할 수 있으니, 입술이 높이 솟아 있고 등이 노출되어 있는 것 같으면 불기운의 재앙이라고 할 수 있다. - 『풍감』

- 형체가 화형인데 불의 기운을 가진 판국(몸)을 얻으면 어떤 일을 시작하되 예지감이 많은 사람이다. 불의 형체로서 밑의 부분이 뾰족하면 순리대로 되는 것이 별로 없으며, 만약 허리와 등이 뾰족하면 진정한 화의 체형이 되는 것이다.

- 귀가 뒤집어지고, 눈이 드러나며, 코도 들리고, 치아도 드러나며, 후골도 드러나 있으면, 이것은 흉이 반대로 길격으로 바뀐 것으로 전형적인 오로(五露)의 격국이 된다. 이는 화형의 전형에 속하니 대귀격(大貴格)이다. 대개 무관으로서 일품(一品) 이상의 벼슬에 올라 입신출세를 한다.

- 화형인은 기가 안으로 숨어들어 조용한 것을 꺼리며, 둥글고 살진 체형 역시 좋지 않다. 목소리가 헐떡이는 듯하면 한평생 운을 펼치지 못한다. 뾰족한 귀는 일찍 화를 당한다. 얼굴색이 붉고 건조한 것, 역시 좋지 않아 파산하거나 사업에 실패한다. 화형의 얼굴에 입이 큰 것도 좋지 않다. 평생 운세가 순조롭지 못하다. 그러나 오관이 한두 군데만 드러나 보이면 이는 전체적으로 볼 때 결함이 되므로 처음은 좋으나 성격적인 결함으로 결과가 좋지 못하고, 중년이나 말년에 파란이 일어나게 된다.

- 전체적으로 오관이 조화를 이루고 있으면 크게 발전하며, 병정(丙丁)·사오(巳午)·갑을(甲乙)·인묘(寅卯) 해에 화의 기운을 얻으므로 더욱 길할 것이요, 임계(壬癸)·해자(亥子)의 기가 왕성

한 해에 얼굴에 흑암색 기색이 나타나면 여러 재난이 일어난다.

(3) 화형의 귀

화형의 귀[火耳]를 가진 사람은 외롭지만 장수하
는데, 나이 들어서는 편안하게 살지 못하고 외롭
게 보내는 경향이 있다. 화형의 귀는 눈썹보다 높
이 위치해 있고, 바퀴(이륜)는 단단하고 이곽(郭)
은 또 뒤로 뒤집혀져 있다. 비록 귓불은 드리워졌
으나 자랑할 만한 크기는 아니다. 산근과 와잠이
서로 웅하는 것 같으면 말년에 자식도 없고 고독해지지만 수명은
길어서 오래 산다.

화형의 귀에 목형을 겸하여 귀가 길고, 귀가 단단하고, 귀가 여위
어(瘦) 있으면서 균형이 맞으면 길하다. 또 귀가 둥글고 살집이 두툼
하고 흑색의 기색을 띠고 있으면 수형을 겸한 것인데, 화형의 귀에
수국을 띠고 있으면 이는 상극의 격국(格局)으로 가난하거나 수명이
짧다. 만약 화형의 귀(火耳)를 가진 여성이 목형의 귀를 겸한 것은
좋지만, 다른 오행의 특징을 겸하는 것은 불길(不吉)하다.

(3) 화형의 손

화형의 관상을 가진 사람들은 전체적으
로 삼각형으로, 머리 부분이 작고 턱이 둥
글다. 등이 높고, 키는 중간 정도이며, 혈
관이 솟아올라 있는 근골질형이 많다. 화
형의 관상을 가진 사람들은 신체의 끝 부
분이 날카롭고 하반신이 묵직하다. 언뜻

보면 얼굴이 작게 보이고, 하반신으로부터 위로 갈수록 가늘어지며, 머리나 손도 그렇다. 발가락도 전체적으로 뾰족한 형태이다.

이처럼 화형의 사람들이 가진 손도 위에서 언급한 특징을 가지고 있는데, 끝이 가늘어지는 불꽃과 같은 형태의 손을 가지고 있다. 손 등을 보면 혈관이 눈에 잘 띈다. 손의 형태는 삼각형이므로 손을 자연스럽게 넓혔을 때도 아래에서 위쪽으로 향한 형태가 삼각형의 모습과 비슷하고, 조금은 세로로 긴 원형이다. 손가락을 보면, 손가락 밑뿌리 쪽은 굵고 끝으로 갈수록 가늘어지는 경향이 있다. 손가락 관절은 눈에 띄지 않는 경우가 많다.

(4) 화형의 기색

화형의 관상을 가진 사람들은 기본적으로 홍색의 기색을 필요로 하고, 청색(靑色)의 기색을 띠는 것은 좋지만 흑색의 기색이 나타나는 것은 꺼린다. 방위로는 남쪽이 길한 방위이다. 얼굴에 나타난 붉은색은 틈 속으로 햇빛이 보이는 것과 같이 윤택해야 비로소 길하다. 만약 메마르거나 타오르는 불과 같아 불꽃이 치열하여 검은 기운이 있는 것 같은 것은 큰 재난이나 화(禍)를 주관하는 것이다. 질액궁 (疾厄宮)에 붉은색이 나타나면 사망하거나, 관록궁(官祿宮)에 나타나면 구금되거나, 직장에서 강등되거나 실직하는 경우도 있다.

화형의 관상에 백색은 금(金)이 되니 재물을 왕성하게 하고, 황색 (黃色)은 화생토(火生土)가 되어 기를 막히게 하니 재물과 우환이 반반씩 섞여서 나타난다. 청색은 목생화(木生火)가 되지만 지나치게 왕성하게 되면[盛] 근심과 슬픔이 반반으로 일어난다.

(5) 화형의 음성

오행의 화에 속한 사람은 몸이 파리하면서 기운이 강하니 맹렬한 기운의 권능으로 권력을 휘두르게 된다.『상리형진』에서 "화형의 음성은 불꽃이 폭발하는 소리처럼 초조하고 강렬하며, 바짝 말라서 거칠게 튄다"라고 하였다. 화형의 관상과 체형을 가진 사람은 목소리는 맑고 청정하다. 목소리가 강직하면서 조급하다면 화형의 관상을 가진 사람이라 할 것이다. 하지만 기운이 너무 촉박한 것은 좋지 않다.

(6) 화형의 행동 특징

얼굴빛에 붉은 기운이 나타나고 기운이 고갈되는 것처럼 마른 듯하면 적절한 화의 기운을 가지고 있다. 그렇지만 멀리서 볼 때 화형의 관상을 가진 사람의 행동이 들떠 있는 것 같고, 조급하다고 느껴질 것 같으면 모든 것이 공수표가 될 것이다.

화의 기운이라도 음의 기운에 해당되는 것이 발생하게 되면 얼굴의 기색에 분홍빛이 나타나면서 초조함이 없다. 얼굴빛에 윤택한 기운이 있는 것은, 이에 진양(眞陽)이 되는 것이니 화의 기운을 가진 체형으로 화의 기상을 얻었다고 할 수 있으며, 활동적이고 예리해서 오래 앉아 있어도 좀처럼 피곤해 하거나 권태감을 느끼지 않는다.

3) 화형의 기질과 성격

화의 관상이나 체형을 가진 사람은 보수적인 기질을 가지고 있으며, 위세가 있으면서 용감하고 까칠한 경향이 있으며, 강하고 부드러운 것을 결정할 수 있다. 화형의 관상을 가진 사람들이 자신을 지나치게 자랑하거나 행동이 경박하고, 들떠 있으면[浮燥] 불똥이 튀는 과실이 있다. 『풍감(風鑑)』에서 "국(局)이 드러나는 것을 곧 불이라고 한다. 얼굴이 깊은 것을 토라고 한다. 국이 드러나는 듯한 것을 모두 화라고 한다"라고 하였다.

또한 성격은 명쾌하지만 급하고, 예절이 있으면서 사양심이 많은 경향이 있다. 화형인의 관상은 위가 뾰족하고 아래는 넓은 것이 특징인데, 화형의 관상을 가진 사람의 참모습은 성질이 조급하여 신기(神氣)가 노출되는 것이니, 그에 따라 오관이 모두 드러나 보인다.

▶ 화형 관상의 인생 경향

평상시 기쁨과 즐거움으로 살아가는 인생이며, 두뇌가 명석하고 화술이 좋다. 책을 읽는 것을 좋아하며 책을 잘 쓰기도 한다. 항상 한 가지 일에 몰두하면서 업무에 집중한다. 열정을 불태우는 카르멘적인 인생을 지향하지만 자신을 제멋대로 내세워 주위 사람들에게 피해를 주지 않도록 주의해야 한다. 기질적으로 아름답고 화려한 것을 좋아하며, 감성이 발달되어 있고, 자극에 매우 민감한 경향이 있다.

4) 화형의 건강

화형의 관상과 체형을 가진 사람들은 성격이 급하고 신경이 예민한 까닭에 칠정(七情 : 기뻐하고, 성내고, 근심하고, 사색하고, 슬퍼하고, 놀라고, 무서워하는 것)에 쉽게 마음이 상하여 질병이 발생하는 경우가 많다. 그래서 화형의 기질을 가진 사람들 중에는 신경성 질환으로

고생하는 경우가 흔하다. 또한 허리와 다리가 잘 아프며, 가슴 두근
거림으로 힘들어 하는 경향이 있으며, 건망증도 있는 편이다.

　화형인들은 오장육부로는 심장과 소장의 영향을 받으며, 심장과
소장의 에너지는 팔꿈치 관절 · 얼굴 · 상완 · 혀 · 피 · 혈관을 담당
한다. 심장과 소장에 이상이 있을 때는 심장 통증 · 숨참 · 목마름,
붓거나 땀을 많이 흘리고, 여드름 · 심장성 고혈압 · 주관절통 · 견갑
골통 · 상완통 · 좌골 신경통 · 혀의 이상 · 말더듬 · 심포삼초증 · 하
혈 · 생리통 · 습관성 유산 · 딸꾹질 등의 질환으로 고생한다.

5) 화형의 애정과 궁합

화형의 관상을 가진 사람들은 사랑할 때는 쉽게 달아오르고 맹목적
으로 모든 정열을 쏟는 유형이다. 그리고 결혼이나 연애를 할 때에
상대에 대한 독점욕이나 질투심이 매우 강하다. 사소한 것에서 감정
을 상하거나 스트레스 받기 쉽다.

　화형의 관상을 가진 사람이 같은 화형의 특징과 기질을 가진 사
람을 만났을 때는 사업을 경영하기가 어렵고, 심지어는 재앙에 이르
기까지 하며, 서로에게 좋은 감정을 가지지 못하는 경우가 많다.

6) 화형의 직업

화형의 관상을 가진 사람은 화려한 것을 좋아하는 성향이 있기 때
문에 기본적으로 예능 · 미용 · 패션 · 미술 · 음악 · 어학 · 이벤트 관

런 업종에 적합하다. 또한 화(火)의 특징을 살려서 조명·광학·정
유·음식·음료·화장품·액세서리·문학·문구·문화·작가·
교사·출판·공무원·정치인·비서 등의 분야에 종사하면 자신의
숨겨진 능력을 발휘할 수 있다.

3. 토형[土] 관상의 특징

토형의 관상을 가진 사람들의 얼굴과 체형을 보면 전체적으로 세 가지가 짧은 것이 특징이다. 즉 목이 짧고, 키가 작고, 손가락이 짧다. 게다가 토형은 뼈대가 튼튼하고 살이 튼실하며, 머리가 크고, 코가 풍륭하며, 입이 크면서 입술이 두텁고, 턱이 발달되어 있고, 허리와 등이 거북이와 같고, 소리가 중후하고, 손과 발이 두텁고, 기색이 황명(黃明)하고, 기백이 광대하면 토형의 진정한 모습이라 할 수 있다.

1) 관상학 고전에 나타난 토형의 특징

토의 형상은 비대하고 돈후(敦厚)하여 무겁고 충실하고, 배는 융성(隆盛)하고 허리가 두터워 그 형상이 거북이와 같은 것이다. 『시(詩)』에 말하길 "단정하고 두텁고 이에 깊고 무거우며 편안하고 자상하여 큰 산과 같은 것이다. 마음속의 꾀를 측량하기 어렵고 사람들에게 신의가 두텁다." - 『마의상법』 제2권

토형으로 태어난 사람은 몸 전체가 비대하고, 두터우면서도 진중

하고, 무겁고 착실한 느낌이 나고 등 부위는 위로 솟은 듯하며 허리가 두텁게 되어 있다. 그 형체가 거북이와 같은 사람은 토형의 형상이 된다. 아주 단정하고 바르며 후덕한 사람은 몸이 진중하며 무겁고, 그 사람의 전체적인 행동과 태도가 태산처럼 안정되어 상세한 느낌이 나며, 마음으로 꾀하는 것을 남들이 헤아리기가 어려우니 믿음과 신의로 하는 것이 매우 중요하다. - 『상리형진』 「오행형상시단」

토형은 몸은 비대하고 두텁고 후중하며, 얼굴이 두꺼우면서 실(實)하며, 등이 높고 피부가 검으며, 음성이 천둥처럼 크고 목이 짧으며, 머리가 둥근 것이 진정한 토형이다. - 『유장상법』 「논형설」

용모가 단정 중후하고 태산같이 튼실하면서 지략이 뛰어나고, 특히 신의를 중요하게 여기는 사람이다. 또 등이 풍륭(豊隆)하고 허리가 두터우며, 기색이 누런색을 띠는 가운데 백색이 돌고, 골이 깊고, 체구가 튼실하고, 신이 맑으면 길상으로 태산이라도 귀함을 측량하기 어려운 인물이다. 부귀는 물론이려니와 성실함은 말로 다 표현하기 어렵다. - 『시(詩)』

토형의 관상	
얼굴	머리 부위가 크다. 얼굴은 살집이 풍부하다. 코끝이 둥글면서 크다. 입술이 두툼하다. 턱은 이중턱이다. 기색이 황색이다.
체형	단단하면서 크고, 등이 두터우면서 허리가 둥글고, 목이 짧고, 수족에 살집이 좋고, 골육(骨肉)이 충실하다.
성격	신의가 돈독하면서 관대하고, 인내심이 강하고, 보수적이면서 융통성이 부족하다. 검소하고, 고요한 것을 즐기고, 완고한 경향이 있다. 속기 쉽고, 우둔하고, 정체가 되는 등의 특징을 가지고 있다.

직업	환경학 · 농학 · 농업 · 원예 · 광산 · 공예 · 운송 · 철도 · 목축 · 부동산업 · 도예 등이 적합하다.
좋아하는 말	'돌 위에도 3년', '움직이는 것을 산과 같이', '안전 제일', '돌다리도 두들겨 보고 건너라', '천리 길도 한걸음부터' 등의 소신을 가지고 있다.
대표적 인물	김부겸(국회의원), 김승연(기업인), 김신영(연예인), 김혜선(연예인), 심상정(국회의원), 이용식(연예인), 이인제(국회의원), 전원주(연예인)

2) 토형의 외모

(1) 토형의 얼굴

토형의 관상은 중화의 기상으로 머리가 둥글고 목이 짧으며 골육(骨肉)이 조화를 이루어 완전해 보인다. 특히 머리와 얼굴의 살집이 두툼하면서 크며, 토성(土星)인 코가 잘생겼으며, 코끝(준두)에 살집이 많아 풍융하게 보이며, 입도 넓고 입술도 두터우며 턱도 풍부하므로 전체적으로 원만해 보인다.

진정한 토형은 오악이 서로 조공을 하듯이 마주보고 있으며, 굵은 머리카락에 눈썹이 짙고 코가 탐스럽게 우뚝 솟아 있으며, 손바닥에 살이 많고 손가락 마디가 두꺼우며, 목소리는 중후하며 느린 것이 특징이다.

▶ 토형의 얼굴 특징에 따른 빈부귀천

- 토형의 관상과 체형을 가진 사람이 준두가 둥글면서 윤기 있고, 목소리가 맑고 깨끗하면 고귀한 상[貴相]이 된다.

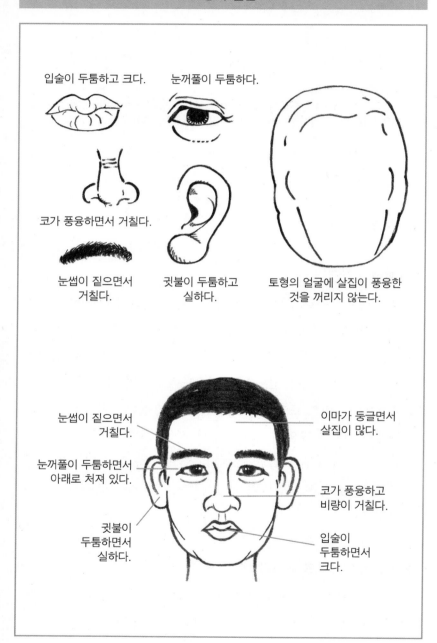

입술이 두툼하고 크다.

눈꺼풀이 두툼하다.

코가 풍융하면서 거칠다.

눈썹이 짙으면서
거칠다.

귓불이 두툼하고
실하다.

토형의 얼굴에 살집이 풍융한
것을 꺼리지 않는다.

눈썹이 짙으면서
거칠다.

눈꺼풀이 두툼하면서
아래로 처져 있다.

귓불이
두툼하면서
실하다.

이마가 둥글면서
살집이 많다.

코가 풍융하고
비량이 거칠다.

입술이
두툼하면서
크다.

- 얼굴의 하정이 풍만하고 기색이 맑고 빛이 있으면서 황색으로 윤기가 있으면 부자가 될 상[富相]이다.
- 눈썹이 눈보다 길고 세상의 변화와 흐름을 분석하고 그에 적응을 잘하고, 평상시 화를 내지 않으면 장수를 할 상[壽相]이다.
- 준두가 뾰족하면서 작고, 양쪽 안신이 맑지 못하면 비천한 관상[賤相]이 된다.
- 어린 시절부터 살이 찌기 시작하여 나이가 들어서도 몸이 지나치게 비만하면 가난할 상[貧相]이다.
- 눈썹의 형태가 거칠면서 탁하고 얼굴이 옆(횡)으로 살집이 많으면 요절하여 단명할 상[夭相]이다.
- 눈동자가 사시(斜視)이거나 눈의 흰자위에 붉은 핏줄이 많으면 형벌을 당할 상[刑相]이다.

(2) 토형의 체형

토형의 체형을 가진 사람들은 형체가 두텁고 후덕하고, 양팔과 등이 노출된 느낌이 들고, 허리 또한 노출된 느낌이 든다. 특히 몸집이 견고하고 두터워서 비대한 것처럼 보이고, 옷을 벗어 보면 허리와 등이 거북이처럼 생겨 두텁다. 반면에 어깨는 약간 좁아 보인다.

토형의 체형을 가진 사람은 허리와 등이 드러나며 형모(形貌)가 높이 올라가고 살이 가볍고 뼈가 무거우며 빛이 누렇고 기가 밝은 것이라야 토형의 체형이라 할 수 있다. 만약 뼈가 무겁고 살이 엷으며 눈빛이 어둡고 힘이 없으면 토형의 기가 막힌 것이다. 그리고 골격이 무겁고 근육이 엷으며, 또한 정신이 어둡고 밝지 못하면 직장 내에서 승진이나 진급이 어렵다.

토형은 무거운 것을 꺼리지 않는다. 토형의 관상에 토의 기운을

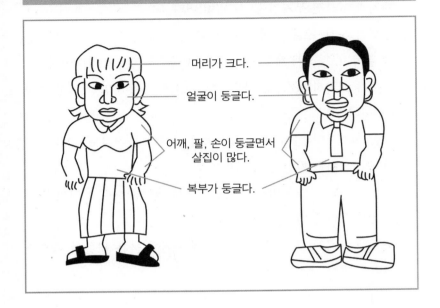

머리가 크다.

얼굴이 둥글다.

어깨, 팔, 손이 둥글면서 살집이 많다.

복부가 둥글다.

얻으면 재록(財祿)이 풍족해진다.

▶ 토형의 얼굴과 체형에 따른 길흉

• 토형의 관상을 가진 사람이 토형의 체형을 가지면 재물의 창고
가 된다. 게다가 화국(火局)의 기운을 얻으면 서로 상생이 되어
가정에 재물이 넘쳐나게 된다.

• 기토(己土) 정국을 가진 사람은 또한 상당한 발전수가 있기 때문
에, 여성이라면 남편을 내조하여 성공시키고 함께 집안을 일으
킨다. 그렇지만 토형의 관상을 가진 사람에게 콧대에 마디가 솟
아 있거나 목에 결후(結喉)가 있는 것, 그리고 수염이 짙고 숱이
많은 것을 꺼린다. 이러한 관상을 가진 사람은 성격이 급하고 고

집스러운 경향이 있다.

- 토의 기운이 강한 무·기(戊·己)와 진·술·축·미(辰·戌·축·未)년과 화(火)의 기운이 왕성한 병정(丙丁)과 사오(巳午)년에는 운명이 전체적으로 길하고, 목(木)의 기운이 왕성한 갑을·인묘년에 얼굴에 청색의 기색이 돌면 불운한 일이 일어날 징조이다.

(3) 토형의 귀

토형의 얼굴과 체형에 토형의 귀를 가진 사람은 대부분이 부귀영화를 누린다. 토형의 귀를 가지고 태어나면 부귀를 누리고, 등급이 높은 벼슬이나 지위에 오른다. 토형의 귀는 단단하고 두터우며 크고 또 비대한 것이 특징이다. 관상학의 고전에서는 귀가 윤택하면서 홍자색의 기색을 띠고 있으면 정승의 지위에 오른다고 하였다. 오랜 세월 동안 부귀를 누리고 가족도 번성한다. 말년이 되어도 건강하고 동안(童顔)을 유지하며 좌우에서 보좌할 사람도 거느리게 된다.

귀의 형태가 여위면서 긴 것은 목형을 겸한 것인데, 토형의 귀에 목형을 겸하는 것은 한평생 실패와 좌절을 많이 하게 된다. 토형의 귀를 가진 여성에게 목형을 제외하고 다른 오행의 특징을 겸하는 것은 무난하다. 이러한 귀를 가진 사람의 성격은 부드러우면서 너그럽고 근검절약으로 가정을 잘 지키고, 허영심이 없기 때문에 부귀와 장수를 누린다.

(4) 토형의 손

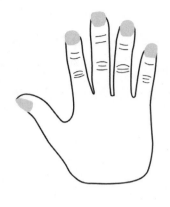

토형의 손을 가진 사람의 손바닥을 보면, 손가락을 포함하지 않는 부분이 네모나면서 살집이 두터운 사람이 많다. 손가락의 밑 등부터 끝부분까지 손가락의 굵기에 변함없으며, 손가락의 끝 부분은 사각처럼 생겼다. 손등을 보면 살집(지방)이 적당하게 붙어 있지만 그리 두꺼운 편은 아니다.

손의 형태는 정방형보다는 원형이지만 느낌은 정방형에 가깝다. 손가락의 특징으로는 굵기가 시작 부위부터 끝부분까지 굵기가 같고, 길이는 짧은 편이다. 그러나 다른 오행의 영향을 강하게 받는 경우에는 손가락이 길다. 손가락 관절의 마디가 눈에 띄지 않고 곧게 뻗어 있다.

토형의 손을 가진 사람은 행동이 조금 느리면서 우아한 측면이 있다. 성질이 급한 사람에게는 조금 답답하게 보일 수 있다. 그렇지만 신중하고 차분하게 관찰하고 나서 판단해야 한다. 토형의 손을 가진 사람의 피부가 대체적으로 거친 것은 기가 강하기 때문이지만, 외관을 보면 온후한 느낌을 준다. 전체적으로 둥글게 보이는 경우에는 신중함이 강하고 온순하면서 조심스럽게 행동하고 말을 한다.

(5) 토형의 기색

토형의 관상을 가진 사람은 기본적으로 얼굴에 황색의 기색을 필요로 하고, 홍색(紅色)을 띠는 것은 좋지만, 청색의 기색이 나타나는 것을 꺼린다. 토의 방위는 중앙에 해당한다. 두텁고 무거운 사람은 토(土)의 기운이 견실하고 근육은 비대한 것이며, 얼굴에 분홍빛이 나고 윤택할 것 같으면 세상의 풍조에 휘말리지도 않고, 사업이나 일에 막히는 일이 별로 없다. 이러한 경우에는 토형의 사람이 토의 에너지가 넘치는 환경을 얻었다고 할 수 있다.

손과 발의 살결은 부드럽고 두터워 복스럽게 보이며, 얼굴이나 몸의 피부색은 황색이면서 밝아 보인다. 이처럼 토형의 관상을 가진 사람이 황색의 기색을 띠면서 윤기가 흐르면 반드시 부귀하게 되고 장수한다.

(6) 토형의 음성

형체가 토형일 뿐만 아니라 토의 기운이 많으면 소리가 잠기는 듯 침침한 느낌의 소리가 나고, 게다가 아름다운 말을 하면 부자가 되고 행복한 삶을 살 것이다. 음성은 심후하고 웅장하여 소리가 아랫배의 단전에서 울려 나오는 듯하다.

토형의 관상을 가진 사람의 목소리가 걸걸한 것은 좋지 않고, 운명을 떨치기가 어렵고 뜻을 펼치기가 어렵다. 이처럼 토형의 관상을 가진 사람이 뼈가 드러나고 살집이 얇으면 빈천한 관상이 된다. 정신이 혼미하거나 목소리가 가늘고 약하면 단명(短命)하는 관상이라 할 수 있다.

(7) 토형의 행동 특징

토형의 관상을 가진 사람들은 움직이고 멈추는 모습이 중후하게 보이고, 오래 누워 있어도 불편함보다는 편안함을 느끼는 것이 특징이다. 게다가 오행의 기운을 얻어서 그 기운이 흐트러짐이 없는 사람은 큰부자가 되거나 귀한 벼슬에 오르는 사람이다. 반면에 거동과 언행이 경망하고 걸음걸이가 가벼워 보이면 경박한 관상으로, 오히려 신의가 부족한 사람이라고 할 수 있다.

3) 토형의 기질과 성격

토의 형체는 정신적으로 신의(信義)가 있어서 주로 만물을 실어서 잘 길러 주게 되는 것이니, 가난하고 부유한 것을 결정할 수 있다. 토형의 관상을 가진 사람은 용모가 전체적으로 단정하고 체형은 후중(厚重)하게 보이고, 태산과 같이 침착하고 마음속을 파악하기가 어려운 유형으로, 신의를 중요하게 여긴다.

또 토형의 관상을 가진 사람들은 성격이 원만하고 성실하며, 주위 사람들과 화합과 조화를 잘 이루고 있고, 행동과 말에 실수하는 일이 적어 사람들로부터 신뢰와 존경을 받는다. 특히 용모가 단아하면서도 신중하고 자상하다. 태산처럼 안정된 형상을 가지고 있어서 다른 사람들이 속마음[深謀]과 기량을 파악하기가 어렵다. 토형의 관상과 기질을 가진 사람은 대부분이 큰부자가 될 복을 타고났다. 검소하고 성실하며 좀처럼 낭비를 하지 않고 헛된 말을 함부로 하지 않는다.

▶ 토형 관상의 인생 경향

토형의 관상을 가진 사람은 신뢰를 바탕으로 사람들을 만나는 경향이 있으며, 인내심이 강하고 인간미가 있고 생각이 깊은 사람이다. 검소하면서 소박한 생활을 지향한다. 언제나 땅에 발을 붙이고 살아간다는 생각을 가지고 있으며, 풍부한 재운의 혜택을 받는다. 사람을 한번 믿으면 한평생 신뢰를 저버리지 않는 고지식한 측면도 있으므로 때로는 임기응변식으로 대응하는 것을 익힐 필요가 있다.

전체적으로 대지(大地)처럼 안정감 있는 사람으로 신의가 돈독하고 말과 행동에 신중한 측면이 있지만, 자신이 주장하고 고집하는 것에 대해서는 굽히지 않는 완고한 측면도 있다.

4) 토형의 건강

토형의 관상과 체형을 가진 사람들은 몸이 잘 붓는데, 이는 원래 체내에 습(濕)이 많은 체질이라서 그러하다. 또 류머티즘 관절염 질환에 걸리기 쉬우며 허리와 등이 아플 때도 많다. 특히 누설(漏泄)이 잘 되기 때문에 당뇨병으로 고생하는 경우가 많다. 누설이 잘 된다는 것은 몸속에 있는 각종 영양분들이 몸 밖으로 쉽게 빠져나간다는 뜻이다. 그러므로 항상 당뇨병에 걸리지 않도록 조심해야 한다.

오행의 토는 비장과 위장의 장부를 주관하고, 인체에서는 복부 · 무릎 · 대퇴부 · 입 · 입술 등의 신체기관을 담당한다. 때문에 비장과 위장에 이상이 있을 때는 위궤양 · 위염 · 췌장암 · 위산과다 · 속 쓰림 · 위하수를 비롯하여 전두통을 수반하고, 입과 입술에 관련된 질병과 구취 · 치통 · 구완와사 · 무릎 통증 · 당뇨병 · 식욕이상이 일어난다. 게다가 비장과 위장의 기능에 문제가 발생하면 신체가 비만하게 되거나, 움직이면서 활동하는 것보다는 누워 있기를 좋아하고, 음식을 먹은 뒤에 트림을 자주 하는 현상이 발생한다.

5) 토형의 애정과 궁합

얼굴이나 체형의 외모에서 풍겨지듯이 토형의 관상을 가진 사람들은 따뜻한 애정으로 상대를 포용하는 특징이 있다. 연애에 있어서도 애정 표현이 밋밋하여 애교와 욕정이 부족한 경향이 있지만 상대에게 최선을 다하는 성실한 유형이다. 신뢰와 인내심이 있는 사람이지만 끈질긴 성격 때문에 상대를 질리게 하거나 연인을 떠나게 하는 측면도 있다.

- 토형의 관상을 가진 사람이 토형을 만났을 때는 서로 화합이 잘 되고 애정이 있으며, 결혼을 하면 귀하게 되고 현명하고 효도하는 자식들을 두게 된다.
- 토형의 관상을 가진 사람이 화형의 관상을 가진 사람을 만났을 때는 고귀하게 되고 가문을 빛낼 것이며, 원하는 일이 잘 성취되며 부부가 함께 발전할 것이다.

6) 토형의 직업

토형의 관상을 가진 사람들은 환경학 · 농학 · 농업 · 원예 · 광산 · 공예 · 운송 · 철도 · 목축 · 부동산업 · 도예 등의 분야에 적합하다. 또한 토의 기운을 가진 직종으로 토산품 · 부동산 · 가축 · 포목 · 의류 · 시멘트 · 건설 · 물에 관련된 것, 그리고 전당포 · 골동품 · 중개인 · 변호사 · 관리 · 설계 · 컨설팅에 종사하면 큰 성공을 거둔다. 게다가 토형의 관상을 가진 사람들이 장례 산업, 공원묘지, 성직자 등의 분야로 진출하면 자신의 능력을 발휘할 수 있다.

4. 금형[金] 관상의 특징

오행으로 금형의 관상을 가진 사람들은 보통 세 가지가 얇은 것이 특징이다. 즉 입술이 얇고, 피부가 얇고, 손등이 얇다. 진정한 금형의 모습은 단아하고 방정하면서 귀 · 이마 · 관골 · 코 · 입 · 턱 · 허리 · 등 · 배 · 손발의 기색이 대체적으로 희고, 눈빛이 밝고 기운이 맑으며, 코의 양쪽 콧방울(난대 · 정위)가 바르고, 얼굴에 자색의 기색을 띤다.

1) 관상학 고전에 나타난 금형의 특징

금의 형상은 맑고 작으며 단단하고 모나며 바른 것이다. 형체가 짧은 것을 부족(不足)하다고 말하는 것이고, 살집이 단단한 것을 유여(有餘)하다고 말하는 것이다. 『시(詩)』에 말하길 "부위로는 중정이 중요한 곳이니 삼정이 모가 난 형태를 하고 있다. 금의 형상을 한 사람이 금격을 겸하고 있으면 스스로 입신양명한다." - 『마의상법』 제2권

금기운의 형체를 타고 난 사람은 맑은데 체격이 작고 수려하며 얼

굴은 모나고 음성의 끝이 울리는 것이 있으면 형체는 부족하다고 말할 수 있지만, 근육이 많은 듯한 느낌이 나면 지나치다고 말할 것이다. 금형으로 태어난 사람은 전체적으로 중정의 발달이 필요하고, 삼정 부위가 방정하고 모나야 한다. 금형으로 타고난 사람이 세속에 섞여 있으면 스스로 자신의 이름을 드날릴 수 있다. - 『상리형진』 「오행형상시단」

얼굴이 네모나고 귀가 단정하며, 눈썹과 눈이 맑고 수려하며, 입술과 치아가 배합이 맞고 손이 작고 허리가 둥글며, 하얀 피부를 가지고 있으면 금형이라 한다 - 『유장상법』 「논형설」

금형은 붉은 기색이 짙은 것을 꺼린다. 오관이 전체적으로 주밀하고 삼정이 모두 방정하면 부귀에 명성이 있고, 붉은 기운이 왕성하면 탁해져서 좋지 않다. 얼굴 부위에 죽은 데가 많으면 빈궁하니, 혹 벼슬에 오른다 해도 이름이 없는 미관말직에 불과하다. - 『시(詩)』

금형의 관상	
얼굴	머리가 둥글고 얼굴의 형태는 사각형이며, 하관이 길고, 눈썹과 머리카락이 검은색이다. 안색은 흰색이다.
체형	건장하다. 뼈가 크고, 살집이 좋으며 역삼각형의 체형, 사각형의 손바닥과 손가락 끝이 사각형을 띠는 것이 특징이다.
성격	정의감이 강하면서 지는 것을 싫어한다. 의지가 강하고, 집중력이 있다. 합리적이지만 자신의 주장을 굽히지 않는다. 공격적이면서 충동적이고, 쿨하지만 시야가 좁은 경향이 있다.
직업	운동선수 · 검찰 · 재판관 · 변호사 · 경찰 · 군인 · 은행원 · 증권가 · 보석상, 무기상 등의 분야에 종사하면 적합하다.
좋아하는 말	'유리는 유리로 비추면 빛난다', '쇠는 열로 녹인다', '명예를 위해서는 죽을 수 있다'는 신조를 가지고 있다.

대표적 인물	김형자(연예인), 박정수(연예인), 원유철(국회의원), 이태곤(연예인), 인명진(목사), 정몽구(기업인), 조양호(기업인), 조형기(연예인), 최경환(국회의원), 최재성(연예인), 홍지민(연예인)

2) 금형의 외모

(1) 금형의 얼굴

금형의 관상을 가진 사람은 체형이 단정하면서 얼굴도 방정하고, 이목구비 등 오관 역시 비뚤어지지 않고 방정하게 균형을 이루고 있으면서 단단하게 생겼다. 얼굴과 전신의 오부가 대체적으로 바르고 체형이 대칭을 이루고 있으며, 눈썹이 맑고 눈은 수려하고, 뼈와 살은 모두 견실하고 희고 은처럼 빛나며, 머리 부위, 광대뼈와 코, 턱 등 삼정이 모두 방정하고 머리 부위가 원형이며, 광대뼈가 솟아올랐다. 또한 귀가 희고 윤기가 흐르며, 붉은 입술에 치아가 희며, 수염이 성글고 숱이 많지 않은 것이 특징이다.

▶ **금형의 얼굴 특징에 따른 빈부귀천**

- 금형의 관상과 체형을 가진 사람이 눈썹이 높으면서 맑고 소소(疏疏)하고, 전택궁(田宅宮)이 넓고 발달되어 있으며, 음성이 부드럽고 윤택한 느낌이 있으면 고귀한 사람이 될 상[貴相]이다.
- 입의 형태가 방(方)형으로 크면서 입술이 두툼하고 홍색의 기색을 띠고, 입가에 살집이 풍륭(豊隆)하면 부자가 될 상[富相]이다.
- 귀가 높고 뼈가 단단하면서 기색이 희면서 크고, 눈빛이 맑고 상쾌하면 장수할 상[壽相]이다. .

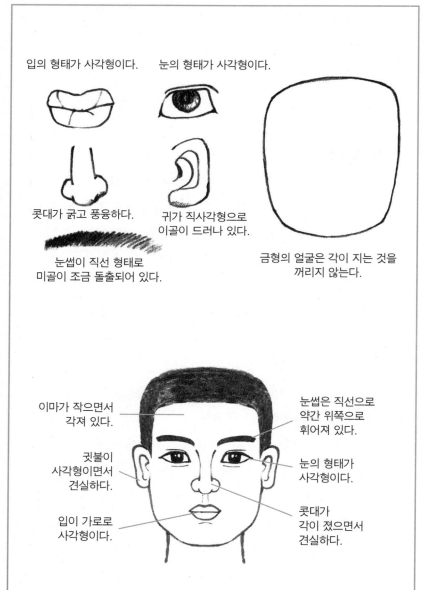

입의 형태가 사각형이다.

눈의 형태가 사각형이다.

콧대가 굵고 풍융하다.

귀가 직사각형으로
이골이 드러나 있다.

눈썹이 직선 형태로
미골이 조금 돌출되어 있다.

금형의 얼굴은 각이 지는 것을
꺼리지 않는다.

이마가 작으면서
각져 있다.

눈썹은 직선으로
약간 위쪽으로
휘어져 있다.

귓불이
사각형이면서
견실하다.

눈의 형태가
사각형이다.

콧대가
각이 졌으면서
견실하다.

입이 가로로
사각형이다.

- 눈썹 털이 흐리고 눈썹의 형태가 어지럽고, 눈썹이 낮아서 눈을 누르는 듯하고 안신이 약하면 천한 상[賤相]이다.
- 입과 턱이 매우 작고 얼굴의 색택이 흐린 홍색이나 혹은 마른 듯한 흰색의 기색을 띠면서 관절이 거칠면서 큰 경우는 가난해질 상[貧相]으로 평생을 어렵게 산다.
- 귀의 이곽이 돌출되어 있으면서 뺨에 살이 많고 피부가 북처럼 긴장되어 있으면 요절로 단명할 상[夭相]이다.
- 입술의 형태가 균형을 이루지 못하고, 입술이 치아를 다 덮지 못하고 인후부위가 크면서 돌출되어 있으면 형벌을 당할 상[刑相]이 된다.

(2) 금형의 체형

금형의 형체는 방정하면서 아주 결백(潔白)해서 근육이 온몸에 꽉 차 있는 것 같으며, 골격은 엷게 보이지 않고 견고하게 곧으며 근육이 잘 발달되어 있다. 음양의 기운이 서로 조화를 이루고 있다.

또한 금형의 체형은 모나고 바르며 뼈가 단단하고 살이 실하며 음과 양(살과 뼈)이 서로 조화를 이루고 적당하며 빛이 희고 기가 굳세어야 그 중용을 얻은 것이다. 혹은 기국이 촉박하고 기울어졌으며 뼈가 작고 살이 많으면 유약하고 건강하지 못하여 금(金)의 바른 기운을 얻지 못한 것이다. 그렇기 때문에 금형의 관상을 가진 사람이 다른 오행과 혼합이 되면 작은 귀인이 된다. 금형의 관상이나 체형을 가진 사람은 모가 난 것을 꺼리지 않는다. 금형의 관상을 가진 사람이 금의 기운을 얻으면 재주와 지혜가 풍부하다. 손이 단정하면서도 손가락이 짧으며, 허리나 배는 둥글어 보인다. 그리고 금형으로 체형이 너무 짧으면 부족(不足)하여 운명이 좋지 못하고, 살집이 견

머리는 각지고 귀가 크다.

동(同)자형의 얼굴

뼈와 살이 튼튼한 어깨

허리와 배가 둥글면서
바르다.

실하면 유여(有餘)라 하여 길상으로 여긴다.

▶ 금형의 얼굴과 체형에 따른 길흉

금의 형체로 금국의 판국을 얻을 때 흙의 기운을 만나면 아름답고,
토 형체로서 불[火]의 기운을 얻으면 더욱 절묘하게 되며, 금형의 관
상과 체형으로 금의 기운이 있는 사람이 화의 기운을 얻어서 피부
가 붉어지면 재산이 흩어지는 것이 마치 바람에 날리는 먼지와 같
다. 금형의 관상에 화의 기운이 왕성하게 되면 재물이 흩어져 티끌
같고, 목은 금에 의해 상하기에 돈이 녹아서 흩어지는 것과 같다.

또한 금형인은 코가 뾰족하고 끝이 붉은 것과 해골처럼 하얀 기
색이 나타나는 것을 꺼리는데, 이런 사람은 평생 노력하더라도 가난

을 면치 못한다. 또 코와 귀가 작은 것도 좋지 않아서 작은 성취라도 고생스럽게 얻는다. 날카로운 목소리를 가진 사람은 잘되는 일이 별로 없고 실패를 많이 한다. 콧대에 마디가 솟아 있는 것도 좋지 않은데, 이런 사람은 성질이 급하고 형벌을 면하기 어렵다. 게다가 불그스름한 기색 역시 꺼리는데 만약 붉은 기색이 나타나면 관직에 오르지 못하고 몰락한다.

금형인은 외형과 체질에 따라 순금(純金)·생금(生金)·사금(砂金)·잡금(雜金)으로 나뉘며, 길흉화복도 각각 다르다. 금형의 관상과 체형을 가진 사람이 무기(戊己)·진(辰)·술(戌)·축(丑)·미(未)년이나 경신(庚辛)·신유(申酉)년에는 발전하는 수가 많고, 병정(丙丁)·사오(巳午)년에 붉은색의 기운이 돌면 여러 가지 재앙으로 목숨이 위태롭고 재산을 탕진하는 일이 발생하기도 하다.

(3) 금형의 귀

금형의 귀를 가진 사람은 부귀를 누린다. 금형의 귀는 눈썹보다 높이가 1촌 이상에 위치해 있으면서 천륜이 작다. 귀의 기색은 얼굴빛보다 희고, 귓불은 마치 구슬을 늘어뜨린 것 같다. 이러한 귀의 기색과 형태를 가지고 있으면 부귀와 공명이 조정이나 재야에 널리 알려진다. 다만 자식을 잃어서 말년에는 고독하게 지내는 경향이 있다.

금형의 귀를 가진 사람들은 귀가 뾰족하거나 작거나 이곽이 돌출되어 있는 화형의 특징을 겸하는 것을 꺼리는데, 만약 금형이 화형을 겸하고 있으면 젊은 시절부터 형상(刑傷)을 조심해야 한다. 귀의 형태가 둥근 것은 수형의 특징인데, 금형의 귀에 수국을 겸하는 사

람은 한평생 명예와 이익[名利]을 모두 성취하는 것이 가능하다.

만약 여성이 금형의 귀를 가지고 있으면, 사람됨이 총명하고 부드러운 심성에 강인함을 가지고 있으며, 남편을 사업을 도와 함께 창업을 하여 부를 축적하거나 가정을 번성하게 한다.

(3) 금형의 손

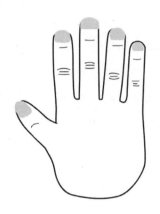

금형의 관상과 체형을 가진 사람은 판(板)과 같은 장방형(長方形)이다. 신체가 판과 같이 딱딱한 상태로 되어 있는 것이 건강한 상태가 된다. 금형의 골상이란 세로[縱長]로 장방형인 사람으로, 조금 살집이 있는 사람이다. 얼굴의 형태는 정면에서는 세로로 보인다. 그러나 살이 찌면 둥글게 보여서 토형이나 수형의 골상으로 보이기도 한다. 육체는 건강한 상태로 판처럼 야무지고 건강한 느낌이다. 일반적으로는 키가 작은 사람이 많지만, 피부는 대체적으로 흰 사람이 많다.

이러한 신체를 가진 사람의 손의 형태를 분별하기가 꽤 어렵다. 토형의 손 모양은 네모반듯하지만 금형의 손은 장방형이다. 그리고 옆에서 보면 꼿꼿하여 마치 철판처럼 보인다. 게다가 수형의 손은 둥근 느낌을 주고, 토의 요소를 포함한 경우에는 적당한 살집이 붙어 있다. 화의 요소를 포함한 경우는 손끝이 뾰족한 경우도 있다. 목의 요소를 포함한 경우는 손목이 조금 가는 듯한 느낌을 준다. 금형의 손 모양은 평균적으로 타원형과 장방형의 혼합형을 가진 사람이 많다.

(4) 금형의 기색

금형의 관상을 가진 사람은 기본적으로 백색(白色)을 필요로 하고, 황색의 기색을 띠는 것은 좋지만 홍색(紅色)의 기색이 나타나는 것을 매우 꺼리고, 적합한 방위는 서쪽에 해당한다. 피부의 백색은 백옥처럼 윤택하여야 운명이 전체적으로 길하다. 하지만 얼굴에 분가루를 뿌린 것 같거나 또는 눈[雪]이 내린 것처럼 흰색의 기색이 나타나거나 좁쌀처럼 일어나면 상복(喪服)을 입게 된다.

금형의 관상을 가진 사람들은 얼굴의 기색이 대체로 희면서 특히 신기(神氣)가 말쑥하여 수려해 보이고, 입술과 치아의 배치 또한 조화로워야 한다. 만약 전체적으로 기색이 희고 윤기가 있으면 문장으로 이름을 날리거나 나라를 움직이는 왕후가 아니면 큰 부자가 된다. 얼굴의 기색에 빛과 윤기가 나면 무(武)관으로 귀하게 되는데 특히 난세의 영웅으로 이름을 날린다.

- 금형의 얼굴에 흑색이 나타나면 기(氣)를 누설하니 재물을 잃거나 큰 병에 걸려서 고생하기도 한다.
- 적색의 기색은 오행으로 화가 되는 것이다. 화와 금의 관계를 화극금으로 금을 이기는 것이니 관재(官災)나 시비구설이 있게 되고, 집안에 놀랄 일이 일어나 모든 것이 뜻하는 대로 성취되지 않는 경향이 있다. 만약 금형의 얼굴에 적색의 기색이 나타나면 금이 땅속에 묻히는 것과 같으니 어려움을 많이 겪게 되고, 코의 준두와 두 눈에도 적색의 기색이 나타나면 재난을 당하게 된다. 특히 얼굴에 적색의 기색이 옅으면 재물이 흩어지게 되고, 짙으면 죽게 된다.
- 청색은 목으로 금극목(金克木)의 관계를 형성한다. 때문에 금형의 얼굴에 청색의 기색이 나타나면 재물과 근심이 되니, 근심과

기쁜 일이 반반씩 일어난다.

- 황색은 토생금(土生金)으로 일이나 사업을 시작하면 성취하는 것이 있고, 모든 일이 원하는 되로 성취되는 것이다.

(5) 금형의 음성

음성은 맑고 깨끗하여 부드럽고 여운이 있다. 금 기운의 소리가 나면 넓은 도량과 기개를 가지고 있어서 크게 성공과 발전을 하게 된다. 특히 음성이 높고 높은 음이 쇳소리와 같으면 큰 귀인이 된다.

또한 금형의 형체와 금의 기운을 가진 사람은 맑고 청정하며 작은 성과 같이 높고, 산봉우리가 일어난 것 같이 이마가 넓고 큰 것이다. 말하고 대답하는 소리가 맑아 종소리와 북소리와 같이 멀리 퍼져 나가니, 이러한 목소리를 가진 사람은 벼슬을 하여 큰 공적을 세우게 될 것이다.

(6) 금형의 행동 특징

금형의 관상을 가진 사람이 금국을 얻게 되면 움직이고 멈추고 하는 모든 행동이 중후하면서 진중하다. 금형을 가진 사람들은 대체적으로 다른 사람들의 도움을 받지 않고 자력으로 성공을 추구하는 유형이다. 집중력과 추진력이 강하기 때문에 모든 일을 빨리 성취하지만, 자신을 굽히지 않는 기질 때문에 시야가 좁다. 냉정하고 합리적인 생각을 하고, 의지가 강하며, 목표를 정하면 달성할 때까지 노력을 게을리하지 않는다. 자기 자신뿐만 아니라 타인에게도 완벽함을 요구하기 때문에 자기 스스로 스트레스를 받거나 타인에게 스트레스를 주기 쉽다.

3) 금형의 기질과 성격

금의 형체는 정신적으로 정의감과 의리가 있어서 성격이 강하고 정직하며 과감한 경향이 있으며, 그로 인해 수명을 누리거나 일찍 죽는 것을 결정할 수가 있는 것이다. 금의 형체를 가지고 있는데 금의 기운을 얻으면 더욱더 강하고 굳센 사람이며 심지가 깊은 사람이다.

성격상 의리가 강함으로 불의에 타협하거나 굴하려 들지 않는다. 이러한 관상에 만약 코끝의 준두나 눈꺼풀에 충혈이 풀리지 않은 듯 붉은 기색이 머물러 있으며 해로운 징조이다. 골격 자체가 비뚤어지거나 한쪽으로 치우쳐 있어서 균형과 조화를 이루지 못하면 좋지 않다. 금형의 관상을 가진 사람은 대부분이 자신과 남에게 엄격하고 정력이 넘치며, 모든 면에서 게으르지 않고 부지런하다.

여성이 금형의 관상을 가진 경우에는 호랑이 얼굴[虎面]이라고 하여 매우 지혜롭고 총명하며, 재주가 뛰어나 능력 면에서는 남성에게 뒤지지 않으며, 어느 정도 사회적으로 성공을 거둔다. 그러나 가리는 것이 많고 목소리가 쉰 듯한 사람은 그렇지 못하다.

▶ 금형의 인생 경향

금형의 관상을 가진 사람은 칼처럼 맺고 끊는 맛을 좋아한다. 자신의 생각과 맞지 않는 것에 대해서는 강하게 규탄(糾彈)하는 성격을 가지고 있다. 게다가 정의감이 강해서 지기를 싫어한다. 모든 것에 대해 흑백(黑白)의 관점으로 구별하고 판단하는 사람이다. 집중력이 있기 때문에 단기간에 일을 성취하려고 한다. 일도양단(一刀兩斷)으로 일을 결정하는 경향이 있다. 날카롭고 공격적인 측면이 나타나면 대인관계에서도 좋지 못하기 때문에 때로는 타인에게 양보하거나 협조를 하는 마음을 가질 필요도 있다.

4) 금형의 건강

얼굴이 네모진 금형의 사람들은 기가 실하거나 허한 데서 오는, 기(氣)에 관련된 질병[氣病]을 많이 앓는다. 그런데 기병(氣病)은 대체로 남자보다는 여성들에게 많이 나타난다. 기병이란 기가 원활히 운행하지 못해서 발생하는데, 우선 기가 울체되면 가슴이 더부룩하면서 아프고, 배·옆구리 및 허리 쪽으로도 통증이 자주 온다. 간혹 이유 없이 혼절을 하거나 목에 가래가 많이 끼고 몸 전체가 부어오를 때도 있다. 여성의 경우에는 기가 울체되면 자궁에 혹 같은 것이 자주 생긴다.

　폐는 기를 간직하는 곳이라서 기가 부족하면 천식이 생기기도 하고, 숨쉬기가 곤란하며 기운이 쭉 빠지는 느낌이 든다. 또한 대소변이 시원찮거나 갑상선 질환·치질·불면증 등에 걸리기도 한다.

　금은 폐와 대장을 주관하고 피부·코·체모·하완·가슴·항문·손목 관절 등을 담당한다. 이에 금형의 체질을 가진 사람들은 폐렴·폐암·대장염·대장암·맹장염·직장암·치질·치루를 비롯하여, 코피·콧물·비염·축농증·재채기·기침·해소·천식과 손목관절·하완통·상치통·각종피부염·설사 등의 질환을 앓기 쉽다.

5) 금형의 애정과 궁합

금형의 관상을 가진 사람들이 연애를 하면 공격적인 성향으로 인해 단번에 가까워지려 하거나 멀리하려는 경향이 있지만, 내심(內心)으로는 순수한 감정을 가진 유형이다. 자기편이라고 생각하는 사람에게는 많은 관심을 가지지만, 적에게는 절대적으로 좀처럼 관심을 가지지 않는다. 한편으로는 일방적인 사랑으로 상대를 피곤하게 하는 경향도 있다. 금형의 관상을 가진 사람들은 바람기는 없지만 상대를 구속하거나 압박하는 경향이 있다.

- 금형의 관상을 가진 사람들이 금형의 이성을 만났을 때는 부부가 감정을 상하는 경우가 많지만 좋은 가정을 꾸릴 수 있다.
- 금형의 관상을 가진 사람이 목형의 이성을 만났을 때는 충극(沖克)이 되므로 결혼하지 않는 것이 좋고, 만약 결혼한다면 가정이 깨지거나 파산하고, 생활이 처참하여 눈물이 마를 날이 없다.
- 금형이 수형의 이성을 만났을 때는 남녀는 봉(鳳)과 용(龍)이 만나는 격으로, 부부가 서로 돕고 발전하는 길상이다.
- 금형이 화형을 만났을 때는 남녀가 서로 감정을 다치거나 고독하고, 힘든 인생을 살거나 원망을 하면서 인생을 마치는 경우가 종종 있다.
- 금형과 토형이 만났을 때는 사업을 함에 있어서 앞날이 밝고 부부가 서로 공경하면서 위하기 때문에 명예가 오래도록 유지되고 가정이 번성할 것이다.

6) 금형의 직업

금형의 관상과 체형을 가진 사람들은 대부분이 운동선수, 검찰, 재판관, 변호사, 경찰, 군인, 은행원, 증권맨, 보석상, 무기상 등의 분야에 종사하면 자신의 능력을 최대한 발휘하여 크게 성공하고 업적을 남긴다. 또한 금형의 기질이 강한 사람은 금속공구 · 금속재료 · 무술 · 감정 · 운송 · 금융 · 광산 · 벌목 · 기계 분야에서 일하면 좋다.

5. 수형[水]의 관상의 특징

관상학적으로 수형의 관상을 가진 사람들은 보통 세 가지가 두터운 것이 특징인데, 눈꺼풀이 두텁고, 아래턱이 두텁고, 손등이 두텁다.

수형은 전체적으로 살지고 둥글면서, 살집에 비해 뼈가 가는 편이고, 머리나 얼굴·이목구비와 신체 모든 부위에 살집이 좋고, 기가 고요한 것이 수형의 진정한 모습이다.

1) 관상학 고전에 나타난 수형

수형의 형상은 살이 몽실몽실하고 얼굴과 체구가 넓고 두툼하여 형체가 풍만하면 수형의 참 모습이다. 『시(詩)』에 말하길 "눈썹이 성기고, 또 눈이 크며 귀의 윤곽은 둥근 것을 요한다. 이러한 관상을 진수(眞水)라고 이름 하니 평생 동안 복이 자연스럽다." - 『마의상법』 제2권

수의 형체로 태어난 사람은 얼굴 전체가 둥글고, 만지면 돌과 같으며, 일어날 때는 구름이 위로 뜨는 듯하며, 그 기상은 넓은 듯하면

서도 두텁고, 형체는 전체가 구부린 듯하면서도 밑으로 나아간 듯하니 그것이 오행 중 수형의 관상과 체형의 진수라 할 것이다. 눈썹은 추한 듯하고 아울러서 눈이 큼직하게 되어 있으며, 얼굴 부위의 성곽이 둥글면서 원만한 듯한 이러한 관상이야말로 참으로 수형이라고 할 수 있으니, 평생토록 복록을 자연스럽게 누리게 될 것이다. - 『상리형진』「오행형상시단」

수형인은 골격이 단정하고 살이 실해야 하며, 피부색이 희고 윤택해야 하며, 체형이 크고 얼굴은 오목하며, 주름이 숨어 있고 얼굴을 들어 우러러보는 듯하며, 배와 엉덩이가 크면 수형인이다. - 『유장상법』「논형설」

눈이 크고, 눈썹이 거칠며, 귓바퀴는 둥글고 빛이 검으면서 어둡지 않으면 평생(平生)동안 복록을 누리고, 뼈가 너무 가늘고 살이 지나치게 많으면 물이 범람하는 형상이라 좋지 않다. 또 호흡이 짧으면서 황색이 짙으면 토에 수가 상극을 받는 형상이니 하는 일마다 중도에 실패한다. - 『시(詩)』

2) 수형의 외모

수형의 관상	
얼굴	얼굴이 둥글고 나이에 비해 젊어 보인다. 눈썹이 굵고, 눈이 크다. 피부는 윤기 있는 옅은검은색[淺黑]이며, 눈썹과 눈썹 사이, 눈썹과 눈 사이가 넓다.
체형	체형이 크고 오동통하다. 신체는 탄력이 부족하고, 배가 둥글다. 손은 거칠고 전체가 둥글다.

성격	지혜가 깊고, 발상이 유연하다. 친절하면서도 냉정하며 침착하고, 무사태평하고 낙관적이다. 이성을 좋아하며, 우유부단하고 애매모호한 성격이다.
직업	철학자·시인·가수·선원·수산·어업·음식업·무역·식품·장유(醬油), 다도·온천·고리대금업 등의 분야가 적합하다.
좋아하는 말	'부드러움이 강한 것을 이긴다', '임기응변', '소문만복래'
대표적 인물	김무성(국회의원), 안철수(국회의원), 이영자(연예인), 이용식(연예인), 최태원(기업인), 추미애(국회의원)

(1) 수형의 얼굴

수형의 관상을 가진 사람들은 대체로 살집이 좋아 두텁고 원만하면서 골격의 움직임은 가벼워 보이고, 뼈는 작은 듯 눈에 잘 띄지 않는다. 머리나 얼굴과 신체의 각 부분과 팔다리에도 살이 많으며 특히 귀가 두텁고 눈·입·코도 크면서 살집이 많아 보인다.

수형의 관상은 둥글고 원만하다. 수형은 눈이 크고 눈썹이 거칠며 얼굴의 윤곽이 둥근 형태를 하고 있다. 만약 입의 모양이 네모나고 크며, 눈썹이 굵고 눈이 크며, 허리가 둥글고 두껍게 처진 사람은 성격이 관대하고 현실에 만족하며 생각이 깊다. 그리고 오부가 작고 말랐으며 약간 둥근 것은 계수(癸水)의 정국으로, 이 또한 작은 부귀를 누릴 수 있다.

수형의 관상을 가진 사람은 얼굴에 탁한 황색의 기색을 가지고 있거나 목소리가 갈라지며 성격이 막히고 둔한 것을 꺼리는데, 이런 사람은 한평생 빈천하게 산다. 또한 코가 지나치게 높이 솟아있거나 목에 결후(結喉)가 있는 것, 귀에 결함이 있거나 눈이 흐리고 콧구멍이 보이며 입술이 치켜진 것을 사수범람지격(四水泛濫之格)이라 하

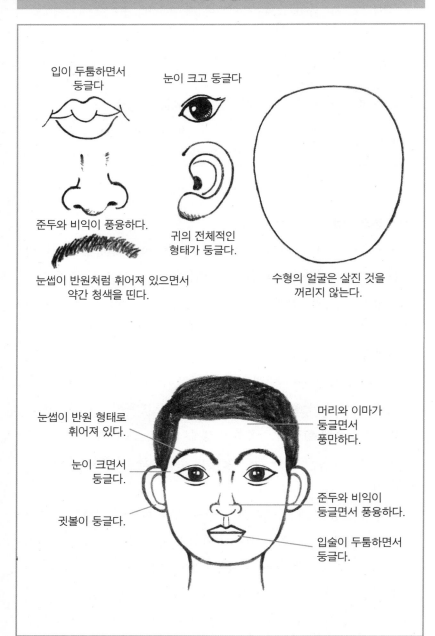

입이 두툼하면서
둥글다

눈이 크고 둥글다

준두와 비익이 풍융하다.

귀의 전체적인
형태가 둥글다.

눈썹이 반원처럼 휘어져 있으면서
약간 청색을 띤다.

수형의 얼굴은 살진 것을
꺼리지 않는다.

눈썹이 반원 형태로
휘어져 있다.

눈이 크면서
둥글다.

귓볼이 둥글다.

머리와 이마가
둥글면서
풍만하다.

준두와 비익이
둥글면서 풍융하다.

입술이 두툼하면서
둥글다.

는데, 한평생 운세가 나쁘고 여러 재난과 화를 많이 당한다.

▶ 수형의 얼굴 특징에 따른 빈부귀천

- 수형의 관상과 체형을 가진 사람의 이륜이 둥글고 흰색의 기색
  에 윤기가 있거나 음성이 부드러우면서 길게 들리는 사람은 고
  귀한 사람이 될 관상[貴相]이다.
- 턱이 풍만하고 살집이 좋으면서 크고, 기색이 윤택하면서 황색
  에 윤기가 있는 사람은 부자가 될 관상[富相]이다.
- 눈의 형태가 가늘면서 길고 행동거지가 침착하고 평온한 사람은
  장수를 누릴 관상[壽相]이다.
- 귀의 기색에 검은색이 나타나거나 눈빛이 차거나 술에 취한 듯
  하고, 움직임과 멈춤이 분명하지 않으면, 다시 말해서 시작과 끝
  이 분명하지 않으면 비천하게 살 관상[賤相]이다.
- 양쪽 뺨에 살이 빠져 깊게 함몰되어 있거나 턱에 살집이 없거나
  뼈마디가 크거나 굵으면[重濁] 가난한 관상[貧相]이다.
- 눈빛이 맑지 못하고 흐리거나 반응이 느리고 얼굴의 피부가 거
  칠면 단명할 관상[夭相]이다.
- 코의 준두가 뾰족하거나 작으며, 콧대가 휘어져 있거나 콧대에
  마디가 있거나 산근이 낮거나 평평하면 형벌을 당할 관상[刑相]
  이다.

(2) 수형의 체형

수형의 형체는 둥글면서 진중하고 두툼해서 진실하며, 등은 높은 듯
하고 배는 밑으로 처진 것과 같고, 걸음걸이는 물이 밑으로 흘러가
는 것과 같다. 원기(元氣)가 고요하고 정숙하며 살이 많고 뼈가 가

수형의 체형

얼굴이 둥글면서
살집이 많다.

들어가고 나오고
균형이 맞다.

손발은 살이 많고
뼈가 적은 형태

벼운 것이 수형(水形)을 타고난 정상적인 사람이며, 혹은 근육이 늘어지고 살이 처지면 이것은 가지가 줄기를 보호하지 못하는 것처럼 흉이라 할 수 있다. 특히 얼굴과 배가 둥글고 엉덩이에도 살이 많아 둥글어 보이며 손바닥 역시 살이 많고 둥글어 보인다. 얼굴과 몸의 전체적인 기색은 윤기가 있으나 조금 검어 보이는 것이 특징이다.

배도 둥글게 보이며 허리도 둥글며, 근육은 아주 진중하고 골격이 가벼운 듯하면 좋은 물[水]의 기운을 가진 관상이다. 만약 골격이 완만하지만 근육이 마치 물이 흘러가는 것과 같으면, 이것은 나뭇가지가 밑둥을 돕지 못하는 것과 같은 것이니 곧 물이 범람해서 지킬 수 없는 것과 같다.

수의 형체를 가지고 윤리와 도덕에 어긋난 행동이 없으면 반드시 부자가 될 것이다. 수형의 체형을 가진 사람은 뼈가 적고 살이 많지만 들뜨면 요절하게 되며, 수염이 없고 피부가 매끄러우면 아들이 없게 되고, 피부가 냉해도 아들이 없게 된다. 수형은 검은 것을 꺼리지 않는다. 수형의 관상과 체형을 가진 사람이 수의 기운을 얻으면 학문 수준이 높아진다.

▶ 수형의 얼굴과 체형에 따른 길흉

수의 형체가 비대하고 검은 것을 만나게 되어 둥글면, 그 복과 수명은 배로 증가하게 될 것이다. 또한 화형체의 사람이 목 기운을 띠고 있으면 반드시 그 영화를 초월할 수 있을 것이다.

수의 판국인데 금 기운을 얻으면 마침내는 반드시 경쾌하고 화창함을 얻게 되는 것이며, 토 기운으로 을목의 기운을 만나게 되며 가히 흘러가고 유통함이 되는 것이지만, 목의 형체가 약간 미세한 금의 기운을 만나면 깎고 쪼개는 형상이 되니, 그릇으로 사용할 수 있게 된다. 수의 형체로 두터운 토의 기운을 만나면 갑자기 파산하는 일이 발생하고, 화의 형체로 작은 금의 기운을 얻으면 가장 두려운 일이 될 것이다.

살이 쪄서 둥글고 등이 굽은 수형인이 뼈가 방정하고 빛이 희며 기운이 굳센 금형을 혼합하고 있으면, 한평생 발전과 발달을 하며 모든 일에 막히는 것이 없이 운수가 대통한다. 생김새는 왜소한데 비대하면 토형이 수형을 침범하는 것이어서 어려움을 많이 겪게 된다.

수형의 관상에 몸의 외형선이 둥글면 더욱 길상에 속하고, 학문과 재주 및 기예가 뛰어나고, 평생에 복록이 많으며 자손이 많다. 성격은 남이 볼 때는 어수룩하여 멍청해 보이지만, 실상은 기교나 계략에 매우 뛰어나다. 그러나 살이 너무 많아 흐느적거리거나 뼈에 힘이 없어 보이면 좋지 않다. 뼈가 지나치게 드러나도 빈천한 관상이고, 살이 늘어진 듯 탄력성이 없으면 운세가 전반적으로 좋지 않다. 기색도 지나치게 어둡고 탁하면[暗濁] 이를 신기(神氣)가 부족한 관상으로 여겨 꺼린다.

여성으로 수형의 관상을 가진 사람은 얼굴이 보름달 모양이 많은데, 여기에 눈썹이 둥글고 수려하면 대부분 부자에게 시집을 간다. 성격이 원만하고 슬기로우며, 부(富)를 굴리고 만들어 내는 재주가 있으며, 두뇌 회전 또한 빠르다. 이런 여성이 만약 금과 목 두 종류의 이성과 결합하면 남편을 흥하게 하고 집안을 일으킨다.

수형인의 관상에는 외형과 체질에 따라 활수(活水), 사수(死水), 천수(泉水), 탁수(濁水)로 나뉘며, 만나는 상대에 따라 길흉 또한 각각 다르다.

또한 수형의 관상을 가진 사람은 경신(庚辛) · 신유(申酉) · 임계(壬癸) · 해자(亥子)년에는 길하고, 무기(戊己) · 진술축미(辰戌丑未)년에는 서로 상극이 되어 조금 불리(不利)하다. 이 수형의 관상을 가진 사람이 살과 근육에 탄력이 없으면서 지나치게 비만하고 숨이 차게 되면, 이는 양의 기운이 부족하고 음의 기운이 지나친 형상이므로 수명이 길지 못하다. 따라서 기름진 음식을 피하고 적당한 운동으로 양생에 신경 쓰는 것이 좋다.

(3) 수형의 귀

수형의 관상을 가진 사람이 수형의 귀[水耳]를 가지면 부귀를 누린다. 수형의 귀를 가지고 태어난 사람은 부귀를 누리고 이름을 천하에 떨치게 된다. 수형의 귀는 두텁고 둥글며, 높기는 눈썹보다 높고 또 겸하여 뇌에 붙어 있으면서 구슬(귓볼)이 늘어진 형태이다. 귀의 형태가 단단하고 붉고 윤기가 나면서 높이 붙은 것 같은 형태를 하고 있으면 부귀(富貴)가 조정에서 제일인 대장부가 된다.

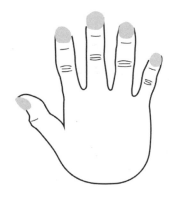

귀의 형태가 부채(扇)와 비슷하므로 '선풍이(扇風耳)'라 하는데, 수(水)의 기운이 지나치게 침범(侵犯)하면 한평생 형벌[刑]과 실패를 많이 경험한다.

만약 수형의 귀를 가진 여성은 화형의 특징을 제외하고는 모두 길하다. 수형의 귀를 가진 여성은 근검절약하고 재물을 지키고 남편을 도와서 가정을 일으키고, 또한 심성이 따뜻하고 선량[溫良]하여 부부가 화목하다.

(4) 수형의 손

수형의 관상과 체형을 가진 사람의 손은 둥근 모양이 아니라 정방형에 둥근 물의 기운을 포함한 살집을 가지고 있다. 특히 손의 골격은 눈에 띄는 데 반해 손가락의 관절은 눈에 띄지 않는다. 측면에서 바라보면 뼈에 둥글림이 있다.

(5) 수형의 기색

수형의 관상을 가진 사람들은 흑색(黑色)의 기색을 필요로 하고, 금생수(金生水)의 관계로 백색을 띠는 것은 좋지만 황색(黃色)의 기색이 나타나는 것은 꺼리고, 방위는 북쪽에 해당한다. 특히 수형의 관상을 가진 사람이 흑색의 기색을 띠면서 살지고 둥글고 두터우면 복과 수명이 배로 늘어난다. 수형의 관상을 가진 사람의 피부가 거칠면서 검으며, 피부가 분을 바른 듯 희고 얼굴의 살이 들뜨면 운이 전반적으로 좋지 못하다.

- 흑색의 기색은 옻칠과 같고 윤택하여야 길하다. 만약 연기처럼 어두운 기색이 나타나면 재앙을 주관한다. 백색은 금이 되니 이는 수(水)를 낳는다. 그러므로 수형의 얼굴에 백색의 기색이 나타나면 재물과 녹봉이 풍부해진다.
- 황색은 토극수(土克水)로 재앙이 이르니 자녀궁(子女宮)에 있으면 자녀에게 질병이 있고 재백궁에 있으면 파산하기에 이른다.
- 적색은 화에 소속된다. 왕성하면 도리어 물의 기운을 이겨서 재물로 변하고, 크게 붉으면 또한 관재수가 있으나 크게 해롭지는 않고 쉽게 흩어져서 화(火)가 된다.
- 겨울의 3개월은 기(氣)가 없다. 청색의 기색이 나타나면 기운이 막힌 것으로, 재물이 없어지고 모든 일이 뜻대로 되지 않는다. 겨울에 청색의 기색이 나타나면 봄에 염병에 걸리거나 집안 식구들이 질병에 걸리는 일이 생길 것이다.

(5) 수형의 음성

수형의 관상과 체형을 가진 사람들의 음성은 물이 흘러내려 가는 형세와 같다. 체형이 비대하듯이 음성 또한 비대한 음성을 가지고 있다. 이러한 음성을 가진 사람은 높은 곳으로 향해서 가는 듯한 얼굴로, 얼굴 전체가 둥글고 몸이 비대하며 골격이 수려하다. 만약 자연히 그렇게 되면 그 사람이 하는 행동거지는 그 마음을 측량하기는 어렵지만, 남을 울리고 웃기고 하는 일을 하니 사회나 조직의 지도자격이라 할 수 있다.

(6) 수형의 행동 특징

수형의 체형을 가진 사람들은 걸음걸이가 물이 흘러가는 것처럼 구불구불하여, 사회의 모든 고난을 다 받아 주면서 생활하게 되면 수형의 형체로 수국을 얻었다고 할 수 있으며, 움직이고 멈추는 것이 너그럽고 모든 것을 화합과 융합을 하니 오래 걸어도 가볍지 않다.

또한 다른 사람과 심하게 다투고 경쟁하지 않으며 성격이 급하지도 느리지도 않으며, 원만하고 슬기롭다. 이런 사람은 한평생 행복을 누리고 편안하게 성공을 거두며, 큰 부귀와 복(福)을 얻는다.

3) 수형의 기질과 성격

수형의 관상과 체형을 가진 사람은 오행의 원만한 기색을 얻어서 조화롭게 섞이고 혼잡되지 아니하면 정신이 어지럽지 않다. 또 항상 밝으면서 온후하고, 조화를 중요하게 생각하며 즐거움이 넘친다. 게다가 침착한 성격에 여기저기 활동하는 것을 좋아하고 참을성이 있지만, 비밀을 많이 간직한 것이 특징이다.

수형의 관상을 가진 사람은 발상이 유연하지만 성격이 우유부단하여 생각이 자주 바뀌다 보니 애매모호한 태도를 취하기도 한다. 사람들에게 친절하기 때문에 인간관계도 원만한 유형이다.

▶ 수형의 인생 경향

수형의 특징을 가진 사람은 호기심이 왕성하고 변화하는 인생을 살아간다. 지혜와 유머가 있으며, 활발하고 행동하는 사람이며, 이성에 대한 관심이 조숙하고 피부 접촉을 좋아한다. 부와 지위에 대한 복이 타고났다. 요령이 좋아 좋은 인생을 보내지만, 쉽게 포기하고 싫증을 잘 내므로 한 가지 일을 끈기 있게 오랫동안 하지 못한다. 따라서 끈기를 가지고 한 가지 일에 집중하고자 노력하면 인생에서 많은 성과를 얻을 것이다.

4) 수형의 건강

오행에서 수(水)는 신장과 방광을 주관하고, 뼈 · 골수 · 힘줄 · 귀 · 허리 · 치아 · 머리털 · 생식기 · 발목 등의 신체 기관을 담당한다. 신장과 방광에 이상이 있을 때는 신부전증 · 방광염 · 소변 빈삭 · 후두통 · 눈알이 빠질 듯한 증상이 발생한다. 또한 귀의 이상(중이염) · 요통 · 종아리 근육통 · 발목 관절통 · 신장성 고혈압 · 뼈와 골수이상 · 골수염이 자주 발생한다. 게다가 식욕부진을 비롯하여 하품을 자주 하는 등 여러 질환을 앓기 쉽다.

5) 수형의 애정과 궁합

수형의 관상을 가진 사람은 좋아했다가도 곧 싫증내고 대상을 자주 바꾸는 경향이 있다. 조숙하여 연인에게 피부 접촉을 구하는 경향이 강하며, 유머가 있어 항상 상대를 즐겁게 한다.

- 수형의 관상을 가진 사람이 화형의 이성을 만났을 때는 곡소리와 웃음소리가 끊이지 않는다. 근심걱정을 많이 하거나 인내심을 기르지 않으면 생활이 좀처럼 안정되지 않는다.
- 수형이 토형의 이성을 만났을 때는 평생 고생하며, 조상에게서 물려받은 유산을 탕진한다. 남자는 음탕하고 여성은 몸을 파는 지경에 이른다.
- 수형이 수형을 만났을 때는 한평생 평안과 행복을 얻기 어렵고, 남녀가 항상 다투며 파산의 곡소리가 그치지 않는다.

6) 수형의 직업

체형이 수의 특징을 가지고 있고 또 수의 기상을 얻으면 문학적인 재능이 있다. 그리고 수형의 기질을 많이 가진 사람은 항해 · 냉동 · 어류 · 수산 · 냉장 및 냉동 · 마술 · 완구 · 여행 · 냉동식품 판매 · 목욕 · 탐정 · 여행사 · 소방기구 · 낚시 · 의료업 · 약물영업 · 변호사 등의 분야에서 능력을 발휘한다.

또한 수형의 사람에게 맞는 직업은 철학자 · 시인 · 가수 · 선원 등이며, 물과 입에 관련 된 것으로 수산업 · 음식업 · 무역업 · 식품 · 장유(醬油) · 다도 · 온천 · 고리대금업 분야에서 종사하는 경우가 많다.

제3장
오행 관상의 상생상극

관상을 보면 오행의 진국(眞局)을 갖춘 사람도 있지만, 오행의 형상과 성질 및 기색을 살펴보면 상생과 상극을 겸한 사람이 많다. 기색과 형상이 일치되는 진국을 갖추면 대귀(大貴)하고, 다른 오행의 특징을 두세 가지 겸하고 있으면 상생인지 상극인지를 따져 길흉을 논할 수 있다. 예를 들면, 화형의 관상에 목(木)의 요소를 가지면 높은 지위에 올라 30세에 재상이 되어 세상에 공명을 떨친다. 색이 붉고 밝으면 화(火)인데, 형체가 곧고 늘씬하며 눈썹과 수염이 청수하면 목(木)이다. 화가 목의 도움을 받으므로 길한 것이다. 이처럼 오행의 상생 구조인지 상극 구조인지를 통해 길흉을 판단한다.

1. 목형[木] 관상의 상생상극

1) 목형[木]으로 화형[火]을 겸한 사람

목형으로 화형을 겸한 사람은 상생의 관계로 서로 화합하는 형태이다. 이러한 관상을 가진 사람은 갑목(甲木)이든 을목(乙木)이든 간에 정수리가 뾰족하고, 턱 부위가 둥글거나 턱이 뾰족하고, 정수리 부위가 둥글면서 귀가 높게 위치해 있고, 피부색이 붉으면서 윤기가 흐른다. 즉 나무[木]가 불[火]을 밝게 피우는 관상으로서, 뛰어난 재능을 타고났으며 지혜를 갖추고 있다. 또한 사업을 하면 젊은 시절부터 성공하여 반드시 부귀하게 되는 관상이다. 그렇지만 기색이 윤기가 있는 홍색인 경우에는 기질적으로 활동하는 것을 좋아하고 성격이 조급하기 때문에 주의하지 않으면 형벌과 상처가 끊이지 않는다.

갑목이나 을목의 체형과 관상을 가진 사람은 화의 기운이 너무 많으면 안 된다. 예를 들어 오관이 비쭉하게 드러나고 얼굴색이 검붉으면서 눈빛이 흐리고 찢어지는 목소리에 말이 빠르면, 화의 에너지가 지나치게 강해서 몸을 다치는 것이므로 상생의 관계지만 서로 화합하지 못하는 격이다. 이러한 관상을 가진 사람은 심성이 포악하고, 어려서 육친을 여의고 고생하게 된다. 사업도 성공하지 못하며 몸에 여러 가지 질병이 있거나 궁색하지 않으면 요절하는 경우가 많다.

▶ 목형과 화형의 관상을 혼합한 남성

눈매가 또렷하면서 농후(濃厚)한 얼굴이다.

- 특징 : 가늘고 긴 마름모 형태의 얼굴로 모발이 짙으면서 눈썹이 굵다. 눈이 크고 아름다우면서 농후한 얼굴이다.
- 성격 : 맑고 성실한 매력으로 주위 사람들에게 인기가 많다. 예능이나 대중을 상대하는 일에 적성이 맞고, 이 분야에서 일하면 젊었을 때부터 두각을 나타낸다.
- 유명인의 얼굴 : 박해수(배우), 신하균(탤런트), 한진희(탤런트)

▶ 목형과 화형의 관상을 혼합한 여성

눈이 또렷하면서 화려한 느낌이 드는 얼굴이다.

- 특징 : 여성은 가늘고 긴 마름모 형태의 얼굴에 모발의 색이 짙다. 큰 눈에 쌍꺼풀을 가지고 있으면서 동자가 검고, 입술이 붉고 화려한 인상이다.
- 성격 : 화사한 외관과 밝은 성격으로 어디에 있든지 간에 눈에 띄고 다재다능하여 젊은 시절부터 자신이 좋아하는 분야에서 재능을 발휘하여 성공한다.
- 유명인의 얼굴 : 수현(배우), 윤손하(가수), 이하늬(배우)

2) 목형[木]으로 토형[土]을 겸한 사람

목형으로 토형의 특징을 가진 사람은 서로 상생하면서 통제하는 관계로, 화합하는 형국이다. 이러한 관상을 가진 사람들은 얼굴이 가로[橫]로 길고, 눈이 크면서 생기가 있으며, 코가 크고 광대뼈가 옆으로 튀어나와 있다. 또한, 어깨가 넓으면서 등과 허리가 매우 둥근 체형을 가지고 있는 것이 특징이다.

얼굴의 기색을 보면 홍색에 윤기를 띠면서 연한 붉은색을 가지고 있는데, 이는 목생화(木生火) · 화생토(火生土)로 대격국을 이루고 있다. 만약 얼굴의 기색으로 황색을 띠고 있으면 나이 들어 가면서 점차 가난해지는 것이 특징이다.

갑목의 관상을 가진 사람의 기색이 붉고 윤기가 흐르면 벼슬이 재상에까지 오르거나 갑부가 될 것이다. 갑목이나 을목 모두에게 토형의 에너지를 지나치게 많이 가지는 것은 좋지 않은데, 게다가 뼈가 굵고 살이 매끄럽지 못하며 눈에 진실함이 없으면 상제(相制)의 관계이면서 서로 화합하지 못하는 격국으로, 나뭇가지가 흙을 제어하지 못하기 때문에 노력과 활동에 비해서 크게 성공하지 못하는 유형이다.

▶ **목형과 토형의 관상을 혼합한 남성**

침착하면서 긴사각형의 얼굴이다.

- 특징 : 긴사각형의 얼굴에 짙은 모발을 가지고 있다. 얼굴이나 몸의 피부가 긴장되어 있는 것처럼 보이며, 얼굴이나 몸의 살집이 좋고 침착한 인상이다.
- 성격 : 매사에 성실하면서 현실적으로 움직이는 사람이다. 노력

으로 자신의 토대를 견고하게 하고 중년 이후에는 큰 발전을 성취한다.

- 유명인의 얼굴 : 박상면(탤런트), 신성일(배우), 고(故) 하일성(야구 해설위원)

▶ **목형과 토형의 관상을 혼합한 여성**

침착하면서 차분한 느낌을 가진 긴사각형의 얼굴이다.

- 특징 : 약간 긴 사각형의 얼굴이며, 얼굴 전체의 살집이 좋고 눈이 가는 사람이 많다. 전체적으로 마음이 안정되어 있고 수수한 인상이다.
- 성격 : 나무[木]의 성실함과 흙[土]의 안정감을 갖추고 있다. 정해진 목표를 위해 꾸준하게 노력을 하는 대기만성형으로 사람들로부터 신망이 두텁다.
- 유명인의 얼굴 : 강소라(탤런트), 김부선(배우), 박해미(배우)

3) 목형[木]으로 금형[金]을 겸한 사람

목형으로 금형의 관상을 겸한 사람은 상극관계이면서 서로 화합하는 격이다. 이러한 사람은 얼굴이 작고 각졌으며, 얼굴은 흰색의 기색을 띠고 있다. 만약 갑목(甲木)이면 나무가 쇠에 깎이는 형국이 되어 중년 이후에 반드시 성공할 것이다. 특히 윤기가 있는 흰색의 기색을 가진 사람이 공직에 진출하면 귀하게 될 뿐만 아니라 실권을 장악하게 된다. 이른바 '금을 깎아서 그릇을 만드는 격[金斲成器]'으로 한평생 운이 좋다.

목형으로 금형을 겸하지 못하면 비록 귀하게 되어도 실권을 잡지 못한다. 만약 각이 지고 색이 지나치게 희며, 이마가 네모나고 뼈가 가로질러 있거나, 코에 마디가 드러나고 몸에 살집이 많으며, 눈은 크되 생기가 없고, 오관이 서로 조화를 이루고 있지 못하면 상극관계로 서로 화합을 하지 못하는 표본이다. 이런 사람은 평생 뜻을 이루지 못하고, 나이 들어서도 성공하기 어렵다. 다만 을목으로 금형의 특징을 과다하게 지니고 있으면서 얼굴의 기색까지 창백한 사람은 한평생 발전하기가 힘들고, 가족에게 피해를 입히는 경우가 많으며, 흉액(凶厄)이 많아 수명을 재촉하는 경향이 있다.

▶ 목형과 금형을 혼합한 남성

눈빛이 예리하고 가늘고 긴 얼굴이다.

- 특징 : 가늘고 긴 얼굴과 가는 눈을 가지고 있다. 검은 동자가 작으면서 눈빛이 약간 날카로운데 때로는 살기를 느낄 수 있을 정도로 강렬하다.
- 성격 : 자신은 물론 타인에게도 상당히 엄격하고, 신분상 상하관계를 중시하는 조직 사회가 적성이 맞는다. 고난을 극복하고 영예를 얻는 유형이다.
- 유명인의 얼굴 : 김래원(탤런트), 변우민(탤런트), 최원영(탤런트)

▶ 목형과 금형을 혼합한 여성

조금 거칠면서 가늘고 긴 얼굴이다.

- 특징 : 가늘고 긴 얼굴로 골격이 돌출되어 거친 인상을 준다. 코가 높으면서 눈빛이 맑고 냉정한 느낌이 있으며, 약간 과격한 느낌을 주기도 한다.

- 성격 : 청렴결백하고 남성적인 성격을 가지고 있으며, 자존심이 강하고 사회 적응력이 뛰어나다. 승부욕이 강해서 지는 것을 싫어하고, 권력을 손에 넣는 힘을 가지고 있다.
- 유명인의 얼굴 : 나영희(탤런트), 전수경(뮤지컬 배우), 최지우(탤런트)

4) 목형[木]으로 수형[水]을 겸한 사람

목형으로 수형을 겸한 사람은 상생관계로 서로 화합하는 격이다. 이러한 사람은 눈이 크고 총기가 있으며, 콧대가 똑바르고 탐스러우며, 귀의 색이 밝고, 입술은 두꺼우며, 얼굴 형태는 길고 둥글다. 또 수염과 눈썹은 전체적으로 굵고 짙으면 목수 상생의 정격으로 용모는 수려하고 몸은 바르고 꼿꼿하며, 푸르고 검은 기색에 윤기가 흐르는 특징을 가지고 있다.

나무와 물이 서로 자양분을 주는 형국이니, 갑목이나 을목을 막론하고 반드시 부귀하게 된다. 특히 문장으로 명성을 떨치게 되는 경우가 많다. 그렇지만 목형의 관상에 수기(水氣)를 너무 많이 가지게 되면 상생의 관계이지만 서로 화합과 조화를 이루지 못하는 형국이다. 이런 사람은 키와 몸집이 크고, 살이 많고 둥글둥글한 체형을 하고 있으며, 오관의 형태가 천박하면서 특이하지 못하며, 정신은 혼미하고 기가 정체되어 있는 느낌을 주며, 피부색은 짙고 검은색을 띤다. 또한 심성이 너그럽지 못하고 몸에 좋지 않은 질병이 있다. 이런 사람은 평생 운세가 순조롭지 못하고 초라해지며, 사업에서는 많은 노력을 하더라도 작은 성공밖에 성취하지 못한다. 혹은 성공한다고 하더라도 영광스러운 것이 못 되며, 형벌을 받거나 재난이 많고, 말년에는 외롭고 가난하게 되는 유형이다.

목형수국(木形水局)의 여성은 남편의 성공을 뒷받침하여 가정을 번성하게 하거나 집안을 일으키며, 대부분 지위가 높은 남성을 남편으로 맞이한다. 남자는 네모난 얼굴 즉 금형을 귀히 여기고, 여성은 둥글고 긴 얼굴 즉 봉검(鳳臉)을 귀하게 여긴다.

▶ 목형과 수형을 혼합한 남성

인간관계가 좋고 부드럽고 둥근 얼굴이다.

- 특징 : 얼굴이 길면서 약간 둥글고 기색은 창백한 편이다. 눈의 표정이 부드럽고 살집 또한 전체적으로 부드러워서 젊고 부드러운 인상을 준다. 즉 나이에 비해서 젊어 보인다.
- 성격 : 부드러운 풍모와 동작이 매력적이며 선량하다. 윗사람들의 후원을 많이 받고, 문학 분야에서 재능을 발휘하기도 한다.
- 유명인의 얼굴 : 김상경(탤런트), 김상중(탤런트), 이민우(탤런트)

▶ 목형과 수형을 혼합한 여성

권태로우면서 부드러운 얼굴이다.

- 특징 : 얼굴은 길면서 약간 둥글고, 안색은 창백하고 모발이 검으면서 약간 권태로운 분위기가 난다. 피부는 매끈하고 부드럽다.
- 성격 : 아이처럼 부끄러움을 잘 타고 표정은 천진난만하며, 나이보다 조금 젊게 보인다. 윗사람의 후원을 받으며, 인생에 길운이 있다.
- 유명인의 얼굴 : 박영선(국회의원), 선우용녀(탤런트), 이부진(기업인)

5) 목형[木]의 관상에 여러 가지 오행의 특징이 혼합된 사람

목형의 관상에 오행의 여러 가지 특징이 혼합된 사람은 신체의 일부분이 마르고 길다. 이러한 특징을 제외하면 목형인의 오부가 가져야 할 특징과 성격이 모두 숨겨져 있어서 분명하지가 않다. 오히려 화·토·금·수형인이 가진 특징과 성격이 드러나는데, 드러나는 부위도 한두 군데가 아니고 주와 객의 구분이 잘 되지 않는다. 또 겸하고 있는 국(局)이 특정 수(數)로 정해지지 않거나 같은 형국이 여러 번 겹쳐서 겸하는 경우도 있다. 예를 들면 목형겸금금토토국(木形兼金金土土局)과 같은 것이다.

목형잡국(木形雜局)의 관상을 가진 사람은 오형의 요소가 부적당한 상태로 배합되고, 각각의 특징이 선명하게 드러나지도 않고, 각각의 요소 자체도 순수하지 못하며, 요소와 요소 간에 대부분 서로 억제하고 통제하는 경향이 강하다. 이것이 건강과 지혜, 성격뿐만 아니라 사업과 운명에도 많은 영향을 미치므로 얻는 것이 적고 수명도 짧은 경우가 많다.

2. 화형[火] 관상의 상생상극

1) 화형[火]으로 목형[木]을 겸한 사람

화형으로 목형을 겸한 사람은 상생하여 서로 화합하는 형국으로 귀격(貴格)이다. 이러한 관상을 가진 사람은 신체가 마르고 길며 몸에 생기가 있다. 코는 높고 풍성하며 산근은 약간 낮다. 인당은 넓고 평평하며, 귀와 입은 약간 드러나 있고, 눈썹과 수염은 밝고 기이하다. 정신은 은은하며 기백이 넘친다. 얼굴은 뾰족하게 튀어나오고, 푸르고 검은 기색을 띠면서 빛을 발한다.

화형의 얼굴에 목형을 혼합한 사람들은 재주와 지혜가 남보다 뛰어나지만 성정(性情)이 거만해서 많은 재주를 가지고도 뜻을 펼치지 못하는 경우가 있다. 또 큰 명성을 얻을지언정 실권을 잡지는 못하는 경향이 있다. 그러나 명성을 후세에 남기거나 예술방면에서 뛰어난 업적을 남긴다. 단 정화인(丁火人)이 목(木)의 요소를 겸하게 되면 그 업적은 줄어든다. 만약 얼굴의 기색에 황색이 나타난다면 상생하면서도 서로 화합하지 못하는 형국이 되어 한평생 가난하고 노력해도 좀처럼 성공하지 못한다.

▶ 화형과 목형을 혼합한 남성

가늘고 긴 코가 인상적인 얼굴이다.

- 특징 : 가늘고 긴 얼굴에 가는 눈을 가지는 것이 특징이다. 모발이 짙고, 윤기가 있으면서 얼굴이 창백한 느낌이 있다.
- 성격 : 온화하면서 쾌활한 사람으로 30세 무렵에 성공한다. 생각이나 사고가 깊은 선량한 성격으로, 연장자로부터 후원이나 도움을 많이 받는다.
- 유명인의 얼굴 : 안내상(배우), 이병헌(배우), 이한위(탤런트)

▶ 화형과 목형을 혼합한 여성

눈이 통통한 듯하면서 어려 보이는 얼굴이다.

- 특징 : 삼각형에 계란형의 얼굴로 턱이 튀어나와 있으며, 눈은 크고, 볼이 통통하고, 나이보다 젊어 보인다[童顔].
- 성격 : 온순하고 사랑스러운 매력이 있으며, 두뇌 회전이 빨라 많은 사람들의 사랑을 받고 한평생 발전을 이룬다.
- 유명인의 얼굴 : 이다해(탤런트), 이세영(탤런트), 이영애(탤런트)

2) 화형[火]으로 토형[土]을 겸한 사람

화형으로 토형을 겸한 사람은 상생하면서 서로 화합하는 형국이다. 이러한 관상을 가진 사람은 얼굴의 위쪽이 뾰족하고 볼 부분이 옆으로 두텁다. 체형은 전반적으로 살이 쪘어도 서로 대칭을 이루지 못하고, 눈은 길지만 총기가 없으며, 코는 높지만 위쪽이 틀어져 있다. 게다가 눈썹과 수염까지 아름답지 못하면 심성이 간사하고 탐욕스러운 경우가 많으며, 이로 인해 심한 형벌을 받을 수 있는 관상이다. 만약 기색이 누렇고 윤기가 나면 수명은 천수를 다 누리고, 인생 전반에는 가난하지만 말년에는 작은 부를 성취하고 명예를 누린다. 그러나 몸이 지나치게 살진 것은 상생하면서 서로 화합하지 못하는 격으로, 흙의 기운을 너무 많이 가졌기 때문에 운을 펼치기 어렵다. 이런 사람은 한평생 고생을 많이 하고 자녀들의 효도를 받지 못하며, 친척 간에 서로 도움이 되지 못하고 여러 가지 우환이 발생한다. 정화(丁火)의 체형을 가진 사람이 토형을 겸한 사람은 특히 좋지 못하다.

▶ **화형과 토형을 혼합한 남성**

눈빛이 강하고 믿음직스럽고 정열적인 얼굴이다.

- 특징 : 얼굴의 살집이 좋고 피부는 적색 · 갈색의 기색을 띠며, 눈은 크고 전체적으로 에너지가 넘치는 인상을 준다.
- 성격 : 원기와 활력이 넘치는 인생을 살고, 감정과 감성이 풍부하여 눈물이 많다. 저력이 있는 신뢰를 받는 인물로, 중년 이후에 발전하는 경향이 있다.
- 유명인의 얼굴 : 김의성(탤런트), 우원식(국회의원), 탁재훈(방송인)

▶ **화형과 토형을 혼합한 여성**

눈과 코가 큰 소박한 얼굴이다.

- 특징 : 눈 · 코 · 입 모두 윤곽이 뚜렷하면서 크고 두터운 얼굴을 하고 있다. 또한 약간 중후한 얼굴의 인상과 혀가 긴 편이다.
- 성격 : 전반적으로 화려한 것을 좋아하지만 심지가 확실한 사람

이다. 일에 있어서는 수완이 확실하지만, 연애 면에서는 연상에게 끌린다. 노력한 만큼 실적을 쌓고 신용을 얻는다.

· **유명인의 얼굴** : 배수지(가수), 윤은혜(가수), 이서현(기업인)

3) 화형[火]의 얼굴에 금형[金]을 겸한 사람

화형의 얼굴에 금형을 겸한 사람은 상극 관계로 서로 화합하지 못하는 형국이다. 얼굴의 일부만 네모나고, 나머지는 모두 뾰족한 것이 특징이다. 오관이 모두 드러나고 피부색은 희고 윤기가 흐르면서 붉은 기운을 띠는 사람은 지혜와 모략은 출중하지만 대부분 의심이 많다. 중년 이후에 어느 정도의 성과를 거둔다. 정화로 금을 겸한 사람은 그 성과가 줄어든다. 그러나 얼굴의 기색이 지나치게 희고 붉으면서 윤기가 부족하면 상극으로 서로 화합을 하지 못하는 형국이다. 이러한 관상을 가진 사람은 젊은 시절에는 발전이 있지만, 말년에는 곤궁해지거나 재산이 있더라도 패가망신할 위험이 있다. 정화의 체형에 금형의 특징을 겸한 사람은 더욱 좋지 못하다.

병화(丙火)나 정화를 막론하고 화형으로 금형의 특징과 혼합된 사람은, 일찌감치 부모와의 인연이 약하고 어린 시절부터 고향을 떠나 타향으로 분주하게 떠돌아다니면서 항상 위험과 재난을 겪는다.

▶ 화형과 금형을 혼합한 남성

가는 눈에 뼈가 튀어나온 얼굴이다.

· **특징** : 뼈가 긴 사각형의 얼굴로 눈이 충혈된 듯하다. 게다가 눈이 가늘면서 눈초리가 치켜 올라간 느낌이 있다. 모발은 곱슬머

리가 많다.

- **성격** : 지기 싫어하는 완고한 유형이며, 미술이나 음악 및 예능의 세계에서 성공하거나 재산을 축적한다. 좋은 울림이 있는 목소리로 여성을 매료시킨다.
- **유명인의 얼굴** : 김병지(축구선수), 김태화(가수), 천호진(배우)

▶ 화형과 금형을 혼합한 여성

콧대가 쭉 뻗어 있고 하관이 긴 얼굴이다.

- **특징** : 얼굴 형태가 사각이면서 하관이 길다. 눈이 크고 코가 높으며 골격이 뚜렷하다.
- **성격** : 뛰어난 에너지와 개성이 강한 사람으로 매력적인 용모와 좋은 목소리를 가진 것이 특징이다. 매사에 열심이므로 주위의 인망과 신뢰를 얻고, 그로 인해 재산을 축적한다.
- **유명인의 얼굴** : 송지효(탤런트), 이연수(탤런트), 정유경(기업인)

4) 화형[火]에 수형[水]을 겸한 사람

화형으로 수형을 겸한 사람은 상극하면서 서로 화합하는 수화기제(水火旣濟)격으로 중소(中小)의 형국이라 할 수 있다. 이러한 사람은 얼굴이 둥글고, 삼농이라 하여 눈썹과 수염 및 구레나룻이 짙으며, 오관이 모두 드러나고 얼굴의 기색은 붉고 윤기가 흐른다. 물과 불이 서로 도움을 주는 격으로 어느 정도의 성취를 누리지만, 정화의 체형을 가진 사람이 수형의 특징을 겸한 사람은 성취가 줄어든다. 또한 몸이 비대하며 눈과 코와 입이 크면서 눈에는 총기가 없고 코에는 콧대가 없으며, 입에는 구각이 없고 입 모양이 불을 불어서 끄는 듯하다. 게다가 정신이 혼미하고 풀이 죽어 있는 것처럼 보이고, 성정이 보통 사람들과 달리 기괴한 측면을 가지고 있고, 얼굴의 붉은 기운을 검은 기색이 막아서 매끄럽지 않으면 수의 기운을 지나치게 많이 가진 관상으로서, 상극하면서 서로 화합과 조화를 이루지 못하는 형국이다. 이런 사람은 육친과 상극이어서 젊은 시절부터 고향을 떠나 타향에서 유랑하고, 노력에 비해서 성취하는 것이 별로 없다. 만약 정화로 수의 기운을 지나치게 많이 겸하면 어려서 요절하거나 한평생 빈곤하게 산다.

▶ 화형과 수형을 혼합한 남성

눈이 시원스럽고, 통통한 얼굴이다.

- 특징 : 얼굴이 둥글고 하관이 길면서 통통하다. 또한 눈과 코, 입이 크면서 전체적으로 윤곽이 뚜렷하다.
- 성격 : 개방적이면서 적극적인 성격으로 상하관계가 분명한 분야에 적합하다. 미식(美食)과 주색(酒色)을 좋아하고, 처자식의 운을 떨어뜨리고 재운이 좋지 않다.
- 유명인의 얼굴 : 이덕화(탤런트), 차태현(탤런트)

▶ 화형과 수형을 혼합한 여성

검은 동자가 선명하고, 통통한 얼굴이다.

- 특징 : 얼굴이 둥글고 볼이 포동포동하다. 눈은 둥글고 크고, 안색은 희면서 윤기가 있는 피부를 가지고 있다.
- 성격 : 밝고 솔직한 성격을 가지고 있으며 윗사람에게 순종하는 유형이다. 화려한 것과 여성적인 섹시함이 매력적이다.

• 유명인의 얼굴 : 김새롬(방송인), 김혜은(탤런트), 홍진영(가수)

5) 화형[火]에 여러 가지 오행의 특징이 혼합된 사람

화형잡국(火形雜局)인 사람은 신체의 일부분이 뾰족하게 드러나는 특징을 보이는 것 외에는, 화형인의 오부에 나타나는 특징과 성격이 모두 감춰져서 분명하게 드러나지 않는다. 오히려 언뜻 보면 목토금수형인(木土金水形人)의 특징과 성격을 드러낸 것처럼 보이기도 하고, 나타나는 부위도 한두 곳에 그치지 않고 주객이 확실치 않다. 혼합된 형국의 수 역시 불특정한 수로 2국일 수도 있고 3국이나 4국일 수도 있다. 심지어 같은 것이 여러 번 겹쳐서 혼합되는 것도 있는데, 예를 들면 화형겸금금수수국(火形兼金金水水局) 같은 것이다. 화형잡국인 사람은 오형의 요소가 부적당한 상태로 배합되어 순수하지 못하며 대부분 서로 구속하고 억제하는 경향이 있다. 이것이 건강과 지혜, 성격뿐만 아니라 사업과 운세에도 영향을 미쳐서 노력을 해도 성취되는 것이 적고 수명이 짧은 것이 특징이다.

3. 토형[土] 관상의 상생상극

1) 토형[土]으로 목형[木]을 겸한 사람

토형으로 목형의 관상을 겸한 사람은 상극이면서도 서로 화합하여 발전시키는 형국이다. 신체가 길고 크면 안 되고, 근육이 없어 뼈가 드러나도 안 된다. 또한 결후가 보이거나 혹은 얼굴이 길면서 살집이 많으면 토를 손상시키는 것으로, 다시 말해 토가 목에 눌리는 형국이 되어 평생 운을 떨치지 못하고 요절을 하거나 단명을 한다.

만약 기토(己土)의 특징을 가지고 있으면서 목을 겸하고 있으면 작은 성취를 얻을 수 있는데, 여기에 약간의 금을 겸하면 보통의 성취를 얻을 수 있다.

만약 머리와 수염이 지저분한 용모에 정신이 혼미하면서 냉기가 돌며, 얼굴의 기색이 파리하고 거무스름하며, 목소리가 낮고 찢어지는 소리가 나며, 게다가 육부가 다 어둡고 오관의 기운이 모두 죽어 있는 것처럼 보이면 상극하면서 서로 화합하지 못하는 형국이다. 이러한 경우에는 심성이 불량하고 사업에도 성공이 적고 실패가 많으며 항상 역경에 처하거나 육친에게 의지하기도 어렵다.

▶ **토형과 목형을 혼합한 남성**

눈썹이 인상적인 긴사각형의 얼굴이다.

• 특징 : 장방형(長方形)으로 중후한 느낌이 있는 얼굴로 눈썹이나 수염이 짙은 남자다운 인상을 가지고 있다.

• 성격 : 주위의 신용과 신뢰를 얻는 성실한 사람이지만 융통성은 조금 결여되어 있다. 그렇지만 착실하게 명성과 실리를 축적해 가는 인생을 산다.

• 유명인의 얼굴 : 백일섭(탤런트), 이훈(탤런트), 허성태(배우)

▶ **토형과 목형을 혼합한 여성**

눈매가 뚜렷하면서 수수한 얼굴이다.

• 특징 : 가늘고 긴 얼굴에 모발이나 눈썹이 짙다. 또한 눈매가 시원스럽고 코가 가늘며 입술이 얇으면서 입이 작은 편이다.

• 성격 : 여성이지만 남성처럼 화끈한 성격을 가지고 있으며, 약속을 잘 지키고 사업이나 일에 열심히 한다는 평가를 얻는다. 또 사회적으로 지위를 얻기 쉽다.

• 유명인의 얼굴 : 문채원(탤런트), 심은경(탤런트), 이재은(탤런트)

2) 토형[土]으로 화형[火]을 겸한 사람

토형으로 화형을 겸한 사람은 상생하면서 서로 화합하면, 대부(大富), 대귀(大貴)를 성취하는 형국이다. 얼굴 윗부분만 약간 뾰족하고 나머지는 두툼하며, 살갗은 붉고 윤기가 난다. 오관이 모두 우뚝하게 솟아 있으면서 온몸에 기가 통해서 정신을 꿰뚫으며, 눈썹과 수염은 정취가 있으며, 앉으면 반석 같고 서면 동량과 같으며, 심성이 충직하고 의리를 중요하게 여긴다. 이러한 사람은 시작은 고달프지만 나중에는 부귀영화를 누리게 된다. 무토(戊土)의 특징을 가진 사람은 큰 부귀를 누리고, 기토(己土)의 특징을 가진 사람은 또한 작은 부를 누릴 수 있다.

만약 얼굴의 기색이 지나치게 불그스름하면 불[火]의 기운을 지나치게 많이 가진 것으로, 상생하면서 서로 화합하지 못하는 형국으로 집착이 강하고 탐욕스러우며, 지나치게 우직해서 이치에 맞지 않는 행동을 하기 때문에 평생 동안 고생을 하거나 걱정이 끊이지 않으며 늙을 때까지 외롭다. 만약 피부색이 지나치게 푸르면 평생 파탄에 빠지고 궁색하게 지내는 경우가 많다.

▶ 토형과 화형을 혼합한 남성

코와 입이 큰 중후한 얼굴이다.

- 특징 : 둥근 얼굴에 중후한 느낌이 있는 얼굴을 가지고 있으며, 큰 코와 입을 가지고 있으며 뼈가 드러나 보이지 않는다. 부리부리한 둥근 눈, 붉은 얼굴, 흙냄새가 남아 있는 느낌이다.
- 성격 : 이러한 관상을 가진 사람들은 명랑하면서 인간미가 넘치는 성격으로 사람들로부터 미움을 받지 않는 순박함이 있다. 저력이 있고, 인내력으로 재산을 축적하는 유형이다.
- 유명인의 얼굴 : 박준규(탤런트), 이원종(탤런트)

▶ 토형과 화형을 혼합한 여성

코가 크고, 농후한 얼굴이다.

- 특징 : 살집이 좋고, 큰 얼굴을 가지고 있다. 또한 피부는 갈색으

로 큰 입과 큰 눈에다 살집이 좋은 코를 가지고 있다.

- 성격 : 이러한 관상을 가진 여성은 밝으면서 내면을 숨기지 않는 유형이다. 색기(色氣)보다도 먹는 것을 좋아하는 사람으로 화사함과 육체적인 아름다움으로 인기를 얻는다.
- 유명인의 얼굴 : 김지현(가수), 나르샤(가수), 박진희(탤런트), 홍지민(탤런트)

3) 토형[土]으로 수형[水]을 겸한 사람

토형으로 수형을 겸한 사람은 상극이면서 서로 화합을 하여 발전을 꾀하는 형국이다. 몸이 장대하고, 머리와 얼굴은 약간 둥글며, 오관이 풍성하고 두터우며, 얼굴의 기색이 검고 윤기가 난다. 이런 사람은 흙이 약간의 물을 머금은 격으로 이것이 만물을 생장시켜 초년이 순조로울 뿐만 아니라 나중에는 거부(巨富)가 된다.

만약 머리와 얼굴 및 오관이 지나치게 둥글고, 안색이 검고 어두우면 물의 기운을 지나치게 많이 가진 것으로 상극을 하면서 다시 목국을 만나면 한평생 어려움을 겪는다. 다시 말해 무토의 관상이나 기토의 관상을 가진 사람일지라도 모두 한평생 운을 떨치기 어렵고 좋지 못한 질병을 지니고 살아가는 경향이 있다. 그러나 안색이 누렇고 윤기가 흐르며 눈이 크고 눈빛이 강한 사람은 작은 성취를 얻지만 의식은 풍족하다.

▶ **토형과 수형을 혼합한 남성**
  친근함이 느껴지는 후덕한 얼굴이다.

- 특징 : 통통하고 살집이 풍만하게 보이는 얼굴에 특히 코·입·
  귀의 살집이 좋으면서 비만해지기 쉽다.
- 성격 : 이러한 관상을 가진 사람은 기질적으로 애교가 넘치는 성
  격으로 먹는 것을 좋아한다. 인간관계나 재운에 혜택을 가지고
  있으며, 이성과의 인연도 많다.
- 유명인의 얼굴 : 마동석(배우), 박세준(탤런트), 박중훈(탤런트)

▶ 토형과 수형을 혼합한 여성

무엇인가를 기다리는 듯한 인상을 가진 통통한 얼굴이다.

- 특징 : 둥글면서 포동포동한 얼굴을 가지고 있으며, 얼굴색이 희
  면서 얼굴 전체의 살집이 좋고, 수수하면서 기다리는 듯한 인상
  을 가지고 있다.
- 성격 : 이러한 관상을 가진 사람은 얌전하면서 깊이 있는 성격으
  로 신비적인 매력을 가지고 있고, 대인관계와 재운이 좋다.
- 유명인의 얼굴 : 김용림(탤런트), 김현숙(배우), 조혜련(개그맨)

4) 토형[土]으로 금형[金]을 겸한 사람

토형으로 금형을 겸한 사람은 상생하면서 서로 화합하는 형국으로
흙 속에 금을 숨기고 있는 격이다. 즉, 얼굴이 약간 장방형이고 얼굴
빛이 희고 윤기가 흐르는 사람은 흙 속에 금을 숨겨둔 것과 같이 자
수성가하여 가문을 일으킨다. 창업하면 대부분 성공하여 복록이 깊
고 두터우며, 보통 정도의 부귀를 누린다. 만약 얼굴빛이 창백하거
나 광대뼈 쪽에 수염이 지나치게 많으며 안색이 공허하고 기력이

떨어지면 금의 기운이 과한 것이다. 흙의 기운이 허해져서 서로 화합하지 못하는 형국이 된다. 이런 사람은 신체의 소화기 계통이 건강하지 못하고 질병을 앓는다. 무토나 기토의 특징을 가진 사람은 모두 평생 동안 운을 펼치기가 어렵다.

▶ 토형과 금형을 혼합한 남성

콧대가 쭉 뻗어 있고 단정한 얼굴이다.

- 특징 : 사각형으로 골격이 긴 얼굴에 눈썹이 직선적이며, 눈이 깊고 코는 높고 뼈가 두드러진다. 전체적인 분위기는 단정해서 외국풍의 얼굴 느낌을 가지고 있다.
- 성격 : 이러한 관상을 가진 사람들은 감성이 풍부하고, 모든 일에 민감하게 반응한다. 피부가 샤프한 매력을 가지고 있고, 예술가적인 기질이 있다.
- 유명인의 얼굴 : 유인촌(탤런트), 윤상현(탤런트), 최불암(배우)

▶ 토형과 금형을 혼합한 여성

눈매가 뚜렷하면서 시원한 느낌이 있는 얼굴이다.

- 특징 : 사각의 계란형 얼굴로 골격이 전체적으로 굵다. 가는 눈썹에 눈매가 시원하고 침착한 분위기가 있는 미인형의 얼굴이라 할 수 있다.
- 성격 : 이러한 관상을 가진 사람들은 예민한 신경을 가지고 있다. 아름다운 재원(才媛)이 많고, 로망이나 꿈의 세계에서 살아가는 인생이다.
- 유명인의 얼굴 : 김혜수(탤런트), 라미란(탤런트), 한혜숙(탤런트)

5) 토형[土]에 여러 가지 오행의 특징이 혼합된 사람

토형의 관상에 오행의 여러 가지 특징이 혼합된 사람은 신체의 일부분이 두껍고 실한 특징을 보이는 것 외에는 다른 토형인들의 오부에 나타나는 특징과 성격이 모두 감춰져서 분명하지 않다. 오히려 목화토수형인의 특징과 성격을 드러내기도 한다. 또한 특징이 나타나는 부위도 한두 곳에 그치지 않고 주객이 확실치 않으며 혼합된 국의 수도 불특정한 수로 2국일 수도 있고 3국이나 4국일 수도 있다. 심지어 같은 것을 여러 번 겹쳐서 혼합하는 경우도 있는데, 예를 들면 토형겸목목수수국(土形兼木木水水局)과 같은 것이다.

　　토형잡국인(土形雜局)인 사람은 오형의 요소가 부적당한 상태로 배합되어 순수하지 못하면 요소끼리 서로 억제하는 경향이 있다. 이것이 건강과 지혜, 성격뿐만 아니라 사업과 운세에도 영향을 미치고 얻는 것이 적고 수명도 짧은 경우가 많다.

4. 금형[金] 관상의 상생상극

1) 금형[金]으로 목형[木]을 겸한 사람

금형으로 목형을 겸한 사람은 상극하면서 서로 화합하여 발전을 이루는 형국이다. 얼굴이 방정하며, 신체가 크고 길며, 코가 똑바르고 입과 귀가 모두 바르며, 눈이 수려하면서 생기가 넘치며, 눈썹이 맑고 수염이 수려하며, 얼굴의 기색이 희면서 약간 푸른 기운이 있는 사람은 경금(庚金)의 형국으로, 갑목(甲木)을 겸하면 동량지재의 재목이다. 이러한 관상을 가진 사람은 슬기롭지만 약간은 오만한 듯 보이고, 큰 뜻을 품고 기이함을 능히 드러내며, 모험적인 분야에서 승리를 한다. 대개 무관(武官)으로 귀하게 되는데 문관(文官)을 겸하기도 한다. 그러나 초년운세는 순조롭지 않고, 중년 이후에야 비교적 운명이 좋아져 성공을 성취하기도 한다.

만약 몸이 작고 살이 없어서 뼈가 드러난 사람이면 신금(辛金)의 격국으로 목국을 겸하는 것을 꺼리는데, 만약 신금의 체형에 목국의 특징이 있으면 여러 가지 제약을 받아서 원하는 것을 성취하지 못한다. 다시 말해 금형으로 목을 겸한 사람은 상가(喪家)에 걸리는 북처럼 생긴 얼굴을 가장 꺼리는데, 이는 상극으로 서로 화합과 조화를 이루지 못하는 형국으로 요절하거나 단명한다.

▶ **금형과 목형을 혼합한 남성**

광대뼈가 우뚝 솟아 있고 선이 굵은 얼굴이다.

- 특징 : 뼈가 굵으면서 울퉁불퉁한 얼굴이다. 눈썹과 머리카락,
  눈동자가 검다. 기운이 왕성하게 보이는 성실한 인상이다.
- 성격 : 이러한 관상을 가진 사람은 자기 단련을 잊지 않고 공부
  를 하는 사람으로 젊은 시절에는 운이 정체되지만, 노력을 계속
  하여 인격이 빛나고 중년 이후에는 성공한다.
- 유명인의 얼굴 : 김용건(탤런트), 소지섭(배우), 임하룡(코미디언)

▶ **금형과 목형을 혼합한 여성**

눈썹이 선명하고 고상한 얼굴이다.

- 특징 : 얼굴이 약간 긴 형태이고 뼈는 살집에 묻혀 있어 두드러
  지지 않고, 얼굴과 피부가 희며 모발과 눈썹이 짙은 미인형이다.
- 성격 : 이러한 관상을 가진 사람은 배려심이 뛰어나 인간관계가
  원만하고, 근성은 강한 사람이다. 젊은 시절에는 여러 가지 어려
  운 일을 많이 체험하지만 40세 이후에는 편안한 삶을 산다.
- 유명인의 얼굴 : 김보연(탤런트), 김영란(탤런트), 박선영(탤런트)

2) 금형[金]으로 화형[火]을 겸한 사람

금형으로 화형을 겸한 사람은 상극이면서 서로 화합하여 발전하는
형국이다. 얼굴이 네모나고 정수리가 뾰족하며, 귀가 뾰족하고 얼굴

의 기색이 선명하면서 붉다. 눈썹과 수염이 가볍고 맑으며 두 눈동자에 생기가 있으며, 매우 지혜롭고 노련하면서 성격이 급하면 약한 불이 금을 제련하는 형국이다. 이런 사람은 어려서는 고달프지만 30세에서 45세 사이에는 운세를 펼치며, 얼굴의 기색에 나타난 흰색 속에 홍색을 띠면 난세에는 위기로 인해 크게 성공하고 치부(致富)하며 태평성대에는 그 복이 줄어들지만 명성은 누린다. 만약 얼굴의 한 변이 뾰족한 네모형에 코가 뾰족하고 살이 없으며, 콧대의 연수에 마디가 솟아 있고 눈에 화급한 기운이 감돌며, 귀의 윤곽이 두드러지고 얼굴 한곳에 붉은 기운이 막혀 있으면 화의 기운을 지나치게 많이 가진 관상으로 상극하여 서로 화합하지 못하는 형국이다. 이것은 왕성한 불의 기운이 쇠를 녹이는 것이 되어 평생 동안 재난이 많고 가난하지 않으면 요절한다.

▶ 금형과 화형을 혼합한 남성

눈과 코가 반듯하고, 윤곽이 뚜렷한 얼굴이다.

- 특징 : 골격이 시원하면서 코가 높고, 눈은 크고, 윤곽이 뚜렷하다. 모발이 약간 붉은색을 띠는 곱슬머리에 얼굴색은 조금 희다.
- 성격 : 이러한 관상을 가진 사람은 사회적으로 권위를 얻기 위해서 많은 도전을 하는 유형으로, 남성의 기운이 넘치고 신뢰도 있다. 사회조직에 몸담고 노력하면 큰 인물이 되는 사람이므로 직장생활이 적합하다.
- 유명인의 얼굴 : 김법래(탤런트), 김영철(탤런트), 백윤식(탤런트)

▶ 금형과 화형을 혼합한 여성

시원스러운 눈매와 선이 굵은 얼굴이다.

- **특징** : 마름모꼴로 골격에 균형이 잡혀 있고 튼튼한 것처럼 보인다. 눈이 시원하면서 크고 코가 높다.
- **성격** : 이러한 관상을 가진 여성들은 기운이 강한 성격으로 다분히 공격적인 기질로 지는 것을 싫어한다. 사회적 지위를 얻을 수 있으며, 전통 예능 등 보수적인 세계에서 능력을 발휘한다.
- **유명인의 얼굴** : 김규리(탤런트), 심은하(탤런트), 이승연(배우)

3) 금형[金]으로 토형[土]을 겸한 사람

금형으로 토형을 겸한 사람은 상생하면서 서로 화합하는 형국으로 혼합된 관상 중에서 가장 얻기 힘든 관상이다. 이런 사람은 얼굴이 네모나고 등이 두터우며, 어깨가 옆으로 벌어지고 걸음은 느리며 몸이 육중하고 장대하며, 오관이 단정하고 활력이 있으며, 기가 맑으며 얼굴빛이 누렇고 윤기가 흐르며, 성격은 충직하고 신중하다. 만약 경금(庚金)으로 토를 겸했다면 태평성대에는 반드시 크게 부귀영화를 누리거나 명성을 떨치고 장수하게 된다. 그러나 난세에는 복이 감소된다. 신금(辛金)의 관상으로 토의 특징을 혼합하고 있다면 작은 부귀를 누리게 된다.

만약 등이 높고 피둥피둥 살졌으며, 얼굴의 살이 옆으로 퍼지고 오관이 경박한 것처럼 보이며 목소리가 낮게 갈라지며, 안색이 누렇고 검게 그을려서 막혀 있으면 토의 기운을 지나치게 많이 가지고 있는 것이다. 이는 토가 금을 두껍게 파묻고 있는 것처럼 되어, 상생하면서 서로 화합하지 못하는 형국이다. 이런 사람은 그다지 총명하지 못하며 역경에 자주 처하고 평생 운을 펼치기가 어렵다.

만약 명궁에 흠집이나 점, 주름이 있으면 토와 화가 혼합된 것이다. 이러한 사람은 우환으로 가득찬 인생을 경험한 이후라야 발전할 수 있다. 그럼에도 실권을 잡지 못하면 다른 직업을 선택하는 것이 이롭다. 만약 손바닥이 얇고 손가락은 가늘며 기색이 어둡고 막혀 있으면, 그 사람은 행동과 생각이 따로 놀고 한평생 운을 펼치기 어려우며, 성공하는 일이 별로 없고 실패하는 경우가 많다. 신금(辛金)의 특징을 가지고 있으면 이러한 경향이 더욱더 심하다.

▶금형과 토형을 혼합한 남성

콧대가 쭉 뻗어 있고, 살집이 두터운 얼굴이다.

- 특징 : 피부색이 희면서, 살집이 좋은 큰 얼굴을 가지고 있다. 그렇지만 눈은 가늘면서 샤프하고, 코는 우뚝 솟아 있고, 입은 사각형을 하고 있다.
- 성격 : 이러한 관상을 가진 사람은 모든 것을 계획적으로 실시하고, 승부사의 기질로 집중력이 있고, 재산과 부동산을 얻기 쉽다.
- 유명인의 얼굴 : 돈 스파이크(가수), 송강호(배우), 윤다훈(탤런트)

▶ 금형과 토형을 혼합한 여성

살집이 좋고 한가로운 얼굴이다.

- 특징 : 얼굴이 균형 잡혀 있으면서 힘이 있다. 코와 뺨의 살집이 좋고, 눈은 가늘고, 소박하면서 겸허한 인상으로, 안색은 희다.
- 성격 : 이러한 관상을 가진 여성은 온후하면서 인내심이 강한 마음을 가지고 있다. 연구 또는 학자로서 자신의 길을 가는 보수파

이고, 재운이 풍부한 인생을 보내고, 연애 면에서는 서툴다.

- **유명인의 얼굴** : 강부자(탤런트), 엄앵란(배우), 원미경(탤런트)

4) 금형[金]으로 수형[水]을 겸한 사람

금형으로 수형을 겸한 사람은 상생하면서 서로 화합하는 형국이 된다. 이런 사람은 얼굴이 네모나고 살이 많으며, 얼굴의 기색은 검거나 희면서 윤기가 흐르며, 외형적으로 위풍당당하게 보인다. 한평생 복을 많이 받으며 단번에 높은 직위에 오르고, 무관(武官)으로 대귀하게 될 수 있다. 난세에는 무예로써 귀하게 되어 군권을 잡고, 태평성대에는 문관이 되어 정권을 움직일 수 있으니, 어떤 경우든 간에 기회를 잘 잡아 크게 발전하고 성공한다.

만약 살이 없고 기가 허하며 피부색이 어둠침침하면 수의 기운을 지나치게 많이 가진 관상으로, 상생하면서 서로 화합하지 못하는 형국이다. 신금의 체형을 가진 사람은 물이 많아서 마치 금이 물에 잠기는 것과 같은 것으로 한평생 박복하고 운을 펼치기가 어렵다.

▶ 금형과 수형을 혼합한 남성

눈매가 시원하고 단정한 얼굴이다.

- **특징** : 피부에 수분이 적당한 미남자로 서양인처럼 생긴 얼굴을 가지고 있다. 또한 얼굴에 흰색을 띠고 있으면서 둥근 귀와 가늘고 긴 눈과 살짝 올라간 입꼬리, 뾰족하면서 높은 코를 가지고 있다.
- **성격** : 항상 냉정하고 침착한 성격으로 정에 이끌리지 않는 합리

적인 판단을 한다. 시원한 눈빛으로 여성을 뇌쇄(惱殺)시키는 경향이 있다.

• **유명인의 얼굴** : 노주현(탤런트), 최민식(배우)

▶ 금형과 수형을 혼합한 여성

피부가 희면서 여우 같은 눈을 가진 요염한 얼굴이다.

• **특징** : 피부가 흰색을 띠며, 눈동자와 모발의 색이 황갈색을 띠고 있다. 또한 꼬리 아홉 달린 여우처럼 요염한 기운을 가진 미인으로, 콧대가 쭉 뻗어 있고, 여성미가 넘치고, 잘 다물어진 입꼬리가 매력적이다.

• **성격** : 이러한 관상을 가진 사람은 냉정하면서 정에 얽매이지 않는다. 손해를 보는 것을 싫어하고, 이용 가치가 있는 것에 매력을 느끼는 경향이 있다.

• **유명인의 얼굴** : 김지미(배우), 박순천(탤런트), 유지인(탤런트), 조민희(탤런트)

5) 금형[金]에 여러 가지 오행의 특징이 혼합된 사람

금형에 오행의 여러 가지 특징이 혼합된 사람은 신체가 방정하다는 특징 외에는 금형인들의 오부에 나타나는 특징과 성격이 모두 감춰져서 분명하지 않다. 오히려 목화토수형인의 특징과 성격을 드러낸다. 특징이 나타나는 부위도 한두 곳에 그치지 않고, 주객이 확실치 않으며, 겸한 국의 수도 불특정한 수로 2국일 수도 있고, 3국이나 4국일 수도 있다. 심지어 같은 것을 여러 번 겹쳐서 혼합하는 것도 있는데, 예를 들면 금형겸화화목목국(金形兼火火木木局) 같은 것이다.

금형잡국(金形雜局)인 사람은 오형의 요소가 부적당한 상태로 배합되어 순수하지 못하며 서로 억제하는 경향이 있다. 이것이 건강과 지혜, 성격뿐만 아니라 사업과 운세에도 영향을 미쳐 얻는 것이 적고 수명도 짧다.

5. 수형[水] 관상의 상생상극

1) 수형[水]으로 목형[木]을 겸한 사람

수형으로 목형을 겸한 사람은 상생하면서 서로 화합하여 발전을 이루는 형국이다. 몸이 크고 길며, 얼굴에 살이 많지만 둥글지는 않으며, 눈썹과 수염은 짙지 않고 광택이 없다. 또한 허리의 살집은 풍성하지만 둥글지는 않으며, 엉덩이 부위에 살이 없고 신체의 모든 부위에 기세가 없는 것처럼 보인다. 특히 결후(結喉)가 있으면서 얼굴이 길면 나무에 물이 지나치게 많은 형태로 성격이 급하고, 한평생 큰 성공은 이루지 못하나 작은 부귀는 성취할 수 있다. 계수(癸水)인 사람은 복이 감소된다. 임수(壬水)나 계수 모두 근육에 힘이 없으면서 아래로 처져있으면 단명을 하는 경우가 많다.

그리고 안색이 파리하면서 막힌 것과 같은 기색을 가진 사람은 목의 기운을 지나치게 많이 가진 것으로 상생하면서 서로 화합하지 못하는 형국이다. 마치 나무는 많고 물이 부족한 형국으로 한평생 고생과 좌절을 많이 경험하고 결국에는 요절한다.

▶ **수형과 목형을 혼합한 남성**

눈꼬리가 처진 듯한 소년 같은 얼굴이다.

- 특징 : 둥글면서 길쭉한 얼굴로 모발이 짙고, 눈동자가 검고, 안색이 창백하고, 나이에 비해서 젊어 보이는 동안이다.
- 성격 : 이러한 관상을 가진 사람들은 나이가 들어도 소년 같은 이미지가 남아 있는 유형으로, 꿈을 계속 좇는 인생을 살아가고, 젊은 감성이 재능을 개화하고 발전시킨다.
- 유명인의 얼굴 : 강석우(탤런트), 성동일(배우), 송승환(배우)

▶ **수형과 목형을 혼합한 여성**

가늘고 긴 눈, 부드러운 얼굴이다.

- 특징 : 둥글면서 긴 얼굴로 포동포동한 뺨의 살집이 좋다. 눈과 눈썹은 길면서 청결감이 있다.
- 성격 : 이러한 관상을 가진 사람들은 감각적인 세계에서 성공하는 인생을 살고, 미모와 감각으로 이성을 사로잡는다. 화려한 인생을 살아간다.
- 유명인의 얼굴 : 송옥숙(탤런트), 윤정(모델), 이휘향(탤런트)

2) 수형[水]으로 화형[火]을 겸한 사람

수형으로 화형을 겸한 사람은 상극하면서 서로 화합하여 발전을 이루는 형국이다. 얼굴의 위는 좁고 아래는 둥글어서 정삼각형의 형태를 하고 있거나, 혹은 위가 넓고 아래가 좁은 역삼각형 형태이다.

얼굴의 기색이 검으면서 윤기가 있으면 수화기제(水火旣濟)의 형국을 이룬다. 이러한 관상을 가진 사람은 전반적으로 얼굴이 조금 둥글고 머리와 귀는 약간 뾰족하며, 눈썹의 숱이 적고 수염이 없으며, 신체가 견실하고 눈에 생기가 가득하다. 불이 물을 끓이는 형국이므로 총명하고 재주가 남다르며 눈치가 빠르고 심지(心志) 또한 깊어서 성현(聖賢)이 될 수 있다. 그러나 수명이 짧고 운이 어긋나서 평생을 곤궁하게 지내거나 단지 문장만 떨치는 경향이 있다. 만약 얼굴 기색이 자홍색을 띠면 보통 수준의 부귀를 누리는데, 이에 대해 『상리형진』에서도 "얼굴의 기색이 자색을 띠고 수염이 없으면 영화를 누린다"라 하였다.

만약 얼굴이 지나치게 붉으면 상극하면서 서로 화합하지 못하는 화의 형국을 이루는 것인데, 이러한 경우에는 어려서부터 육친과 떨어져 평생을 외롭게 지내는 사람이다. 만약 얼굴의 기색이 막히는 듯 하고 어두우며, 눈빛이 혼탁하면 몸에 선천적으로 신체에 고질적인 질병을 가지고 있다. 이러한 관상은 가장 꺼리는 것으로 화수미제(火水未濟)격인데, 가난하지 않으면 요절하거나 말년을 곤궁하게 보낸다.

▶ **수형과 화형을 혼합한 남성**

눈과 코가 뚜렷한 화려한 얼굴이다.

- 특징 : 얼굴의 기색은 적흑색을 띠는 경우가 많고, 둥글면서 살집이 좋고 선이 굵은 얼굴이다. 눈·코·입이 크면서 화려한 인상으로, 체형은 통통한 형이 많다.
- 성격 : 이러한 관상을 가진 사람들은 정열적인 성격으로 약간 더위를 타는 듯한 인상을 준다. 여러 사람 중에서 두각을 나타내는 인생을 보낸다. 돈을 화려하게 사용하는 경향이 있다.

• 유명인의 얼굴 : 남궁원(배우), 임채무(탤런트)

▶ 수형과 화형을 혼합한 여성

눈이 크고, 포동포동한 둥근 얼굴이다.

• 특징 : 둥근 얼굴에 포동포동한 뺨, 눈이 크면서 피부에 윤기가 있다. 두터운 입술에 화려하면서 침착한 인상을 준다.

• 성격 : 이러한 관상을 가진 사람들은 밝고 여성스러운 성격에 화려함을 좋아하고, 돈을 잘 쓰고, 좋은 인연을 많이 만난다.

• 유명인의 얼굴 : 김소현(탤런트), 장윤주(모델), 정혜성(탤런트)

3) 수형[水]으로 토형[土]을 겸한 사람

수형으로 토형을 겸한 사람은 상극하면서 서로 화합하는 형국이다. 이런 사람은 걸음걸이가 느리고, 볼 아래쪽이 넓으며 어깨가 벌어지고 등이 두터우며, 몸통이 짧고 둥근 것이 특징이다. 만약 안색이 누렇고 윤기가 흐르며, 입술이 붉고 치아가 희면 수원(水源)을 가진 것으로, 성격이 충직하고 복과 장수를 누리며 한평생 여유 있는 생활을 즐기게 된다.

여성으로 수형이면서 토형을 겸한 사람은 남편을 발전시키고 집안을 일으킨다. 하지만 안신이 혼미하고 기(氣)가 촉박하며, 오관이 수려하지 않으며 등이 높고 허리에 살이 많으며, 뼈가 굵고 살이 퍼져 있으며, 체형이 비만하고 눈썹과 수염이 가지런하지 않으면 흙을 지나치게 많이 가진 것이 되어 상극하면서 서로 화합을 이루지 못하는 형국이다. 만약 안색까지 누렇거나 정체되어 어두우면 어린 시절에 육친(六親)에게 해를 입히고 가정과 고향을 등지며, 성격이 포악하고 재앙을 끌어들이며 좌절과 역경에 처하는 경향이 있다.

▶ 수형과 토형을 혼합한 남성

포동포동한 볼, 소박한 둥근 얼굴이다.

- 특징 : 둥근 얼굴에 하관이 긴 얼굴이다. 얼굴이 크지만 살집에 탄력이 없고 소박한 인상을 준다. 그리고 얼굴에는 얇은 검은색[淺黑]의 기색이 있다.
- 성격 : 이러한 관상을 가진 사람들은 소탈하면서 얼이 빠진 듯한 매력이 인기를 얻는다. 인생에 있어서 한 번은 파산한다. 만성질환에 주의해야 한다.
- 유명인의 얼굴 : 유동근(탤런트), 이경영(배우), 최무성(배우)

▶ 수형과 토형을 혼합한 여성

입술이 매력적인, 통통한 얼굴이다.

- 특징 : 통통하면서 둥근 얼굴을 가지고 있으며, 윗 눈꺼풀이 크며, 입술은 두툼하고, 코는 둥글고, 얼굴의 기색은 약간 갈색을 띠고 있다.
- 성격 : 이러한 관상을 가진 여성들은 달콤한 풍모가 매력적이며, 미식가로 과다한 영양섭취에 의한 질병에 주의해야 한다. 상사나 선배로부터 도움을 많이 받는다. 일생에 재운은 있지만 낭비하기 쉬우므로 주의해야 한다.
- 유명인의 얼굴 : 사미자(탤런트), 양미경(탤런트), 오영실(방송인)

4) 수형[水]으로 금형[金]을 겸한 사람

수형으로 금형을 겸한 사람은 상생하면서 서로 화합하여 발전을 이루는 형국이다. 손과 얼굴이 약간 각지고 안색이 조금 희거나 검으며, 통통하면서 살이 팽팽하며, 기가 넘치고 생기가 있는 것이 특징이다. 오관이 우뚝 솟고 둥글둥글 하며 눈썹과 수염이 적당하고 아름다우면 성격이 강인하여 고통을 잘 참아내고, 문관이나 무관 어느 쪽으로 진출하든 크게 성공한다.

남녀 불문하고 모두 젊은 시절부터 운이 트여 마지막에는 큰 부귀를 이룬다. 하지만 계수(癸水) 형국을 가진 사람은 복이 감소되고, 여성은 결혼생활이 원만하지 않거나 크고 작은 역운(逆運)이 발생하기도 한다. 만약 얼굴의 기색이 분을 바른 듯 희고 얼굴과 손이 지나치게 견실하면 상생하면서 서로 화합하지 못하는 형국이 된다. 게다가 금이 많아서 물이 흘러넘치는 것으로 한평생 재앙이 뒤따르게 된다.

▶ 수형과 금형을 혼합한 남성

윤곽이 뚜렷하고, 턱이 긴 얼굴이다.

- 특징 : 얼굴이 사각으로 광대뼈와 턱이 튀어나와 있다. 코는 예각(銳角)이며, 눈초리가 강한 느낌이 있다.
- 성격 : 이러한 관상을 가진 사람은 총명하면서 강한 성격과 결단력이 있다. 순종적인 면도 있지만 지는 것을 싫어하고, 이익과 명예를 얻는다.
- 유명인의 얼굴 : 김보성(탤런트), 배기성(가수), 주병진(방송인)

▶ **수형과 금형을 혼합한 여성**

눈과 코가 시원한 마름모꼴 얼굴이다.

• 특징 : 마름모꼴의 얼굴로, 뼈가 굵으면서 골격이 균형 잡혀 있
다. 안색이 희면서 에너지 넘치는 미인이 많다.

• 성격 : 이러한 관상을 가진 여성들은 기가 강하고 인내력이 뛰어
나며, 아름다운 미모로 남성의 마음을 사로잡는다. 부드러운 상
대로서 연상의 이성으로부터 사랑을 받는다.

• 유명인의 얼굴 : 신애라(탤런트), 박순애(탤런트), 배종옥(탤런트)

5) 수형[水]에 여러 가지 오행의 특징이 혼합된 사람

수형으로 오행의 여러 가지 특징이 혼합된 사람은 신체가 둥글고
비대하다는 특징을 보이는 것 외에는 수형인들의 오부에 나타나는
특징과 성격이 모두 감춰져서 분명하지 않다. 오히려 목화토금형인
(木火土金形人)의 특징과 성격을 잘 드러낸다. 특징이 나타나는 부
위도 한두 곳에 그치지 않고, 주객(主客)이 확실하지 않으며, 혼합된
격국의 수도 불특정하여 2국일 수도 있고 3국이나 4국일 수도 있다.
심지어 같은 것을 여러 번 겹쳐서 혼합된 경우도 있는데, 예를 들면
수형겸화화토토국(水形兼火火土土局) 같은 것이다.

수형잡국(水形雜局)인 사람은 오형의 요소가 부적당한 상태로 배
합되어 순수하지 못하며, 서로 억제하는 경향이 있다. 이것이 건강
과 지혜, 성격뿐만 아니라 사업과 운세에도 영향을 미쳐서 성취하는
것이 적고 단명한다.

제4장
오행 관상으로 본 인간관계

손자병법에 `지피지기(知彼知己)면 백전백승(百戰百勝)`이라 했듯이, 관상학적으로 자신의 오행적인 특징을 분석하고 가까운 주변 사람이나 직장에서 같은 사무실을 사용하는 사람들의 오행의 유형과 특징을 분류한다. 이를 통해서 자신을 도와주는 관계인지 아니면 상극이 되는 관계인지를 파악하고, 사회나 직장에서의 동료나 상사·아랫사람과의 관계 혹은 친구와 연인과의 관계에서 적절하게 활용을 한다. 상대의 오행적인 특징에 맞추어 조화와 화합 및 적절한 절제와 통제를 하면 모든 인간관계가 원만해지고 발전할 것이다.

1. 목형[木]의 인간관계

오행상 목(木)과 화(火)의 관계는 목생화(木生火), 목(木)과 토(土)의 관계는 목극토(木剋土), 목(木)과 금(金)의 관계는 금극목(金剋木), 목(木)과 수(水)의 관계는 수생목(水生木)의 관계로 이루어져 있는데, 인간관계에서도 유사한 구조를 형성하고 있다.

1) 목형[木]과 목형[木]의 인간관계

목형의 관상을 가진 사람은 부끄러움을 타지만 교양이 깊다. 지식욕이 왕성한 목형의 상생은 공통적으로 이상을 추구하는 조합이다. 정치 · 교육 · 종교 · 자선사업 등의 분야에서 서로 재능을 발전시키고 꽃을 피운다. 반대로 현실적인 면에서 실무나 재무회계 등의 분야에서는 고생을 많이 하는 조합이므로 경쟁을 많이 해야 하는 상황이나 물건을 사고 파는 분야에는 적합하지 않다. 서로를 생각하는 마음을 수반하면 세계 평화, 자선사업, 환경문제 등 사회운동가로서 좋은 동료가 되어 상호간에 발전을 꾀할 수 있다.

(1) 상사와 부하로서의 인간관계

이론 구축에 있어서는 서로 뜻을 모으는 2인조이며, 이상가로서의 조합으로 의료나 교육계에서 능력을 발휘하고, 아랫사람을 잘 살피는 상사에게는 무엇을 상담해도 친절하게 답해 줄 것이다. 다만 남의 일을 잘 돌봐주는 것이 지나쳐서 간섭한다는 생각을 가지게 되면 때때로 충돌하기도 한다. 한편 부끄러움을 타는 소극적인 부하에게는 실무보다는 사명감 있는 임무를 맡기면 실력을 발휘하게 된다.

(2) 동료 관계

정치 · 교육 · 종교 · 봉사활동 등에 관한 대화를 자주 하면 관계가 좋아지고 운 또한 좋아지는 조합이다. 지적인 동료는 책이나 자료를 교환하는 등 이상적으로 매우 가깝다. 하지만 돈을 빌려 달라는 부탁은 하지 않는 것이 좋다.

(3) 연인 관계

목형의 관상을 가진 두 사람은 부끄러움을 잘 탄다. 상대를 좋아해도 자신의 마음을 고백하지 못하고, 본격적으로 교제를 시작하기까지 시간이 오래 걸린다. 서로 이것을 '좋아한다'라고 말을 할 수 없을 정도로 숫기가 부족하지만, 이론적인 교양과 지식이 넘치는 사람들이다. 두 사람 모두 헌신적이면서도 밖으로 드러내지 않는 온순한 마음을 지니고 있다.

(4) 친구 관계

목형과 목형이 만나면 취미나 이상 모두 비슷한 친구가 된다. 좋아하는 이성도 비슷하므로 연적이 되는 경우도 종종 있다. 친구의 교양이 깊은 것을 명예롭게 생각하고 함께 기뻐하므로 영원한 우정 관계가 성립된다.

2) 목형[木]과 화형[火]의 인간관계

교양이 있고 이상이 높은 목형과 표현력이 풍부하고 추진력과 실천력이 뛰어난 화형은 서로 좋은 조합을 이룬다. 예를 들면 목형이 계획한 것을 화가 선전하고 실행하는 관계라 할 수 있다. 때때로 감정적으로 과격해지기 쉽지만, 화형을 부드럽게 받아들이는 목형은 귀중한 존재이다. 목형은 화형과 함께하면 항상 웃고 날마다 즐거움을 느끼게 된다. 또한 화형은 목형의 조언과 애정을 받아서 발전하는 관계가 이루어진다. 특히 미술·음악·예능·저술 등의 분야에서는 궁합이 좋다. 여기에 화형의 기질이 강하게 나타나면 두 사람은 꿈처럼 즐거운 관계가 지속된다.

(1) 상사와 부하의 인간관계
상사가 목형이고 부하가 화형인 관계는 상사의 해박한 교양이나 생각을 존경하면서 서로 협력을 잘하는 관계가 된다. 상사가 화이고 부하가 목인 관계에서 부하가 상사를 팬처럼 접대하면 상사는 기분이 좋아진다. 업무에 관련된 여러 가지 측면에서 부하를 아끼고 보살피는 경향이 강하다.

(2) 동료 관계
목형과 화형은 궁합이 잘 맞는 조합으로 출판·광고·계획 및 기획 분야 등에서 서로 궁합이 잘 맞는다. 목은 화를 예쁘게 여기고 화는 목을 사모(思慕)하는 등의 감정이 연결되어 서로 간에 발전적인 관계를 형성한다.

(3) 연인 관계

즐거운 연인으로 서로 궁합이 좋다. 목은 화의 열정적이면서 화려한 느낌을 좋아하고, 화는 목의 친절하면서 성실한 태도를 좋아한다. 보살펴 주는 것을 좋아하는 목은 화의 후원자 역할을 철저하게 하고, 화가 목에게 애정을 많이 가지고 대하면 사랑스러운 관계는 오랫동안 지속될 것이다.

(4) 친구 관계

목형과 화형이 만나면 웃음이 넘치는 친구 관계가 형성되고, 목은 화의 의견이나 생각을 잘 받아들이고 보살핀다. 목의 입장에서 보면, 위태로워서 그냥 놔둘 수 없는 것이 화이다. 화는 곤란하거나 어려운 일이 있을 때 남의 일을 잘 돌봐주는 목에게 언제나 상담하는 것이 좋다. 서로의 고민을 상담하고 이야기하는 것으로 우정을 깊게 한다.

3) 목형[木]과 토형[土]의 인간관계

이상을 추구하는 목형과 현실생활을 중시하는 토형은 이질적인 조합이라 할 수 있다. 그러나 서로 강한 이해를 바탕으로 화합하고, 맡은 임무(부서)를 확실하게 구분하면 힘을 발휘하는 상성(相性)이 된다. 목은 종교적인 정조(情操)가 강하고, 사회와 사람들을 위해 헌신하는 경향이 있다. 토는 그에 대한 비전을 가지고 실무적인 면을 꼼꼼하게 처리하는 데 만족한다. 잘 조합하면 최고의 조직을 만들어 갈 것이다. 그렇지 않은 경우에는 목이 토의 활동에 대해서 아무런 보수(報酬)도 생각하지 않거나, 토가 목의 생활방식을 돈 때문에 그렇게 하는 것이라 생각하는 경우도 있다.

(1) 상사와 부하의 관계

상사가 목형이고 부하가 토형인 경우에는 명령이 잘 통한다. 다만 목의 오만함과 토의 완고함이 충돌하지 않도록 상사가 부하에게 인정을 베풀면 좋은 관계가 형성되고 유지된다.

상사가 토형이면서 부하가 목형인 경우에는 상사는 과정보다 결과를 지나치게 기대하지 않도록 해야 한다. 목형의 부하는 토형의 상사에게 공손한 자세를 가져야 좋은 관계가 유지된다.

(2) 동료 관계

가끔은 꿈속에서 사는 듯한 목형에 비해 토형은 현실적인 측면을 중시하는 강력한 존재로서 다양한 지식을 제공한다. 토는 목을 조금 주제넘게 대하는 편인데 목을 잘 대접하고 존중하면 자신의 입장이 좋아진다.

(3) 연인 관계

목형은 토형의 이성을 신뢰 있는 연인으로 느끼고, 토는 목을 지적인 존재로 존경한다. 결혼하게 되면 서로 잘하지만, 생활을 중시하는 토형이 목형을 구속함으로써 큰 부담을 줄 수 있으므로 목형에

게 자유를 주어야 한다. 목형은 토형에게 사랑의 속삭임이나 대화를
자주 하면 좋은 관계가 형성된다.

(4) 친구 관계

목형은 토형의 소박한 느낌에 이끌리고, 토는 목의 고상한 사상에
이끌린다. 서로 부족한 부분을 배우고 익히면서 의견을 교환하고 대
화를 자주 하는 것이 좋은 관계를 유지하는 비결이다. 의사소통으로
진실한 우정이 지속된다.

4) 목형[木]과 금형[金]의 인간관계

고요하고 차분하게 생각하는 것을 좋아하는 목형은 대인관계에서
시끄럽고 혼란스러운 편인 금형의 공격적인 생활방식을 완화(緩和)
시켜준다. 한편 정의감이 강하고 실행력이 있는 금형은 목형의 사람
좋고 오지랖 넓은 점을 적절하게 조절한다. 두 사람은 기질과 성품
이 확실히 다르며, 사회에서 '당근과 채찍' 같은 역할을 한다. 목형
은 금형의 결단력을 배우고 금형은 목형의 자애로움을 배우면 사회
와 가정에서 발생하는 문제들이 줄어들 것이다. 다만 금형은 합리성
을 추구하는 나머지 자신의 생각만을 고집하는 태도를 개선하고 목
형은 선악 구별이 안 되는 박애 사상을 주장하는 태도를 개선하면
두 사람의 관계는 보다 양호하게 유지될 것이다.

(1) 상사와 부하의 관계

목형이 상사이고 금형이 부하인 경우, 부하는 경쟁력이 있고 영업전

선 등에서 굳건하게 버티는 신뢰할 만한 존재가 된다. 상사는 영업 전략이나 포인트를 지시하는 것만으로 자신의 역할을 다하는 것이다. 금형이 상사이고 목형이 부하인 경우에는 상사가 부하의 지식을 활용할 수 있는 업무를 부여하면 보다 좋은 관계가 유지될 것이다.

(2) 동료 관계

금형에게 속박당하는 관계 속에서 금형은 목형에게 무리한 주문으로 압박하지 않도록 배려해야 한다. 목형이 금형에게 과제를 주고 금형이 그것을 달성하기 위해 매진하는 경우, 둘의 관계는 조화를 이룬다.

(3) 연인 관계

목형과 금형이 연애할 경우 금형은 적극적으로 목형을 따라다닌다. 그것을 따뜻한 자애로 받아들이는 것이 목형의 애정 표현이다. 금형은 목형을 기마병처럼 지키고, 목형은 금형의 귀여운 공주가 됨으로써 아름다운 연인 관계가 유지된다.

(4) 친구 관계

목형은 금형의 생김새를 좋아하고 금형은 목형의 부드러움을 좋아한다. 목형은 자연스럽게 금형의 살아가는 이야기에 마음을 쓴다. 금형이 목형을 따뜻하게 대하면 두 사람은 마치 연인처럼 사이가 매우 좋은 관계가 된다.

5) 목형[木]과 수형[水]의 인간관계

어른스럽고 돌보기를 좋아하면서 친절한 목형과 천진난만하면서
응석받이인 수형은 서로 조합을 잘 이루는 최고의 관계가 형성된다.
지혜가 있는 활동가이기도 한 수형이기 때문에, 목은 애정을 포함한
많은 은혜를 받는다. 수는 목의 착실하고 성실한 것을 좋아하여 착
달라붙어 애교를 부리지만, 의지하는 것을 좋아하는 목은 그것을 즐
긴다. 목이 수를 귀여워하면서 충고를 하면 함께 성장한다. 이성에
게 관심이 없는 수와 이성에 관심이 있으면서 부끄러움을 타는 목
은 서로 지켜보면서 사랑한다.

(1) 상사와 부하의 관계

상사가 목이고 부하가 수이면 상사는 부하의 유연한 태도와 재치에
많은 도움을 준다. 또 부하는 상사에게서 업무 처리 방식, 직장생활,
사회생활에 관련하여 여러 가지를 배운다.

상사가 수이고 부하가 목일 때 부하의 계획을 수용하면 모든 일
이 잘된다. 수형인 상사가 목형인 부하를 연구 모임으로 인도하면
점점 양호한 관계가 된다.

(2) 동료 관계

목은 수에 대해 두뇌 회전이 좋아 미워할 수 없는 사람이라 생각하
고, 수는 목을 진심이 있는 사람이라 생각한다. 명콤비로서 궁합이
잘 맞는다. 목이 사회적으로 리더를 하면 업무에서 더욱더 능력을
발휘한다.

(3) 연인 관계

목이 누이(형), 수가 여동생(남동생) 같은 관계를 유지하며 가족처럼 사이가 좋다. 개인적인 공간에서는 관계가 역전되는 경우가 종종 있으며, 함께 있는 것만으로 기분이 좋아지는 관계이다. 스킨십을 늘리고 맛있는 것을 함께 먹으러 다니면 행복지수가 증가한다.

(4) 친구 관계

이성적인 목(木)과 머리가 좋은 수(水)는 두드리면 소리가 울리는 악기처럼 관계가 조화롭다. 술을 함께 마시고 책을 서로 빌려 봄으로써 우정이 깊어진다.

2. 화형[火]의 인간관계

화(火)와 목(木)의 관계는 목생화(木生火)이며, 화(火)와 토의 관계는 화생토(火生土), 화(火)와 금(金)의 관계는 화극금(火剋金), 화(火)와 수(水)의 관계는 수극화(水剋火)이다. 수극화의 경우, 화(火)에 비해 수(水)가 지나치게 왕성하면 불꽃[火]이 꺼지고, 화에 비해 수가 약하면 수는 고갈한다.

1) 화형[火]과 화형[火]의 인간관계

정열적인 화끼리는 불에 기름을 끼얹는 것 같은 관계이다. 서로 열중하고, 일단 불이 붙으면 쉽게 타오르지만 한여름밤의 꿈처럼 쉽게 끝나 버리는 경우가 많다. 화려한 유형의 두 사람이 어울림으로써 업무 측면에서는 예능인 커플처럼 감정표현이 뛰어나다. 울고 웃고 화를 내는 등 성격이 격렬하지만 바로 냉정해지는 천연덕스러움이 있다. 관계를 계속 유지하고 싶다면 자신을 지나치게 드러내지 말고 지나치게 가까이하지 않는 것이 좋다.

(1) 상사와 부하의 관계

화의 상사와 부하는 정열적이어서 바로 화합이 이루어지지만, 좋은 관계를 오랫동안 유지하기 위해서는 부하가 상사의 이야기에 귀 기울이는 것이 중요하다. 업무 면에서 상사를 잘 따르는 부하가 필요한 관계로, 상사는 부하의 업무 성과를 냉정하게 판가름한다.

(2) 동료 관계

화형의 사람들은 미적 감각과 의식이 뛰어나 패션이나 예능 분야에서 두각을 나타낸다. 서로 뛰어난 감성을 배우고 익히면서 절차탁마하면 비약적인 성장이 가능한 관계가 된다.

(3) 연인 관계

화형의 두 사람은 연예인처럼 어디를 가더라도 눈에 띄지만, 이 화려한 연애는 관심과 배려가 없으면 자칫 일장춘몽이 되고 만다. 오래 가는 사랑을 꿈꾼다면 주거 공간을 정성껏 꾸미고, 진정성 있는 관계를 만드는 노력을 해야 한다.

(4) 친구 관계

명랑한 두 사람은 연애를 화제 삼고, 능동적인 인생을 추구하는 최고의 놀이 친구이다. 다만 함께 어울릴 때 법에 저촉되지 않는 선에서 상식적으로 즐겨야 한다.

2) 화형[火]과 토형[土]의 인간관계

명랑하면서 숨김이 없으며 침착함이 부족한 화형과 모든 면에 관대하면서 태산처럼 묵직하게 보이는 토형의 관상을 가진 사람은 매우 좋은 조합이다.

화형의 정열은 토의 마음을 따뜻하게 한다. 토형은 화의 격려 때문에 실무를 점차적으로 완성해 간다. 토는 화의 강경한 것에 마음이 끌린다. 원래 클래식한 것을 생각하는 사람들이라면 깊은 신뢰관계가 맺어질 것이다. 문제점이라면 두 사람 모두 융통성이 부족하다는 점이다. 본래의 좋은 점을 발휘하고, 순수한 것을 쌓아 가면 오랫동안 좋은 관계가 유지 된다.

(1) 상사와 부하의 관계

상사가 화이며 부하가 토인 경우, 상사의 격한 감정을 토가 흡수해서 진정시키면 좋은 상성(相性)이 된다. 충실하게 따르는 토에 대해, 화는 언제나 편안한 마음을 가지고 업무를 맡긴다.

상사가 토이며 부하가 화인 경우, 실무적인 것은 상사가 취급하는 것이 좋고, 부하가 정보나 자료를 수집하도록 하면 최고이다. 서로가 잘 보살펴 주는 조합이다.

(2) 동료 관계

화와 토는, 단순하면서 소박한 사람들이다. 빈틈이 없는 업무처리로 팀워크는 매우 좋다. 그러나 변화가 심하거나 유동성(流動性)이 많은 분야에서는 스트레스를 많이 받고 고생을 한다. 보수(保守)·유지(維持)를 필요로 하는 분야에서 실력을 발휘한다. 이들은 좀처럼 배반을 하지 않는 관계를 형성하고 있다.

(3) 연인 관계

일희일우(一喜一憂)하기 쉬운 화형의 관상을 가진 사람은 침착하면서 느긋한 토형의 사람에게 편안함과 안정감을 준다. 그래서 적극적인 화형의 사람이 토형에게 접근하여 연애를 시작한다. 토는 소박한 애정으로 화를 받쳐 준다. 신뢰관계를 오랫동안 유지하는 커플이다. 대체로 밋밋한 관계를 유지하기 때문에 가끔은 색기(色氣)가 있는 행동이나 스킨십으로 두 사람의 애정을 높이도록 노력을 해야 한다.

(4) 친구 관계

화형은 항상 흥분된 상태지만, 토형에 있어서 화와 함께 있는 것은 즐거운 한때가 된다. 토의 꾸밈없는 모습이 화에게는 매력적으로 느껴진다. 검소한 교제가 되기 쉬운 것으로 안정된 친구 관계가 된다.

3) 화형[火]과 금형[金]의 인간관계

열대의 남국(南國) 유형인 화의 열정적인 말투는 금형의 강하고 뻣뻣한 면모를 녹여 버린다. 시야가 좁고 완고한 기질이 있는 금형이 유일 솔직하게 귀를 기울이는 것이 자신을 성장하게 만드는 화형의 의견일 것이다. 한편 감정적으로 변화가 심한 화형에 대해서, 금형은 곧 냉정한 판단을 내리고, 목적을 하나로 통일하게끔 만들어 주는 특징을 가지고 있다.

화형과 금형의 두 사람은 모두 개성이 뚜렷하기 때문에 의견을 충돌하는 경우가 많고, 그 결과 서로에게 배우는 것도 매우 많은 조합이다. 각자가 추진하고 있는 목표가 결정되면, 서로 자극적인 관계가 형성되어 목표 달성을 이끌어 주는 좋은 관계를 형성한다.

(1) 상사와 부하의 관계

화형이 상사이고 금형이 부하인 경우에는 상사가 직선적으로 부하에게 명령을 하기 때문에, 반감을 사기 쉬운 경향이 있다. 한편 금형이 상사이고 화형이 부하인 경우에는 합리적인 상사가 분발하는 부하를 잘 다스려 좋은 조합을 형성한다. 화형은 감정을 누르고, 금형의 충동적인 면을 자극하지 않도록 신경을 써야 한다.

(2) 동료 관계

성급하면서 즉흥적인 화형과 합리주의적이면서 이성적인 금형은 같은 업무에서 협력해야 하는 입장에 놓이게 되면 그다지 좋지 못하다. 오히려 담당부서를 나누어 각자에게 업무를 맡기는 것이 큰 성과를 도출해 낼 것이다. 화형의 향상심을 칭찬하고 금형의 뛰어난 집중력을 서로 인정하고 합하면 좋은 성과를 이룬다.

(3) 연인 관계

차분한 금형이 낙천적이면서 밝은 화형에게 연심을 가지는 관계이다. 평상시 불타오르는 것과 같은 사랑을 싫어하는 금형도, 화형의 활기차고 명랑한 것에 매력을 느낀다. 화는 금형에게 조금 배려하는 마음을, 또 금형은 화형을 응석받이로 받아들이면 두 사람의 연애는 오랫동안 지속된다.

(4) 친구 관계

감정 표현에 솔직하고 감정 변화가 심한 화형에게 금형이 주위와 관심을 가지는 친구 관계이다. 때때로 냉정한 눈빛으로 보는 듯한 금형이지만, 웬일인지 화형의 열정에 이끌린다. 결국 화가 말하는 것에 금형은 거역을 하지 않는다.

4) 화형[火]과 수형[水]의 인간관계

화려한 큰 장미송이와 같은 화형과 비오는 날에 처마 끝에 매달아 놓은 종이 인형 같은 수형은 정반대의 캐릭터이다. 서로가 자신에게 없는 것을 상대에게서 발견하고, 자석처럼 착 달라붙는 경향이 있다. 그러나 장시간 같은 곳에 함께 있으면, 반드시 싸우게 된다. 한 쪽이 상대를 잘 받아들이고 대인다운 마음을 가지는 것이 묘책이다. 다투지 않고 각각의 강함을 발휘하면 조직에서의 성과를 기대하는 것이 가능하다. 화형의 관상을 가진 사람은 수형의 유연한 사고방식을 배우게 되고, 수형은 화형의 규칙이나 관습에 따르면, 서로 의지하는 것이 가능한 두 사람의 관계가 형성된다.

(1) 상사와 부하의 관계

상사가 화형이고 부하가 수형인 경우에 상사는 부하의 냉정한 판단에 도움을 받고, 부하는 단순한 상사의 아래에서 자유롭게 업무를 진행할 수 있다.

　수형이 상사이며 화형이 부하인 경우, 상사는 직정경행(直情徑行: 생각하는 것을 숨기거나 꾸미지 않고 그대로 행동으로 나타내는 것을 의미함.)으로 활발한 부하를 잘 이끌지만 부하는 상사의 독설에 상처를 많이 받는다. 수형인 상사는 화형인 부하를 가능하면 자주 칭찬해 주면 관계가 호전될 것이다.

(2) 동료 관계

화형의 관상을 가진 사람이 업무의 절차나 준비를 잘하고 모든 일을 척척 잘 해내는 데 비해 수형은 생각하는 것을 좋아하지만 좀처럼 행동으로 실행을 하지 않는다. 화가 수의 의견을 존중하면서 정확하게 지시를 내리면 수가 자신감을 가지고 행동하기 때문에 관계는 매우 부드럽게 된다.

(3) 연인 관계

화형과 수형은 자신감이 결여되어 있는 얼굴을 상대가 가지고 있기 때문에 서로에게 매우 신비로운 느낌을 받는다. 서로 급격하게 빠져들어서 남들이 부러워할 정도로 시끌벅적한 연애를 한다. 이질적인 기질은 서로 조합이 잘 되기 때문에 상대의 결점이나 단점을 질책이나 비판을 하지 말고, 장점을 칭찬하는 것처럼 하면 언제까지라도 달콤한 사랑을 나눌 수 있는 커플이 된다.

(4) 친구 관계

화형은 흥분을 잘하고, 수형은 냉정하고 침착하다. 화형의 특징을 가진 사람은 전통적인 것에 매력을 가지고, 수형의 특징을 가진 사람은 새로운 사물이나 학문에 관심을 가진다. 서로 이해가 되는 데는 시간이 걸리지만, 선의(善意)를 받아들이는 날에는 영원히 아름다운 우정을 꽃피울 것이다.

3. 토형[土]의 인간관계

토(土)를 중심으로 오행의 관계를 살펴보면, 토(土)와 목(木)의 관계는 목극토(木剋土), 토(土)와 화의 관계는 화생토(火生土), 토와 금의 관계는 토생금(土生金), 토와 수의 관계는 토극수(土剋水)인데, 흙[土]은 물[水]이 있어야 비옥한 땅이 되고, 물[水]이 작은데 토[土]가 많으면 물이 흐려지는 것처럼 인간관계도 이와 같다.

1) 토형[土]과 토형[土]의 인간관계

토형과 토형은 인내심이 매우 강한 발군의 콤비이다. 어려운 시대나 상황에서는 최강의 궁합이라 할 수 있다. 온후(溫厚)하면서 견실(堅實)한 기질을 많이 가진 두 사람은 경제적으로 발전하는 조합이다.

두 사람은 함께 보수적이기 때문에 일이나 사업이 안전노선에 들어가면서 실력을 발휘한다. 신뢰를 제일로 중시하기 때문에 결속하면 한평생 교제를 지속한다. 다만 급격한 변화를 추구해야 하는 장면이나 유연한 대처가 필요할 때는 두 사람의 조합만으로는 시간이 걸리기도 한다. 다른 사람들의 조언을 받아들이지 않으면 문제를 해결하는데 시간이 많이 걸리는 것이 단점이라 할 수 있다.

(1) 상사와 부하의 관계

같은 토형끼리 조합하면 가치관이 매우 흡사하기 때문에 의기투합(意氣投合)하여 융통성이 부족하다. 직장 전체로서는 통풍(通風)이 잘 안 되는 것이 문제이다. 어느 한쪽이 장기간 출장가면 사업의 형태나 역할에 폭을 넓히거나 공기를 바꾸면, 사업 전체의 흐름이 더 부드럽게 된다.

(2) 동료 관계

같은 토형의 관상을 가진 사람끼리 모여 있으면 유리한 입장을 차지하기 위해서 눈에 보이지 않는 파벌싸움을 하게 되고, 완고하게 맞서는 경우도 있다. 때로는 상대의 생각을 존중하고 마음속으로 강하게 생각하지만, 대부분이 자기중심적인 입장에서 그렇게 하는 경우가 많다.

(3) 연인 관계

신뢰와 인정을 중요시하는 두 사람이므로 한 번 맺어지면 오랫동안 지속되는 커플이 된다. 그렇지만 두 사람 모두 금전 감각은 빈틈이 없기 때문에 경제적으로 걱정할 것은 없다. 문제점이라면 교제에 변화가 부족하고, 매너리즘에 빠지기 쉽다는 점이다. 가끔은 색다른 이벤트를 연출하여 활력을 불어넣는 것도 도움이 된다.

(4) 친구 관계

같은 토형의 관상을 가진 사람이 만나면 낭화(浪花 : 부서지며 하얀 꽃처럼 보이는 파도)와 절풍(節風 : 때마침 부는 바람)의 친구가 된다. 한 번 우정을 굳건하게 맺으면 어느 한쪽이 실패하더라도 자신의 능력이 되는 한 바보 같은 짓을 해서라도 친구에게 도움을 주려고 한다. 오랫동안 만나지 못해도 서로에 대한 끈끈한 우정을 맺고 있다.

2) 토형[土]과 금형[金]의 인간관계

안정감이 있는 토형과 강한 기운을 가진 금형은 좋은 궁합이다. 토가 수세(守勢)에 철저하고, 금형이 공격적인 것으로 최대의 성과를 올리는 콤비가 된다. 두 사람 모두 진심으로 완고하기 때문에, 융통성이 부족한 것이지만, 그것만으로 한번 신뢰관계를 맺고 결속이 되면, 어떠한 어려움을 당해도 타개해 나간다. 특히 토형의 관상을 가진 사람들에게는 많은 사람들을 끌어들이는 인간적인 매력이 있기 때문에 자존심이 높고, 고고(孤高)함을 나타내는 금형의 성격을 보완해 준다. 금형은 공격력과 행동력을 갖추고 있기 때문에, "돌다리를 두들겨 보고도 건너지 않는 신중함"을 가진 토형의 기질을 개선하는 관계가 될 것이다.

(1) 상사와 부하의 관계

상사가 토형이고 부하가 금형인 경우에는 상사는 어떻게 해서든지 부하를 감독해서 만사(萬事)를 원만하게 성취한다. 금형인 부하는 토형인 상사로부터 신뢰를 얻는다. 상사가 금형이고 부하가 토형인 경우에는 처음으로 뜻을 세운 것을 관철하려는 의지가 강하고, 과격한 상사에게 온화한 것을 추구하도록 하는 것이 토형인 부하의 역할이다. 특히 상사로부터 돈독한 신뢰를 얻은 토형이라면 상사를 변화시키는 것이 가능하다.

(2) 동료 관계

토형은 보수적이면서 현실 지향적이고, 금형은 혁신적인 목적을 지향하는 유형이다. 언뜻 보면 매우 어려운 조합이지만, 토형이 지원과 후원을 해주는 역할을 함으로 금형은 업무에 전력투구하는 것이 가능하다. 금형이 토형의 원조에 대해서 감사하면 더욱더 좋은 관계로 발전을 할 것이다.

(3) 연인 관계

토형은 오랜 시간 사랑하는 사람에게 눈에 띄지 않는 애정을 지속한다. 금형은 자신이 공주처럼 대접을 받고 있는 것에 대해서 좋아하고, 상대로부터 존중 받는 것을 매우 좋아한다. 토형의 깊은 애정에 금형이 마음을 기울이면, 매우 단단하고 튼튼한 관계를 맺는 궁합이 좋은 연인이 될 것이다.

(4) 친구 관계

토형과 금형의 특징을 가진 두 사람은 현대사회를 꿋꿋하게 살아가는 좋은 친구 관계가 될 것이다. 현실적인 것을 중시하는 토형의 관상을 가진 사람에게는 선물이나 식사를 대접하는 것으로 보다 친밀한 관계를 맺게 된다. 금형에게는 항상 주도권을 가지도록 하면 즐거워한다. 이러한 관계가 유지되면 두 사람은 오랫동안 좋은 친구가 된다.

3) 토형[土]과 수형[水]의 인간관계

토형과 수형은 눈에 보이는 모습이 조금 비슷하다. 두 사람 모두 전신의 살집이 좋고, 굵은 것이 특징이다. 다른 점은, 토형은 건강하고 단단한 체형으로 코와 입술의 살집이 좋고, 수형은 오동통한 체형으로 미간이 넓고 눈이 크고 손등이 부풀어 오른 듯 통통한 것이 특징이다.

토형은 경제나 부동산을 통해서 안정을 추구하려 하고, 수형은 성생활을 통해서 충족을 구하려고 한다. 실질적인 업무나 생활에서는 보다 좋은 관계가 형성될 것이다. 두 사람 모두 정신적인 분야에서 부족한 측면이 있으므로 로맨틱하면서 꿈 같은 상황들을 받아들이면 인생에 더욱더 윤기가 날 것이다.

(1) 상사와 부하의 관계

상사가 토형이고 부하가 수형인 경우에는 상사로부터의 압력이나 중압감으로 부하는 피로해진다. 때때로 노래방 등에 가서 스트레스를 해소하면서 관계를 돈독하게 해야 한다.

상사가 수형이면서 부하가 토형인 경우에는 반대로 부하가 상사를 업무 측면에서 긴장하게 만든다. 부하는 확실하고 철저한 업무처리로 호평을 얻는다.

(2) 동료 관계

토형은 견실해서 모든 일에 신중하고, 수형은 변화를 좋아하는 우유부단함을 가지고 있다. 이러한 경우 수형이 착실하고 진실하게 되어 토형에게 기를 불어넣어 주는 것이 상책이다. 토형은 수형의 지혜를 빌려서 서로의 장단점을 가감하면 좋은 관계가 형성된다.

(3) 연인 관계

토형의 기질을 가진 사람은 귀여운 수형의 사람에게 큰 호감을 가지고 적극적으로 접근하지만, 수형의 관상을 가진 사람은 반응이 뜨뜻미지근하다. 이러한 경우에는 3년 정도로 기다린다는 자세를 가지고 구애하여야 하고, 정열과 끈기로 접근하는 것이 좋다. 수형은 땅에 발을 대고 있는 토형과 관계를 맺으면 길하다. 한평생 최고의 연인으로서 중요한 관계가 될 것이다.

(4) 친구 관계

토형은 신중해서 재미는 그다지 없지만 수형에게는 신뢰를 얻을 수 있는 친구이다. 수형은 귀여울지라도 지루하고 소심한 측면이 있기 때문에 그것을 토형이 컨트롤한다. 수형은 토형에게 보호 받고 도움을 받는 관계가 맺어져야 진정한 행복을 느끼는 친구 관계가 된다.

4. 금형[金]의 인간관계

금(金)을 중심으로 오행의 관계를 살펴보면, 금(金)과 목(木)의 관계는 금극목(金剋木), 금(金)과 화의 관계는 화극금(火剋金), 금(金)과 토(土)의 관계는 토생금(土生金), 금(金)과 수(水)의 관계는 금생수(金生水)로 금(金)은 물[水]을 만나야 예리해지고, 금(金)이 탁수(濁水)에서 놀면 그도 탁해진다. 이처럼 사람도 주변의 관계를 통해서 발전할 것인가 후퇴할 것인가가 결정된다.

1) 금형[金]과 금형[金]의 인간관계

자존심이 강하고 호전적인 기질을 가지고 있는 것이 금형이다. 의지가 강하여 자신의 임무에 충실하고, 경쟁심이 강하기 때문에 끊임없이 지속적으로 마음을 터놓고 이야기해야 한다. 그러나 각각의 목표를 정했다면 밤낮없이 매진해서 서로 자극을 주고, 절차탁마하는 관계가 형성된다.

연인이나 부부관계에서는 심신이 모두 강한 쪽이 주도권을 쥘 것이다. 일상생활에서는 작은 다툼이 끊이지 않지만 서로가 의기투합

할 때는 최고의 성과를 도출해 낸다. '어려운 상황이나 업무에 강한' 콤비이다.

(1) 상사와 부하의 관계

같은 금형의 기질을 가진 상사와 부하는 '상하의 수직적인' 관계가 된다. "이봐!"라고 말하면 곧바로 "네, 알겠습니다"라고 대답하면서 행동하는 군대식의 상명하복의 기운이 두 사람 사이에 흐르고, 사무실은 마치 긴박한 공기가 감도는 군대나 전쟁터를 연상시킨다. 단기간에 일이나 업무를 성사시키는 파워는 회사에 있어서는 중요한 전력이지만, 평소에는 조금 느긋한 마음을 가지는 것이 중요하다. 특히 부하인 금형은 한걸음 뒤에서 상사를 따르는 마음을 가지는 것이 필요하다.

(2) 동료 관계

같은 금형의 특징을 가진 사람들이 만나면 운동선수들의 열정적인 우정과 비슷한 관계가 맺어진다. 상대의 기질과 특징을 인정하면서 질책하는 것뿐만 아니라 성과를 도출하기 위해서 목표를 세우고 의기투합하면 업적을 빠른 시일 내에 만들어 낼 수 있다.

(3) 연인 관계

같은 금형의 특징을 가진 이성은 처음에는 강렬하면서 서로 끌어 주는 연인이 되지만, 점점 주도권을 차지하거나 빼앗으려고 한다. 그렇기 때문에 서로 이기고 지는 것에 대한 생각을 버리고 서로가 존경심과 존중하려는 마음을 가지면 좋은 관계가 유지될 것이다. 때로는 함께 운동을 즐기는 것도, 여유 있게 넘치는 에너지를 줄이고 소화시키는 것이 좋을 것이다.

(4) 친구 관계

개성이 강한 사람으로 과격한 성격이 뚜렷한 금형들이 친구로 만나면, 서로 싸울 때는 과격한 독설을 내뱉으면서 다투기도 한다. 조직 내에서는 같은 사람을 좋아하게 되고, 연인을 빼앗고 뺏기는 관계로 발전하기도 한다. 각각의 '영역이나 구역'을 지킨다면 무난한 친구 관계가 형성된다.

2) 금형[金]과 수형[水]의 인간관계

수영선수처럼 역삼각형의 체형에 콧대가 쭉 뻗어 있으면서 물에 젖은 것처럼 미남(미인)형으로 쿨한 금형과 오동통한 체형으로 애교가 있는 귀여운 얼굴을 한 수형은 의외로 최고의 궁합이 된다. 성격이 강한 금형과 독특한 수형은 쾌(掛)가 맞는 만담처럼 스피디하면서 밀고 당기는 관계를 구축한다. 공식적으로도 사적으로도 플러스를 불러들이는 궁합이 된다.

금형은 무엇인가를 수형을 도와주는 것이기 때문에 수형은 금형을 사모하거나 따른다. 수형은 의지가 강한 금형을 매우 좋아한다. 상대의 개성이나 생활방식을 존중하는 마음을 가지면 매우 행복한 관계를 형성하게 된다.

(1) 상사와 부하의 관계

상사가 금형이고 부하가 수형인 경우에, 평소는 거칠고 딱딱한 상사도 이러한 부하를 두는 것만으로도 달콤함을 느낀다. 수형은 상대방의 말을 잘 들어주므로 상대인 상사로부터 좋은 평가를 받는다.

상사가 수형이고 부하가 금형인 경우에는, 어려운 상사와 좋은 부하가 된다. 금형은 사업이나 일을 성취하고, 상사의 공으로 돌리는 좋은 부하로서 활약한다.

(2) 동료 관계

금형은 수형을 감싸고, 수형은 금형을 중요하게 생각하고 화합하는 관계이다. 수형은 금형으로부터 정사(正邪)의 구별이나 합리성을 배우고, 금형은 수형으로부터 유연성과 발상력을 배우고 계승하면 업무적으로 더욱 좋은 관계가 될 것이다.

(3) 연인 관계

능수능란한 사랑꾼인 금형은 어린아이 같은 수형을 대인의 매력으로 눈 깜짝할 사이에 공략한다. 그래서 속박을 시작하지만, 섹시하면서도 에로틱한 것을 좋아하는 수형은 금형으로부터 집중적으로 사랑을 받고 행복해 한다. 그렇지만 수형이 금형에게 적극적으로 구애를 하고 애정을 표현하면 금형은 수형을 멀리하는 경향이 있다.

(4) 친구 관계

의지와 정의감이 강한 금형과 유머와 유연한 발상이 가능한 수형은 매우 좋은 친구이다. 금형의 의견에 수형이 따르고 있는 상황으로, 수형의 유아적인 성향이 금형의 보호본능을 일깨워 준다. 의지가 되는 금형, 보호를 받아야 하는 수형이라는 관계는 각각의 만족도가 높고, 오랫동안 지속된다.

5. 수형[水]의 인간관계

수(水)를 중심으로 오행의 관계를 보면, 수(水)와 목(木)의 관계는 수생목(水生木), 수(水)와 화(火)의 관계는 수극화(水剋火), 수(水)와 토(土)의 관계는 토극수(土剋水), 수(水)와 금(金)의 관계는 금생수(金生水)로 수(水)는 금(金)이 있어야 고갈되지 않고, 금(金)은 수(水)가 있어야 윤택해진다.

수형[水]과 수형[水]의 인간관계

같은 기질의 수형과 수형은 체형이 오동통하면서 궁합이 좋고, 취미나 흥미도 비슷하다. 맛있는 것을 함께 먹고, 좋아하는 영화 장르도 비슷하므로 두 사람 사이에서는 화제가 부족하지가 않다. 활동적인 것을 좋아하는 두 사람은 나이보다도 젊어 보이는 인상으로, 대화를 나누는 것을 좋아한다. 호기심이 왕성한 반면에 쉽게 만족하는 것 또한 두 사람의 특징이다. 하지만 어느 한쪽이 우유부단해서 어지간해서 끊어지지 않기 때문에 일이나 사업을 해도 방향을 정하지 못하는 어려운 점이 있다. 그러나 욕망대로 흐르지 않도록 주의해야 한다.

(1) 상사와 부하의 관계

수형의 기질을 가진 상사와 부하는 음식 업이나 접객업에서 자신의 능력과 힘을 발휘한다. 요리의 유행에 민감한 두 사람은 사람들이 무엇을 원하고 있는지를 잘 알고 있기 때문에 상업에 적성이 맞다. 다만 공사를 구분하는 것은 중요하다. 먹는 모임도 저녁이 되면 피해야 할 것이다.

(2) 동료 관계

같은 수형의 특징을 가진 사람이 만나면 머리가 좋고 두뇌 회전이 잘되므로 곧 의기투합하지만 그 뿐, 서로 결점을 파악하게 되면 싫어하게 된다. 사업이나 일에서 시간을 엄수하는 것이 서로에게 중요한 매너다.

(3) 연인 관계

오동통한 수형의 기질을 가진 사람들은 항상 소년과 소녀와 같은 정서를 가지고 있다. 먹는 것이나 일상생활이 자연스럽게 화제가 될 것이다. 다만 연애는 단순한 쾌락에 빠지기 쉬우므로 서로 조절을 잘해야 한다.

(4) 친구 관계

같은 수형의 관상과 기질을 가진 사람들은 의기투합도 빠르지만, 유치하게 싸우는 것도 빠르다. 서로 지루하거나 서먹한 관계가 되기 쉽다. 상대의 입장에서 생각하고 행동하면 좋은 관계가 될 것이다.

제5장
오행 관상과 기색론

관상학의 고전에서, "목형인은 길쭉하면서 청색을 띠고, 화형인은 뾰족하면서 적색을 띠고, 토형인은 후중하면서 황색을 취하고, 금형인은 방정하면서 백색을 취하고, 수형인 둥글면서 흑색을 띤다"라고 하였다. 자신의 얼굴 형태에 맞는 기색을 가지고 있으면 좋은 영향을 미치지만, 상극이 되는 기색이 나타나면 좋은 의미보다는 흉한 의미가 강하다.

1. 오행과 색(色)

오행의 목(木)·화(火)·토(土)·금(金)·수(水) 다섯 가지 요소에는 청(靑)·적(赤)·황(黃)·백(白)·흑(黑) 의 색(色)이 배당된다. 이 오색(五色)을 정색(正色)이라고 한다. 중간색으로 불리는 색의 그룹에는 초록·다홍색·중간노랑·옥색·보라색(보라색은 예로부터 검은색과 붉은색이 혼합된 것이라 함)이 배당된다.

1) 오행에서 보는 색의 의미

(1) 청색(靑色)

얼굴에 청색이 나타나면, 우색(憂色)이라 하여 근심걱정과 놀라는 일이 생길 징조로 본다. 산의 푸른 녹음이나 맑은 가을 하늘, 비취색과 같은 색은 길한 색이고, 남색(藍色)이나 검푸르고 어두운 색은 흉한 색이다.

(2) 적색(赤色)

얼굴에 적색이 나타나면, 노색(怒色)이라 하여 싸움이나 관재구설이나 송사와 재난 등이 생길 징조이다. 그러나 닭의 벼슬처럼 붉은색과 빨간 불꽃처럼 윤기가 있는 색은 길(吉)하여 생색(生色)이라 하고, 죽은 생선의 피처럼 장차 꺼지려는 불꽃과 같은 색은 흉(凶)의 의미가 강하여 사색(死色)이라 한다.

(3) 황색(黃色)

얼굴에 황색이 나타나면, 길색(吉色)이라 하여 모든 일이 잘 풀리고 운을 높여 주고 활기를 길러 주는 징조라고 본다. 버들잎의 새싹 같은 색이나 노란 병아리, 거위의 부리와 같은 색은 길색이며, 마른 낙엽이나 죽은 거위와 배의 껍질 같은 색은 흉한 색이다.

(4) 백색(白色)

얼굴에 백색이 나타나면, 애색(哀色)이라 하여 가족 중에 누군가가 사망하여 상복을 입거나 다른 슬픈 일이 생길 징조라고 본다. 서리나 눈처럼 깨끗한 빛깔, 돼지비계와 같은 색은 길색이며, 석회나 마른 뼈나 흰 밀가루를 뿌린 것처럼 어두운 색은 흉한 색이다.

(5) 흑색(黑色)

얼굴에 흑색이 나타나면, 사색(死色)이라 하여 재물에 손실이 있거나 질병과 형벌 및 사망 등 좋지 못한 일이 생길 징조라고 본다. 까마귀 날개 같은 색이나 깊은 물속을 들여다보는 듯한 색은 길색이며, 연기에 그을린 듯하며 축축한 회색이나 먼지가 낀 듯한 색은 흉한 색이다.

위에서 이야기한 생기(生氣)는 좋은 기색이고, 사기(死氣)는 나쁜 기색이다. 이 기색은 일정하지 않고 상황에 따라 수시로 변화는 것으로. 사람에게 다가올 길흉화복에 따라 심천(深淺)이 변한다. 마치 장마철의 날씨처럼 맑았다 흐렸다 하는 것과 같이 아침에는 밝았다가 저녁에는 비가 내리는 것과 같다.

2) 오행과 계절에 따른 기혈색(氣血色)

기혈색이란 인체의 피부 아래에서부터 나타나는 색을 말한다. 같은 한국 사람일지라도 피부색은 사람마다 다르다. 피부색이 원래 희다고 해도 붉은색이 강한 사람이 있고, 황색이 강한 사람도 있다. 거뭇한 사람도 있고 푸르스름한 사람도 있다. 원래 가지고 있는 피부의 색과는 별개로, 진한 붉은색이 되거나 푸른색을 띠기도 한다. 이것을 기혈색이라고 한다.

인체를 오행으로 나누었을 때, 목형[木]의 관상을 가진 사람은 흰색으로부터 푸르스름한 피부색, 화형[火]의 관상을 가진 사람은 붉은 피부색 또는 탄 것 같은 색, 토형[土]의 관상을 가진 사람은 황색 같은 피부색 또는 황토색을 띠는 피부색, 금형[金]의 관상을 가진 사람은 흰 피부색 또는 금속과 같은 빛이 있는 피부색, 수형[水]의 관상을 가진 사람은 흰색이나 검은 피부색을 가지고 있는 것이 특징이다.

오행적인 특징이 가지는 피부색이 어떻게 변화하는 가를 살피는 것은 기혈색을 관찰하는 방법이다. 특히 봄철 피부의 색과 여름철 피부의 색은 사람에 따라 다르다. 기후나 온도의 영향을 많이 받는다고 볼 수 있다. 계절의 오행이라는 것은 봄은 목의 오행, 여름은 화의 오행, 가을은 금의 오행, 겨울은 수의 오행이 된다. 토의 오행은 만물이 흙으로부터 생기고 흙으로 돌아간다고 하듯이, 계절의 사이에 오행의 토가 포함되어 있다. 한국인의 피부 특징으로 볼 때, 노란 피부색이 어떻게 변화하고 있는가를 살피는 것이 기혈색을 살피는데 있어서 매우 중요하다.

(1) 봄의 기혈색

인체의 오행이 봄이 되면 피부색이 푸르스름하게 변하는 것을 볼 수 있다. 그것은 대체로 3월부터 4월 초기 쯤에는 가장 확실하게 나타나고 있다. 날씨와 기후의 탓도 있지만, 봄의 피부색이라는 것은 푸르스름한 상태가 건강하다. 피부색이 건강하지 못한 희고 푸르면서 거뭇한 상태는 질병의 상태를 의심해야 한다. 대부분의 사람은 푸르게 보이는 것이 특징이다.

(2) 여름의 기혈색

여름은 덥기 때문에 자연스럽게 피부가 붉어진다. 여름철에 온도가 상승하여 더울 때에 새하얗고 푸르면 질병을 의심해야 한다. 또 건강하게 햇볕에 그을리는 것과는 달리 새까맣고 거무칙칙한 얼굴을 하고 있는 경우에는 주의가 필요하다. 여름은 황색이거나 희미하게 붉고, 햇볕에 적당하게 그을린 느낌이 있는 피부색은 건강하다.

(3) 가을의 기혈색

가을은 흰 피부색이 건강한 피부색이 된다. 여름의 일광욕으로부터 서서히 흰색으로 변해 가는 것이다. 가을의 피부색에 푸른 기운이 나타나거나 지나치게 붉으면 질병의 의혹이 있는 것이다. 가을은 8월부터 10월까지이다. 이 시기는 아직 여름과 같은 느낌이지만,

여름은 5월부터 7월이다. 태양의 자외선이 제일 강하다고 여겨지는 것이 5월이기 때문에, 8월부터 10월은 태양이 기울어 기후도 온화하게 되는 시기이기 때문에 흰색으로 변화해 가는 것이 자연스럽다.

(4) 겨울의 기혈색

겨울은 백색이나 흑색을 띠지만, 추우면서 해가 좀처럼 나오지 않기 때문에 피부색이 검게 보일 수도 있다. 그리고 검은 사람은 더욱 거 뭇해질 수도 있다. 햇볕에 그을린 사람은 희어진다. 피부의 바깥은 혈류가 없는 상태이므로 검어질 가능성도 있다.

3) 뜻하지 않은 재난을 예지할 수 있는 기혈색 비법

일반적으로 자연에서 오는 천재지변은 통상의 운세로는 예지하기가 어려운 분야에 속한다. 그러나 관상에서만은 어떠한 천재지변이라도 예지하는 것이 가능하다고 알려져 있다.

여기에 예로부터 전해져 온, 뜻하지 않은 재난을 예지하는 비법을 소개하고자 한다. 주로 자연재해지만 인적 재해도 포함한 재난을 예지하는 방법이라고 여기면 된다.

(1) 수난의 관상

아래턱 양쪽 부근에서 귀 아래까지 윤곽을 따라서 어두운 청색이 감돌고 있을 때는 물가 부근에 나가는 것은 위험하고, 강이나 바다뿐만 아니라 호수·댐·계곡·늪 등도 주의해야 한다. 만약 선박에 승선하고 있다면 해난 사고에도 요주의해야 한다.

(2) 익사의 관상

입술 주위를 어두운 기색[暗色]이 둘러싸고 있거나 입술의 색 자체
도 어두운 푸른색을 띠고 있으면, 강이나 바닷물에 빠져 죽는 경우
가 많고, 익사나 투신자살의 경우에도 이러한 기색이 나타난다. 주
로 입술의 주위에만 나타나는 경우도 있지만, 죽음을 부르는 경우는
콧구멍 주위에도 그러한 기색이 나타나고 아랫입술에 암색이 강하
게 나타난다.

(3) 풍수해의 관상

태풍 등에 의한 풍수해로 집의 마루 밑까지 침수가 될 때는 아래턱
주위에 어두운 푸른색이 나타난다. 이러한 경우에 마루 위까지 물이
차오르거나 집 전체에 큰 피해가 있으면 미간 혹은 미간의 조금 아
랫부분에 여드름[赤苞]나 어두운 점[暗点]이 나타난다. 동시에 이마
의 발제 부위에도 어두운 적색이나 다갈색이 나타나기도 한다.

(4) 화재의 관상

미간 부근에 붉은 점이나 붉은 여드름이 나타나거나, 눈의 흰자위
부분에 붉은 실핏줄[赤脈]이 나타나면 화재에 의한 재난에 피해를
당하는 형태로, 이러한 경우에는 자택의 화재뿐만 아니라 교통사고
등에 의한 사고를 통해서도 화상을 입는 경우도 포함된다. 이마 부
위가 기묘할 정도로 검붉어지는 경우에도 주의해야 한다.

(5) 자택 화재의 관상

턱 아래에서 강한 붉은색의 기운[赤氣]이 솟아오르면 자택이나 직장
에 화재를 당하는 관상이다. 위쪽 눈꺼풀[上瞼]이 적몽색을 띠면서

피부가 거칠어지면 가옥이 불타서 내려앉는 형태로, 이러한 경우에는 전소(全燒)되는 경우가 많다. 미간에서부터 이마 중앙까지 검붉은 연기와 같은 색이 출현하는 것도 화재를 당하는 관상이다.

(6) 주택 상실의 관상

이마의 측면 부분이 凹처럼 패이고, 암몽색을 띠고 있는 것은 화재 등에 의해서 주거를 잃게 되는 관상이다. 턱 부위에 적암색을 띠거나 이마 전체가 불에 그을린 것처럼 되어 있거나 미간에서 적암색이 나타나 있지 않으면 자택에서 발생하는 화재가 아니다.

(7) 검난의 관상

이것은 주로 칼날(요즘은 교통사고)에 의한 재난이지만, 총탄에 의한 재난도 포함된 관상이다. 먼저 미간에 접해 오른쪽 상부에 점이나 상처나 얼룩이 있으면 칼이나 총탄에 의한 재난에 주의해야 한다. 붉은 점이나 붉은 여드름은 뜻하지 않은 사건이 다가오고 있음을 알리는 신호이다.

(8) 큰 부상의 관상

눈꼬리로부터 출발한 적맥(赤脈)이 눈초리까지 이르면 제삼자에게 습격당하는 관상이다. 오른쪽 미간에서부터 깊은 주름이 이마 중앙으로 향해 비스듬하게 새겨지는 것은 원한에 관련된 사고이며, 또는 사건에 휘말리기 쉬운 관상이다. 코의 중앙 부분을 비스듬하게 적기(赤氣)가 달리는 것도 큰 부상을 당할 관상이다.

(9) 돌발적인 사고나 피해의 관상

안구의 위쪽에 위치한 이마의 발제 부분에 붉은 여드름이 나타나면 돌발적인 흉행(兇行)의 피해자가 되기 쉽다. 턱과 시골(腮骨) 측면 부근에서 암몽색의 기색선이 콧대로 향해 달리고 있으면 안면이 없는 사람의 표적이 되어 갑자기 습격을 당하는 관상이다.

(10) 지진 피해의 관상

이마의 발제 부위에 어둡고 거무스름한 색[暗蒙色]이나 조금 어두운 흰색의 기운[暗白氣]이나 붉은 여드름이 출현하고, 이마 측면에는 적몽색이 매우 거칠게 나타난다. 또 아래턱 전체가 암몽색, 적몽색이 되거나 거칠어진 피부색이 된다. 가옥 전체를 잃는 경우는 위 눈꺼풀[上瞼]도 적몽색이 되어서 움푹 패여 있는 것처럼 나타난다.

2. 오행과 기혈색(氣血色)

1) 목형인의 기색 및 혈색

- 목형의 관상을 가진 사람의 얼굴에 윤기 있는 청색(靑色 : 목의 정색)이 나타나면 추진하는 모든 일이나 사업이 길하고 성취하는 것이 많다.
- 목형의 관상을 가진 사람의 얼굴에 윤기 있는 홍색(紅色 : 목화상생)의 기색이 나타나면 명리(名利)가 높아진다.
- 목형의 관상을 가진 사람의 얼굴에 윤기 있는 황색(黃色 : 나무가 토의 영양분을 얻는 격)의 기색이 나타나면 재물이 늘어난다.
- 목형의 관상을 가진 사람의 얼굴에 윤기 있는 백색(白色 : 나무를 깎아서 그릇을 만드는 격)의 기색이 나타나면 재물을 얻는 기쁨이 있다.
- 목형의 관상을 가진 사람의 얼굴에 윤기 있는 흑색(黑色 : 물이 나무를 키우는 격)의 기색이 나타나면 관직과 재물이 모두 왕성할 것이다.
- 목형의 관상을 가진 사람의 얼굴에 짙은 청색[木]이 나타나면 모든 일이 순조롭게 진행되지 못한다.

- 목형의 관상을 가진 사람의 얼굴에 적홍색(赤紅色 : 많은 불이 나무를 태우는 격)의 기색이 나타나면 재화(災禍)가 발생하여, 관직에 오른 사람들에게는 좋지 못하다.
- 목형의 관상을 가진 사람의 얼굴에 정체(停滯)된 황색(목토상극격)의 기색이 나타나는 것을 꺼리는데, 황색이 나타나면 질병이 발생하거나 운을 떨어뜨린다.
- 목형의 관상을 가진 사람의 얼굴에 마른 듯한 백색(금이 나무를 극하는 격)의 기색이 나타나면 상복을 입는다.
- 목형의 관상을 가진 사람의 얼굴에 정체된 흑색(물이 많아서 나무가 표류하는 격)의 기색이 나타나면 직업이나 재물을 잃는 경우가 발생한다.

2) 화형인의 기색 및 혈색

- 화형의 관상을 가진 사람의 얼굴에 홍자색(紅紫色 : 화의 정색)의 기색이 나타나면 모든 일에 길하고 이롭다.
- 화형의 관상을 가진 사람의 얼굴에 윤기가 있는 황색(화토상생격)의 기색이 나타나면 명리(名利)가 쌍으로 증가한다.
- 화형의 관상을 가진 사람의 얼굴에 윤기가 있는 백색(불이 진금을 제련하는 격)의 기색이 나타나면 재물이 늘어나는 기쁨이 있다.
- 화형의 관상을 가진 사람의 얼굴에 윤기가 있는 흑색(수화기제격)의 기색이 나타나면 재물이 늘어나고 경사스러운 일이 일어난다.

- 화형의 관상을 가진 사람의 얼굴에 윤기 있는 청색(나무가 불을 피우는 격)의 기색이 나타나면 관직과 재물 모두 왕성할 것이다.
- 화형의 관상을 가진 사람의 얼굴에 검붉게 그을린 색[赤焦色 : 화의 질병에 화가 침범하는 격]의 기색이 나타나는 것을 꺼리는데, 만약 이러한 기색이 나타나면 모든 일이 순조롭지 못하다.
- 화형의 관상을 가진 사람의 얼굴에 정체된 황색(불이 토를 생하지 못하는 격)의 기색이 나타나면 질병에 걸리거나 운이 정체되거나 막힌다.
- 화형의 관상을 가진 사람의 얼굴에 마른 듯한 백색(많은 금의 기운이 불을 꺼지게 하는 격)의 기색이 나타나면 상복을 입는 일이 발생한다.
- 화형의 관상을 가진 사람의 얼굴에 정체된 흑색(물이 불을 끄는 격)의 기색이 나타나면 재산을 잃거나 직업을 잃는다.
- 화형의 관상을 가진 사람의 얼굴에 어두운 청색(많은 나무가 불을 압박하는 격)의 기색이 나타나는 것을 꺼리는데, 만약 어두운 청색이 나타나면 근심걱정과 놀라는 일로 인해서 재산이 손실된다.

3) 토형인의 기색 및 혈색

- 토형의 관상을 가진 사람의 얼굴에 윤기 있는 황색(黃色 : 토의 정색)의 기색이 나타나면, 모든 일이 길하고 순조롭게 진행되면서 이롭다.
- 토형의 관상을 가진 사람의 얼굴에 윤기 있는 백색(금이 토를 진

압하는 격)의 기색이 나타나면 명리(名利)가 쌍으로 증가한다.

- 토형의 관상을 가진 사람의 얼굴에 윤기 있는 흑색(물이 흙을 윤기 있게 하는 격)의 기색이 나타나면 재물이 날로 늘어난다.

- 토형의 관상을 가진 사람의 얼굴에 윤기 있는 청색(나무가 토의 기운을 소소하게 하는 격)의 기색이 나타나면 재물이 늘어나는 기쁨이 있다.

- 토형의 관상을 가진 사람의 얼굴에 윤기 있는 홍색(불이 흙을 생하는 격)의 기색이 나타나면 관직과 재물이 모두 왕성할 것이다.

- 토형의 관상을 가진 사람의 얼굴에 정체된 황색(토의 질병이 토를 침범하는 격)의 기색이 나타나는 것을 꺼리는데, 정체된 황색이 나타나면 모든 일이 순조롭지 못하고 막히는 경우가 많다.

- 토형의 관상을 가진 사람의 얼굴에 마른 듯한 백색(금이 많아서 토를 허하게 하는 격)의 기색이 나타나면 상복을 입는다.

- 토형의 관상을 가진 사람의 얼굴에 정체된 흑색(물이 많아서 흙이 흩어지는 격)의 기색이 나타나면 재산을 파산하거나 직업을 잃는다.

- 토형의 관상을 가진 사람의 얼굴에 어두운 청색(나무가 흙을 극하는 격)의 기색이 나타나면 근심걱정과 놀라는 일로 인해서 재산에 손해를 당한다.

- 토형의 관상을 가진 사람의 얼굴에 적홍색(赤紅色 : 강한 불이 흙을 태우는 격)의 기색이 나타나는 것을 꺼리는데, 토형의 얼굴에 적홍색이 나타나면 재화(災禍)가 뒤따라 관직에 오를 수 없다 .

4) 금형인의 기색 및 혈색

- 금형의 관상을 가진 사람의 얼굴에 윤기 있는 백색(白色 : 금의 정색)의 기색이 나타나면, 모든 일이 길하고 이롭다.
- 금형의 관상을 가진 사람의 얼굴에 윤기 있는 흑색(금수상생 격) 의 기색이 나타나면 명리(名利)를 쌍으로 얻는다.
- 금형의 관상을 가진 사람의 얼굴에 윤기 있는 청색[극화위용(尅化爲用)의 격]의 기색이 나타나면 관직과 재물이 모두 왕성해진다.
- 금형의 관상을 가진 사람의 얼굴에 윤기 있는 홍색(약한 불이 금을 제련하는 격)의 기색이 나타나면, 재성(財星)이 높게 빛난다.
- 금형의 관상을 가진 사람의 얼굴에 윤기 있는 황색(금토상생 격) 의 기색이 나타나면 재산이 나날이 증가하는 기쁨이 있다.
- 금형의 관상을 가진 사람의 얼굴에 마른 듯한 백색(금의 질병이 금을 치는 격)의 기색이 나타나면 상복을 입는다.
- 금형의 관상을 가진 사람의 얼굴에 정체된 흑색(많은 물이 금을 물에 담그는 격)의 기색이 나타나면 재산을 잃거나 직장을 잃거나 한다.
- 금형의 관상을 가진 사람의 얼굴에 어두운 청색(금목상극의 격) 의 기색이 나타나면 근심걱정이나 놀라는 일로 인해서 재산에 손해를 당한다.
- 금형의 관상을 가진 사람의 얼굴에 적홍색(화가 왕성하여 금을 녹이는 격)의 기색이 나타나면 재화(災禍)가 잇따르고 관직을 잃는 일이 발생하기도 한다.
- 금형의 관상을 가진 사람의 얼굴에 정체된 황색(많은 흙이 금을

매몰시키는 격)의 기색이 나타나면 질병이 발생하여 운명이 정체
되거나 막히는 경우가 많다.

5) 수형인의 기색 및 혈색

• 수형의 관상을 가진 사람의 얼굴에 윤기 있는 흑색(黑色 : 수의
  정색)의 기색이 나타나면 모든 일이 순조롭고 길하다.
• 수형의 관상을 가진 사람의 얼굴에 윤기 있는 청색(수목상색 격)
  의 기색이 나타나면 명리(名利)를 쌍으로 얻는다.
• 수형의 관상을 가진 사람의 얼굴에 윤기 있는 홍색(수화상자(水
  火相滋)의 격)의 기색이 나타나면 관직과 재물이 모두 왕성해진
  다.
• 수형의 관상을 가진 사람의 얼굴에 윤기 있는 황색(토가 물을 지
  키는 격)의 기색이 나타나면 재성이 높게 비춘다.
• 수형의 관상을 가진 사람의 얼굴에 윤기 있는 백색(금이 물을 생
  하는 격)의 기색이 나타나면 재물이 나날이 증가하는 기쁨이 있
  다.
• 수형의 관상을 가진 사람의 얼굴에 정체된 흑색(수의 질병이 수
  를 치는 격)의 기색이 나타나는 것을 꺼리는데, 나타나면 모든 일
  이 순조롭지 못하다.
• 수형의 관상을 가진 사람의 얼굴에 어두운 청색(많은 나무가 물
  을 말리는 격)의 기색이 나타나는 것을 꺼리는데, 나타나면 근심
  걱정과 놀라는 일로 재산을 잃는다.
• 수형의 관상을 가진 사람의 얼굴에 적홍색(불이 많아서 물을 고갈

시키는 격)의 기색이 나타나면 재화가 뒤따르고 관직에 오를 수
없다.

• 수형의 관상을 가진 사람의 얼굴에 정체된 황색(토가 와서 물을
극하는 격)의 기색이 나타나면 질병이 발생하여 운명을 막는다.

• 수형의 관상을 가진 사람의 얼굴에 마른 듯한 백색(금이 많아 물
이 넘치는 격)의 기색이 나타나면 상복을 입는 일이 일어난다.

3. 오행 성격과 기색(氣色)

오행에서 목은 곧게 성장하는 기질을 가지고 있으며, 화는 물건을 연소시키고 불타오르게 하는 기질을 가지고 있다. 토는 사물을 신고 무성하게 하는 기질, 금은 맑은 소리를 내는 기질, 수는 차갑고 한랭한 기질을 가지고 있다.

각 오행이 가지는 기본적인 기질은 사람의 성격에도 영향을 미친다. 성격에 따라 선호하는 색과 기질이 다르기 때문에, 같은 색을 활용하더라도 그 색이 성격과 운명에 미치는 영향은 다르다.

예를 들어, 외향적인 목형이 황색을 활용하면 소극적인 경향을 띠게 된다. 대담한 화형이 황색을 활용하면 침착성이 없어지고, 자신감 넘치는 토형이 황색을 활용하면 경솔하게 된다. 낙천적인 금형이 황색을 활용하면 헌신적인 사람이 되고, 명랑한 수형이 황색을 활용하면 이지적인 사람으로 변한다.

이처럼 각 성격에 색이 미치는 상호관계를 정리해 보면 다음과 같다.

1) 외교적인가 내향적인가 - 목(木)

목성은 밖을 향해 뻗어 나가는, 즉 발전하는 것이 주된 의미이다. 외교적인가 외교적이지 않은가, 활동에 있어서 적극적인가 적극적이지 않은가 하는 것이 초점이다. 외향적인가 내향적인가 하는 것은 대략적으로 양(陽)과 음(陰)의 차이로, 실(實)과 허(虛), 플러스(+)와 마이너스(-)의 차이이기도 하다. 이것은 반드시 플러스가 좋고, 마이너스가 나쁘다는 의미가 아니다. 밖으로 뻗어 나가면 발전성이 있는 대신 그만큼의 위험이 따르고, 두문불출하면 발전성은 없는 대신 안전하기는 하다. 음양은 어떤 경우라도 동등하고, 이는 다른 오행의 경우에도 마찬가지이다.

〔 **목형인과 색채** 〕

	외향적인 사람	내성적인 사람
적(赤)	대담하고 개방적이지만 행동이 지나친 경우도 있다.	적극성이나 표현력이 증가한다.
흑(黑)	겸허하게 되고, 지구력이 증가한다.	장난기가 부족하고, 소극적이어서 조심을 많이 한다.
백(白)	민첩하고 예리하게 된다.	신경질적이 되며, 주의력이 늘어난다.
황(黃)	소극적이고 가볍다.	지혜가 있으면서 활동적이다.
청(靑)녹(綠)	내적으로 힘을 축적하지만 소극적인 경향이 된다.	사고력이 증가하고, 창조력이 나타난다.

2) 대담한가 소심한가 - 화(火)

불[火]은 무서운 기세로 불타올라 번창하거나, 아예 흔적도 없이 사라져 버리는 등 낙차가 큰 것이다. 표면으로 나설까, 나서지 말까 하는 식으로 매우 극단적이다. 이것을 인간의 성격으로 표현하면, 성공하든 실패하든 승부수를 던지는 것으로 연결된다. '대담하다'라는 것은 겁이 없고 간이 크다는 의미인 동시에 '무모함'으로 연결되기도 한다. 이처럼 '성공하든 실패하든 일단 하고 본다'라는 도박꾼 같은 기질을 다르게 표현하면 대담한가 혹은 소심한가로 이야기할 수 있다.

[화형인과 색채]

	대담한 사람	소심한 사람
적(赤)	더욱더 의욕적으로 행동한다.	대담하면서 명랑하다.
흑(黑)	견실하게 되어 정확성이 증가한다.	우울증에 걸리거나 고독하면서 음침한 경향이 있다.
백(白)	민감하게 되어 주의력이 증가한다.	신경질적으로 되고 화를 잘 낸다.
황(黃)	활발하고 활동적이지만 침착성이 없어진다.	의욕적으로 활동하면서 실행력이 늘어난다.
청(靑)녹(綠)	침착, 냉정하게 되어 안정되고 포용력이 증가한다.	침착성이 나타나고, 저력이 늘어난다.

3) 자신감이 지나친가 자신감이 없는가 - 토(土)

토성이라는 것은 개성이 매우 강하고, 본질적으로는 변화하지 않는 것이다. 인간으로 말하면 완고한 성격이다. 이 완고함이 인간사회에 있어서는 '자신감이 있고 없고'로 연결된다. 자신이 있으면 역경에 처해도 꺾이지 않으므로 아량 있고 느긋한 성격이 된다. 반대로 자신감이 없는 경우에는 사람들에게 세세하게 신경 쓰는 반면 혼자서 고민하는 등 시의심(猜疑心)이 강한 성격으로 연결된다. 토의 성격에도 여러 가지가 있다. 묵직하여 움직이지 않는 산, 격렬하여 모든 것을 흘러가게 하는 토사 붕괴, 따뜻하게 만물을 길러 주거나 자연스럽게 환원하는 흙 등이 그것이다. 어쨌든 공통적으로 말할 수 있는 것은 '결국은 변화하지 않는 자신이 주체'라는 것이다.

〔 토형인과 색채 〕

	자신감이 지나친 사람	자신감이 없는 사람
적(赤)	충동적으로 되어 열광하기가 쉬워진다.	웅대한 기분이 되어 적극성이 나타난다.
흑(黑)	완고하고 음험하게 되어 사심(邪心)이 나타난다.	미혹이 많아져 우울한 기분이 된다.
백(白)	순수한 기운이 되어 정의감이 강해진다.	불안정한 기운이 되어 자신감이 없어진다.
황(黃)	경솔하게 되어 마음이 변하기 쉬워진다.	행동적으로 되지만, 침착성이 부족하게 된다.
청(靑) 녹(綠)	침착성은 있지만 소극적이 된다.	침착성이 있어서 안심할 수 있다.

4) 낙천적인가 신경질적인가 - 금(金)

금성은 본래 '형통(亨通)하다'라는 것이 기본적인 성격이다. 이해하기 쉽게 인간의 성격에 적용해 보면, 두뇌 회전이 빠르고, 감각이 좋고, 예민하고, 판단력이 예리한 것이다. 불필요한 것은 단칼에 잘라버리면서도 낙천적인 성격이다. 세세한 것에 지나치게 영향을 받아서 신경질적인 성격으로 변하기도 한다. 낙천적인 것, 화끈한 것, 신경질적인 것, 세세한 것은 표리일체(表裏一體)의 성질을 가지고 있다.

〔 금형인과 색채 〕

	낙천적인 사람	신경질적인 사람
적(赤)	개방적인 경향이 지나쳐서 업무에 태만하게 된다.	원만하고 명랑해지며, 우아함도 나타난다.
흑(黑)	견실성이 증가하고, 근면하게 된다.	경계심이 강해고, 소인(小人)의 기질을 가지게 된다.
백(白)	민감, 민첩해지고, 주의력이 증가한다.	초조해하거나, 히스테릭하게 된다.
황(黃)	발전적이거나 헌신적으로 된다.	자극을 받기 쉽고, 불안정하고 성격이 급하게 된다.
청(靑)녹(綠)	신중하게 되거나 관대한 기분이 된다.	침착성이 나오고 내적인 힘이 증가한다.

5) 명랑한가 울적한가 - 수(水)

수형은 언뜻 보면 알기 쉬운 느낌이지만, 의외로 내면이 깊은 것이 문제이다. 명랑한가? 명랑하지 못한가? 하는 것은 일반적으로 잘 사용하는 표현이지만, 무엇을 가지고 '밝다'고 하는지는 조금 애매하다. 단순한 '밝다'고 하면 화성으로 분류되겠지만 명랑하다는 것은 '기분이 들썩들썩하고 있다'라는 의미 즉 상하, 고저, 경중으로 분류되는 문제이다. 즉 기분이 떠 있는지 가라앉아 있는지, 가벼운지 무거운지라는 문제로 수형의 특징을 파악한다. 물은 일반적으로는 아래로 흐르지만, 열을 가하면 수증기가 되어 위로 올라간다. 그 밖에 위로 오르거나 아래로 가라앉거나 하는 오행은 없기 때문에 매우 재미있는 현상이다.

〔 **수형인과 색채** 〕

	명랑한 사람	울적한 사람
적(赤)	웅대한 마음이 되어 행동에 대한 의욕이 증가한다.	명랑하면서 원만하게 된다.
흑(黑)	견실하고 침착하게 된다.	음험하고 협소한 성격이 된다.
백(白)	결백하게 되거나 예리함이 나타난다.	결백하게 되지만, 노기가 증가한다.
황(黃)	활발하고 이지적으로 된다.	발전적이고 활발하게 된다.
청(靑) 녹(綠)	자애심으로 포용력이 나와 이지적으로 된다.	침착성이 나오고 사고력이 증가한다.

제6장

오행과 왕문결(王文潔)의
십자관상(十字觀相)

중국 명대(16세기)의 의학자였던 왕문결(王文潔)은 『계왕씨비전 : 지인풍감원리상법전서』

권1 에서 사람들의 다양한 얼굴의 형태를 연구하여 열 개의 글자(由·甲·申·田·同·

王·圓·目·用·風)에 얼굴을 대입하는 '십자상법(十字相法)'을 창안하였다. 이 십자상법

을 통해서 사람들의 얼굴의 특징과 기질을 보다 쉽게 파악할 수 있었다. 이후 중국이나 한

국 및 일본의 관상학자들이 자신들의 경험을 보충하고 축적하면서 후학들이 쉽게 관상을

공부할 수 있게 하였다.

〔 오행과 십자관상 〕

오행(五行)	십자(十字)	특징
목형(木形)	갑(甲), 목(目)	직사각형 □ 및 역마름모꼴 ▽
화형(火形)	유(由), 신(申)	삼각형 △▽ 및 다이아몬드형 ◇
토형(土形)	전(田)	원형 ○ 및 둥근정사각형 ◯
금형(金形)	동(同)	사각형, 긴네모꼴 □
수형(水形)	원(圓)	타원형의 둥근꼴 ○
복합중복형	용(用), 왕(王), 풍(風)	여러 형태가 혼합되어 있음.

모든 사람들의 얼굴과 체형은 오행의 정기를 받아서 형성되는데, 오행의 기운이 바른 것이나 치우친 것이냐를 분석하여 다섯 가지 형태에서 좀 더 세분화한 것이 십자면법(十字面法)이라 할 수 있다. 이 십자면법은 사람의 얼굴 형태를 10개의 한자(漢字)로 구분한 것으로, 갑(甲)·유(由)·신(申)·전(田)·동(同)·목(目)·용(用)·왕(王)·원(圓)·풍(風)자가 있다. 이 중에서 오행으로 분류할 수 있는 것도 있으며, 여러 가지가 혼합된 복합형도 있다. 또한 이 십자면법은 얼굴의 모양을 단순히 한자의 형태와 연결한 것으로, 한자의 의미와는 관련이 없다 할 것이다.

1. 목형(木形) : 갑자형(甲字形), 목자형(目字形)

1) 갑(甲)자형

목(木)의 기운을 타고난 갑자형은 이마의 천정(天庭)을 중심으로 한 부위와 관골(광대뼈)이 넓고, 턱 부위가 좁다. 코를 중심으로 얼굴을 위아래로 나눈다면 위는 발달하고 아래는 쭉 빠진 형태로, 하늘은 있으나 땅이 없는 격이다. 한자의 '갑옷 갑(甲)'자를 닮아 갑자형 얼굴이라고 한다.

(1) 갑자형 얼굴의 특징

갑(甲)자처럼 이마가 넓고 발달되어 있지만 볼에는 살이 없고, 턱으로 갈수록 좁아지는 마름모꼴이다. 즉 하늘은 넓고 땅은 좁은 격이다(하늘은 아버지, 땅은 어머니라 부른다.) 이러한 얼굴 형태를 가진 사람은 조상의 음덕과 복덕을 타고나 지위나 명성을 얻지만, 재물운은 부족한 편이라 할 수 있다.

보통 26세 전까지 사람들의 존중을 받고, 다시 28~30세 무렵에 사람들의 지도자가 되며, 오관이 잘 발달되어 있으면 말년까지 운세가 좋게 된다. 오관 중에서 3관 정도에 결함이 있는 사람은 허랑방탕하여, 사업을 하면 성패가 많고, 50세 무렵에 운이 전반적으로 쇠퇴하고 말년에는 고독하게 된다. 다시 말해, 초년의 복은 좋지만 말년으로 갈수록 좋지 않게 된다. 그러므로 초년이나 중년에 재산이 생기면 착실히 저축하여 말년을 대비해야 한다.

(2) 갑자형의 기질과 성격

오행으로 본다면 갑자형은 목형(木形)에 속하며, 나무의 기질처럼 성질은 정직하기는 하지만 조금은 신경질적인 사람이다. 정신력에 비해 체력이 약간 떨어지는 측면이 있다. 다양하게 생각하는 것은 많지만 그것을 실천하거나 밀고 나가는 힘이 약하고, 시작은 거창하지만 마지막이 애매하게 되는 경우가 많다. 두뇌 회전이 빠르고 꼼꼼한 성격을 가지고 있다. 그러나 내향적인 면이 강해 그다지 사교적이지 못하다. 자기 자신은 물론 타인에게까지 완벽함을 요구하는 경우가 있어 극단적인 행동을 하기도 한다. 또한 아버지는 한 분이지만 어머니는 두세 분인 경우가 많다. 이것은 우리 주위에서 많이 볼 수 있는 일인데, 대부분 윤택한 가정에서 태어났으므로 아버지가 첩을 얻는 수가 많고 만일 계모나 서모가 없는 사람은 대부분 양자를 가서 다른 부모를 모시는 경우가 많다.

(3) 갑자형의 직업

갑자형의 관상을 가진 사람들은 감수성이 강하고, 예능 방면에 성공운이 비교적 높다. 특히 문학·작가 계통에서 성공한다. 또한 음악이나 패션 분야에 진출해도 좋을 것이다. 초년의 학업운이 좋은 점과 치밀함을 잘 살려서 연구원(법학, 과학, 의학 등)·교직·철학·종교 쪽으로 일을 하면 좋다.

(4) 갑자형의 건강

생각만큼 몸이 따라가지 않는 경우가 많기 때문에, 신경성 질환이나 스트레스성 질환이 우려된다. 신경쇠약·신경성위염·불면증·두통 등에 특별히 조심할 필요가 있다.

(5) 갑자형의 길흉

갑자형의 관상을 가진 사람들은 코가 큰 것은 좋으나 콧등에 기절(起節)이 있는 것은 좋지 못하다. 이것은 나무에 있는 옹이와 같은 것으로, 코는 오행으로 토성(土星)인데, 기절이 있으면 목극토(木剋土)가 되어 성공과 실패를 반복하게 된다. 또한 윗입술이 단정하고 두터우면 장수를 하면서 총명한데, 입술이 짧거나 오그라든 것처럼 보이면 - 취화구(吹火口)처럼 생긴 입 - 혼인에 좋지 못하고, 사업도 성패가 반복된다. 게다가 오악이 서로 균형이 맞지 않으면 부모와의 인연이 약하거나 직업적으로 안정되지 못하고, 어린 시절에 고향을 떠나 타향을 전전하면서 살게 된다.

(6) 갑자형의 개운법

갑자형처럼 위가 넓고 아래가 좁은 관상은 처음은 부귀하지만 나중에 빈곤하게 됨을 상징한다. 말년에 재물의 파산이나 주거지의 변동, 이별, 친지나 동지의 배신 등이 있을 수 있으니 조심해야 한다.

날마다 꾸준한 운동으로 체력과 끈기를 기를 필요가 있다. 자신만의 공상이나 창조의 세계에 빠져 고립되고 고독할 수 있으므로 종종 친구나 인생 선배와 상담하는 것이 좋다. 또한 신중하다 못해 기회를 놓치는 일이 있으므로, 전문가의 조언을 듣고 실천해 나가면 다방면에서 성공할 것이다. 적극성과 인내심이 절실한 유형이다.

(7) 갑자형의 유명인

고아라(배우), 김갑수(배우), 박보검(배우), 박호산(배우), 정은채(배우), 이종석(배우), 홍석천(방송인)

2) 목자형(目字形)

얼굴이 직사각형을 세워 놓은 듯 한자의 '눈 목(目)'자를 닮았다. 이마의 천정 부위가 높으면서 좁고, 콧대가 길며 턱이 좁고 길다. 목자형의 전형적인 형태로, 이마와 광대뼈 모두 넓은 데가 없이 좁으면서 얼굴의 네 귀가 각이 지면서 전체적으로 갸름하다.

(1) 목자형 얼굴의 특징

오행의 목형에 가까운 관상이다. 얼굴이 목(目)자의 형태처럼 위아래 폭이 같기 때문에 전체적으로 길고 가늘게 보인다. 콧날이 길게 뻗어 전체적으로 아래쪽으로 처진 것 같은 형상이며, 대체로 키가 크고 다리가 길다. 동물로 치면 말의 형상에 가깝다.

말의 형상을 가진 사람이라도 운명이 정반대로 나타나는 경우가 있다. 목형인은 야위어 있는 것이 좋은 관상으로, 뼈가 바르고 눈썹과 눈이 아름다우며 품위가 있는 사람은 고귀한 관상지만, 얼굴 생김새가 혼탁하면 재운도 별로 좋지 않고 한평생 고생할 것이다.

목자형의 관상을 가진 사람은 초년 운은 좋지만, 20세 전후에 고향을 떠나 유람하며 세월을 보내는 경우가 많다. 재난으로 인해 가정이 기울거나 가산을 탕진하기도 한다. 만약 여성이 이러한 관상을 가지고 있다면 고지식하고 자신감이 있으므로 결혼 후 불평불만이 날로 늘어가며, 끝내는 남편과 생이별 또는 별거하는 일이 발생한다. 자식은 많으나 효도하는 자식이 별로 없다고 보면 된다. 남녀 모두 수명은 70세 이상을 넘긴다.

목자형의 관상을 가진 사람 중에서 오관(五官 : 눈, 귀, 코, 혀, 피부)이 균형을 이루지 못하면 허영심이 강하고, 실패를 반복하고 좋은 재주를 가지고서도 화합하지 못해 인간관계가 원만하지 못한 경향이 있다. 또한 지력(智力)이 뛰어나고 감성이 좋으며, 다만 가벼운 일에도 이지(理智)와 감정이 충돌하는 번뇌를 많이 하고, 턱 부위가 크면 감정이 이지(理智)보다 앞서고 실행력도 있지만 감정에 치우치기 십상이다.

※상정(上停)은 지력(智力)·사고력·추리력 종합적인 사고를 담당하고, 중정(中停)은 실행력·권력·야심·반항심·모험정신을 담당하고, 하정(下停)은 정욕(情欲 : 애정·성욕)을 담당한다.

(2) 목자형의 기질과 성격

목자형처럼 얼굴이 좁고 긴 사람은 총명한 두뇌와 발군의 재치가
있다. 온후한 성품의 소유자로, 선량하고 사랑이 깊고 내성적이지
만, 한 번 화를 내면 무섭고 매우 신경질적이다. 그 때문에 약간 까
다롭게 보이며, 우울증이 잘 온다. 마음이 좁고 구두쇠 기질이 있어
서 도량이 큰 인물이라고 말하기는 어렵다. 여성의 경우에는 시부모
와 동서 간에 갈등이 많다.

목자형은 의지가 강하고, 자신이 좋아하는 분야에서 끈질기게 노
력해 나가는 유형이다. 그러나 허세를 부리거나 쓸데없는 행동으로
도가 지나친 경우가 종종 있다. 초년기·중년기에 비해 말년을 온화
하게 보내는 경우가 많다. 이 관상은 금기(金氣)와 수기(水氣)가 서
로 손상됨을 상징하므로 부귀와 장수를 누리기 어려우며, 전반적으
로 하천(下賤)한 상이다.

(3) 목자형의 직업

목자형은 기질적으로 예능계통으로 진출하는 경우가 많고, 계교와
모략을 겸하는 상업 분야로 진출하는 경우도 많다. 이러한 관상을
가진 사람은 한 가지 일에 정진하는 것이 좋다. 예를 들면 이공계통
이나 예능 계통에서 기술과 재주를 익히는 것이 장래를 위해 좋다.
또한 목자형의 얼굴에 조금은 각이 진 얼굴 형태를 한 사람은 조각
가·공예가가 많다. 얼굴에 희미하게 붉은 기운이 둘러싸고 있는 사
람은 학문·예술 분야에서 두각을 나타낸다.

(4) 목자형의 건강

비교적 건강한 체질이지만 신경성 질환에 유의해야 한다. 신경성 위

염을 비롯하여 두통과 불면증으로 고생하기도 한다.

(5) 목자형의 길흉

목자형의 관상을 가진 사람들은 콧구멍이 드러나지 않아야 하며, 광대뼈가 일정하게 둥글고 균형이 맞아야 한다. 얼굴이 가는데 광대뼈가 크면 자기 자랑만 하고 실제적인 능력을 별로 없고, 반대로 얼굴이 큰데 광대뼈가 작으면 책임감이 강하지 못하고, 사람을 관리하는 능력이 부족하다. 목자형의 관상은 상·중·하정의 균형이 잘 갖추어져야 하는데, 균형이 맞지 않고 기울어지거나 깎이면 운세에 균형이 맞지 않아 대업을 이루기 어렵고 의식(衣食)에 근심걱정을 많이 해야 한다.

(6) 목자형의 개운법

자신이 좋아하는 분야에 뼈를 묻는 것이 좋다. 여기저기 직업이나 신상을 옮기면 주위의 평판이 떨어지므로 주의한다. 또 대인관계를 원만하게 유지해야 하며, 비록 자신의 마음에 들지 않는다 해도 큰 도량으로 받아들일 수 있는 지혜가 필요하다. 자주 웃어서 입과 턱의 근육을 단련하면 말년운이 좋아질 것이다.

(7) 목자형의 유명인

김태훈(배우), 우효광(배우), 이소라(모델), 전지현(배우), 지진희(배우), 차승원(배우)

2. 화형(火形) : 유자형(由字形), 신자형 (申字形)

1) 유자형(由字形)

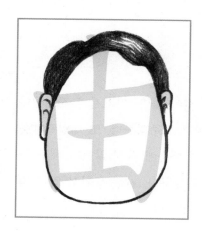

이마 부위는 좁고 뾰족하고, 턱 부위가 발달하여 넓고 풍후한 것이 '말미암을 유(由)'자를 닮았다. 턱뼈가 발달해 있어서 사각턱이거나 이중턱으로 보인다. 갑자형과는 정반대의 얼굴 형태이다. 이것은 땅만 있고 하늘이 없는 격이다.

(1) 유자형 얼굴의 특징

유자형의 얼굴은 턱이 넓지지만 이마가 좁아 정삼각형에 가까운 얼굴 형태이다. 땅은 넓고 하늘은 좁은 격으로, 하늘은 아버지이고 땅은 어머니이므로 대개 아버지와 일찍 사별하거나 아버지가 생존해 있더라도 부모의 덕이 없어 배움을 중단하는 경우가 많다. 대개 고아 출신이나 서자가 많고, 형제가 있어도 부모가 연로한 상태에서 막내로 태어난다. 어려서는 고생이 많고, 고향을 떠나 객지 생활을 하며, 거주지가 자주 바뀌는 시련이 수반된다. 하지만 25세 이후부터 운이 발전하여 성공할 관상으로, 대기만성형의 인물에게 많은 상이다. 코의 형태가 발달했다면 50세까지 상당한 재산을 모을 수 있을 것이다. 여성의 관상이 이러하다면 고독한 경향이 있으며, 좋은 남편과 결혼하면 영화를 누리지만 자식으로 인해 고생을 많이 한다.

남성의 경우, 오관이 조화롭지 않고 문제가 있으면 30세 이전에는 고생하거나 고독하게 지내며 조상과 부모의 가업(家業)에 의지할 수 없게 된다. 하지만 중년 이후가 되면 재물과 복이 왕성해질 것이다. 여성의 경우, 고독하고 자식이 없는데, 오관 중에서 사관이 균형이 맞지 않으면 정실(正室)이 되지 못한다. 유자형의 남녀 모두 물질적인 욕망과 성적인 욕망이 매우 강한 편이다.

(2) 유자형의 기질과 성격

유자형의 얼굴을 가진 사람은 성격이 급하고 활동적이며 추진력이 있지만 침착하지 못하고 사고력이 약하다. 한편으로는 결단력이 뛰어나 위기 상황에서 순간적인 판단력을 발휘하는 능력도 있다. 예의와 인정이 있지만, 성급하여 사교적이라고 보기는 어렵다. 초년에는 부모의 도움을 받을 수 없으므로 자연스럽게 자신의 확고한 의지로 세상을 살아가는 사람이 많다. 체질적으로 건강하게 태어나는 편이고, 성장하여 고향을 떠나 사는 사람이 많다.

중년에 안정되어 말년으로 갈수록 발전하는 관상이다. 코가 발달한 사람은 중년에 상당한 재산을 축적하고, 눈초리와 눈 아랫부분이 윤택한 사람은 처자식복을 타고나 말년을 행복하게 보낼 수 있다.

유(由)자형에 원자형[圓]의 성격이 있으면 물질적인 욕망과 성욕이 강하며, 음식과 도박을 좋아한다. 말을 많이 하고 행동이 조급하지만 총명하고 학습 능력이 뛰어나다. 눈썹이 길면서 검으면 아내와 자식에게 정성을 다하고, 눈썹이 짙으면 우정이 두텁다.

(3) 유자형의 직업

자기주장이 강하면서도 합리적인 현실주의자 유형이다. 이마가 좁으므로 관계[官]보다 상업에 종사하는 것이 좋다. 여성의 경우 화술이 뛰어나므로 교사, 강사처럼 말을 많이 하는 직업이 좋다.

(4) 유자형의 건강

유자형 얼굴은 소화기와 내장기관이 발달하여 비만한 사람이 많다. 고혈압, 심장병, 당뇨병 등을 특히 조심할 필요가 있다.

(5) 유자형의 길흉

이마가 좁은 사람은 사업(장사)을 해야 하며, 공무원 등 공직자는 어울리지 않는다. 코가 풍부하면 말년에 대성공할 수 있다. 또 간문(奸門)과 와잠이 윤택하면 처복이 많으므로 부부가 화목하게 지내며, 와잠이 좋지 않으면 말년에 의식은 풍족하나 자손복이 부족하여 근심걱정을 한다. 만약 여성이 이러한 관상이라면 부모운과 남편운이 부족하여 초혼에 실패하고 후처(또는 재혼)가 되는 경우가 많다.

유자형 관상을 가진 남성들은 소부(小富)와 소귀(小貴)하고, 여성들은 부자가 안 될 경우 귀하게 되는데, 위엄이 있거나 아름다움이 있어서 귀부인의 운명을 타고났다.

유자형의 얼굴에 입과 귀가 큰 것은 좋다. 하지만 귀가 크고 입이 작으면 단명(短命)할 관상으로 30세를 넘기기가 어려우며, 입이 특히 작으면 비명횡사할 염려가 있다. 귀가 얇으면 한평생 고생을 많이 하고, 코가 가늘면 재산을 축적할 수 없으며, 인당에 凹가 있거나 입술이 얇으면 한평생 쾌락(快樂)이 없다.

(6) 유자형의 개운법

성실하게 하나하나 추진해 나가면서 운을 열어야 한다. '천리 길도 한걸음부터'라는 말을 새기며 살다 보면 세월이 흐르면서 좋은 일이 생긴다. 굳이 하지 않아도 될 걱정을 하면서 인생을 산다면 굴러들어오던 복도 오지 않으므로, 마음의 여유를 가지는 것이 매우 중요하다. 마음에 여유가 생기면 복이 스스로 굴러 온다.

(7) 유자형의 유명인

백일섭(배우), 이은미(가수), 장항선(배우), 조갑경(가수)

2) 신자형(申字形)

얼굴의 중간 부분[中停]이 발달한 얼굴이다. 광대뼈를 중심으로 가로로 발달해 있고, 상정(上停)인 이마 부위가 좁고, 하정(下停)인 턱 부위가 전체적으로 좁고 뾰족하여 마름모꼴이다. 한자로 '납신(申)'자를 닮았다.

(1) 신자형 얼굴의 특징

신자형 얼굴은 중정(얼굴 중앙, 코와 좌우 광대뼈)은 발달해 있지만, 이마와 입·턱 부위는 좁고 빈약한 얼굴이다. 광대뼈가 높고 얼굴이 넓게 보여서 마치 마름모꼴이나 육각형처럼 보인다. 이마와 턱이 좁고 눈은 약간 튀어나온 것이 일반적이다. 얼굴은 약간 긴장한 감이 있어 그다지 세련된 느낌은 없다. 이러한 관상은 하늘과 땅의 기운이 부족한 관상으로, 윗사람과 아랫사람의 도움을 받을 수 없다.

이마가 작고 좁기 때문에 초년에 고생을 많이 하고, 부모궁(日月角)이 빈약하여 육친(六親)의 덕이 없다. 다만 중정이 발달되어 있는 사람은 장년기 이후부터는 하고자 하는 일이 성취되는 경우가 많다. 자수성가하며 30세가 넘어 늦게 만난 젊은 아내가 자녀를 생산하여 웃음으로 꽃을 피우고 재산도 점점 늘어 간다. 고생을 많이 한 보람이 있어 의지도 강하고 백절불굴(百折不屈)하여 50세까지 삶이 재미가 있다.

신자형의 관상을 가진 사람으로 오관 중에서 3관이 좋으면 공명을 성취하고, 오관이 전부 다 좋으면 곧 귀격[貴格]이 되지만, 말이 거친 사람은 재앙을 당하므로 마음을 곱게 써야 한다.

(2) 신자형의 기질과 성격

광대뼈와 코가 발달되어 있어서 자존심이 강하다. 기가 강하고 의지도 강한 만큼이나 거친 성격을 지니고 있기도 한다. 왕성한 활동력과 추진력은 좋지만, 심사숙고하여 일을 추진하는 유형은 아니다. 인내와 끈기가 부족하여 쉽게 달아올랐다가 식는 사람이 많으며, 완고하고 냉정한 기질이 있다. 백전불굴의 정신으로 일을 추진하여 중년 운은 좋지만, 말년운이 좋지 않은 경우가 많으므로, 중년에 이루어 놓은 것을 소중하게 잘 관리해야 말년이 편안하다. 그리고 결혼은 늦게 하는 것이 좋다.

(3) 신자형의 직업

자의식이 강하고 평범한 것에 만족하지 못하며, 각고의 노력으로 큰 성공을 성취한다. 지도력을 발휘하는 정치계와 실업계에서 두각을 나타내는 사람이 많다. 뚜렷한 목표를 세우면 어떤 분야라도 성공할 것이다.

(4) 신자형의 건강

과로에 의한 스트레스성 질환이나 신경성질환을 조심해야 된다. 변비나 대장질환에 걸리기 쉬운 경향이 있고, 정력 감퇴를 포함하여 방광 기능에도 문제가 자주 발생한다. 술이나 도박에 빠지기 쉬우므로 조심해야 한다.

(5) 신자형의 길흉

신자형의 관상을 가진 사람은 갑(甲)자와 유(由)자의 이중적인 성격을 가지고 있다. 15세에서 30세에 사이에 창업하고, 31세에서 50세가 되는 동안 비교적 안정된다. 다만 무절제한 생활로 젊은 시절을 보내면 말년이 편하지 못한다. 특히 41세에서 43세 사이에 절제하지 않으면 말년이 고독하고 쓸쓸해진다.

신자형의 관상을 가진 사람은 계략적이고 야비한 품성을 가진 경우가 많고 비교적 이기적인 편이다. 상사에게는 아첨을 잘하고, 아랫사람에게는 자기의 지위와 권력을 남용하는 경우가 많다. 게으르면서 실행력이 약하고 술과 여성과 도박에 빠지기 쉽다. 가족에 관한 인연이 부족하고 말과 행동이 일치하지 않으면서 거짓말을 많이 한다. 또한 천성적으로 현실주의자이며 점유욕이 매우 강하다. 그리고 매사에 계획적이지 못한 경우가 많다. 타인에 대한 감정 상태는 성정이 급하고 거친 경우가 많고, 예의가 부족한 경우가 많다.

(6) 신자형의 개운법

신자형의 얼굴을 가진 사람은 30세 이후에 운이 열리므로, 이 시기에 정신을 집중하여 승부를 걸어야 한다. 모은 재산은 현금보다는 부동산에 투자하는 것이 좋고, 만일의 사태에 대비해 보험을 들어두는 것은 필수다. 자존심이 강하여 타인과 화합하지 못하는 경향이 있으니 조심해야 한다. 상대에 대해서 배려를 잘해야 덕을 얻는다. 하정 부위가 쭉 빠져 있기 때문에 말년운이 좋지 못하니, 평상시 입과 턱의 근육을 기르는 생활 습관을 몸에 익혀야 한다. 또 인내력을 길러서 시종일관하는 자세를 가져야 한다.

뜻밖에 천재지변(天災地變)이 일어나서 하루아침에 망하는 수가 있으나 화재(火災)를 조심하고 부동산을 사 두는 게 좋다. 여성은 초혼은 실패하고 재가(再嫁)할 관상이다. 남성은 턱이 좁을 경우 수염으로 얼굴의 조화를 맞추어 주면 말년에 편안한 생활을 할 수 있다.

(7) 신자형의 유명인

강남길(탤런트), 공지영(소설가),김성주(적십자총재), 김세윤(탤런트), 김영철(탤런트), 유혜리(배우), 정용진(기업인), 정일모(탤런트), 채국희(배우), 최은경(방송인)

3. 토형(土形) - 전자형(田字形)

1) 전자형(田字形)

얼굴 전체가 각져 있으면서 약간 둥글고 넓으며 짧은 듯한 얼굴이다. 얼굴 상하좌우의 길이가 비슷하고 이마와 턱이 네모져서 정사각으로 보인다. 천정과 지고가 풍만하면서 짧지만 살집이 좋다. 한자의 '밭 전(田)'자를 닮아 전자형 얼굴이라고 한다.

(1) 전자형 얼굴의 특징

전자형 얼굴은 일반적으로 뼈가 많고 살이 적은 것이 특징이며, 야윈 듯이 보이지만 골격이 발달되어 있다. 얼굴에 각이 선명하고 살이 있으면서 균형을 잘 갖추고, 3정 부분의 비율이 균등하며, 5악(이마·코·좌우의 광대뼈·턱)이 균형과 조화를 이루고 있으면 좋은 관상이다. 오관 중에 2~3군데가 격국에 맞으면 소귀(小貴)의 운명이며, 4~5군데가 전부 격국에 어울리면 상격의 관상으로 장관 이상의 지위에 오른다.

이처럼 균형을 잘 이루고 있는 얼굴은 중량감이 있어 보이고, 근엄한 지휘자의 모습을 연상시킨다. 또한 근골질형으로 한평생 의식이 풍부한 관상이다. 그러나 여성의 경우는 대개 초혼에 실패하고 재혼하는 경우가 많다. 남자 역시 본처를 두고 첩을 거느리는 경우가 많다.

그런데 전자형이라도 살집이 많은 사람은 재산이 풍족하고, 뼈만 남은 사람(마른 사람)은 대체로 의식주가 부족한 경우를 볼 수 있다. 다시 말해, 밭의 흙이 두터워야 영양분이 풍부하여 곡식이 잘 자라는 이치와 같다. 또한 전자형의 대부분이 자식(아들)이 많은 것이 특징이다. 하지만 오관이 분명하지 않은 경우, 허울은 좋으나 실속이 없어 재물을 모을 수 없고, 자식도 두기 어렵다.

(2) 전자형의 기질과 성격

전자형은 전형적인 행동가 스타일이다. 행동이 민첩하지는 않지만 언제나 적극적으로 움직인다. 체력이 좋으며 정력도 풍부하다. 감정적인 면에서는 다소 둔하고, 로맨틱하려고 애쓰지만 우아함이 부족하다. 체면이나 명예를 존중하는 유형으로 칭찬을 좋아한다. 의지가 강하고, 개척정신이 있으며, 경쟁심과 승부에 대한 욕구도 강하기 때문에 전형적인 남자의 관상이라 할 수 있다. 다만 자기주장이 너무 강하여 융통성이 없으며, 다른 사람과 타협을 제대로 하지 못하며 배려심도 부족하기 때문에 적을 만들기 쉽다. 그래서 독재자로 불리기도 한다.

전자형의 얼굴을 가진 여성은, 남성적이고 시원시원한 성격과 책임감이 있어 어려운 일도 능숙하게 처리한다. 오기가 있는 성격이므로, 무엇인가 하려고 결심하면 남성 이상으로 강한 성취욕이 있다. 자기주장이 매우 강하기 때문에 아이가 학교에 들어가면 치마 바람을 일으킨다. 결혼 전후를 따지지 말고 사회활동을 하는 것이 좋고, 결혼은 약간 늦게 하는 편이 좋다. 초년·중년기는 우여곡절이 많이 있지만, 말년에는 경사스러운 일이 많이 생긴다.

(3) 전자형의 직업

전자형의 얼굴로 오관의 균형과 관상이 좋다면 고위관직에 오를 수 있으며, 관리직이나 군인, 경찰계통에서 자주 볼 수 있다. 체력이 좋기 때문에 의지력도 강하고, 스포츠 선수로 대성하는 사람에게서 많이 볼 수 있다. 얼굴에 살이 많은 사람은 대부분이 자산가가 많으며, 살이 없는 사람은 건축업·해운업·광산업에도 인연이 있다.

(4) 전자형의 건강

골격과 근육이 튼튼하고 체력도 좋다. 하지만 말년에는 신경통을 조심해야 한다. 또한 과음과 과식을 자제하고, 지나친 성욕으로 인해 간장질환이 발생할 수 있으므로 주의해야 한다. 중년기 이후에는 살이 찌기 쉽기 때문에, 고혈압·뇌졸중 등의 생활습관병을 조심하고, 심리적인 질환에도 신경을 써야 한다. 기운이 부족하면 호흡기 계통 질환·폐질환·갑상선질환 등에 걸리기 쉽기 때문에 주의가 필요하다. 특히 여성은 체내 기(호르몬)의 흐름이 나쁘고, 복통과 요통을 잘 일으킨다. 몸이 붓는 부종이나 자궁에 혹이 생기는 경우도 자주 발생한다.

(5) 전자형의 길흉

전자형의 관상에서 오관의 균형이 맞지 않거나 혹은 어그러진 데가 있거나 하면, 남자는 패가(敗家)의 관상이고, 여성은 방탕한 생활로 화를 초래한다.

기질적으로 의지력이 강하고 모험심이 강하고, 위기 상황이 닥쳐도 당황하지 않는 것이 특징이다. 또한 승부 근성과 호기심이 강하고 활력이 왕성하면서 책임감도 강하다.

전자형의 관상을 가진 사람들은 애정 표현이나 전달 방식이 직접적이면서 솔직하고 담백하다. 또한 여성은 혼인 및 애정 면에서 남성을 지배하려고 한다. 성격이 급하고 메마르고 파괴적인 성향이 있으며 실행력이 있지만 야심이 지나치게 커서 결혼생활이 원만하지 못할 수도 있다.

전자형의 관상을 가진 사람이 뼈가 드러나고 살집이 부족하고, 목소리가 가늘면서 걸음걸이가 가볍고, 오악의 균형이 맞지 않으면 평생토록 고생한다.

(6) 전자형의 개운법

자신의 생각이나 주장을 지나치게 고집하여 타인과의 조화를 무시하고 적을 만들기 쉬우므로 항상 주의해야 한다. 재산을 모으려면 부동산에 투자하는 것이 좋다. 동산(주식·펀드·비트코인 등)에 투자하면 손해를 많이 본다. 타인을 배려하려는 마음과 협조하는 자세를 가져야 운을 좋게 만들 수 있다. 지도력을 발휘할 때도 권위와 화합을 상황에 맞게 선택해야 한다. 적극적인 성격과 함께 풍부한 감정을 표현하는 능력까지 갖추면 매우 좋을 것이다.

(7) 전자형의 유명인

김갑수(방송인), 서미경(기업인), 우현(배우), 이건희(기업인), 이두일 (탤런트), 이영범(탤런트), 홍학표(탤런트)

4. 금형(金形) – 동자형(同字形)

1) 동자형(同字形)

얼굴의 삼정이 풍부하고 균형을 이루어 반듯하면서 긴 것이 '한 가지 동(同)'자를 닮았다. 오악(伍嶽 : 이마, 코, 입, 양쪽 관골)이 넓고 밝으면서 천정과 지고 부위가 발달되어 있다. 삼재(三才)와 육부(六腑)가 두루 잘 갖추어져 있으면 '귀골의 상[貴相]'이라 한다.

(1) 동자형의 얼굴 특징

오행의 금형(金形)과 닮은꼴인데, 얼굴 형태에 살집이 풍부해서 금형보다 인상이 한결 부드러워 보인다.

동자형의 얼굴은 길면서 폭이 넓고 오관이 전체적으로 균형을 이루고 있다. 얼굴 형태는 대체로 방형(方形)이며 신체는 뼈대가 굵고 튼튼하다. 서양의 관상학에서 말하는 근골질형(筋骨質)에 속하고,

모발은 굵으면서 딱딱한 편이고, 눈썹은 거칠고, 얼굴 기색은 흰색을 띠거나 흰색에 황색이 섞여 나타나기도 한다.

동자형으로 오관이 잘 갖추어진 사람은 왕후장상(將相)과 거부(巨富)의 관상으로, 대복(大福)과 대귀(大貴)의 운명을 타고났다. 어린 시절부터 말년에 이르기까지 의식에 부족함이 없고, 복록과 수명을 모두 다 갖추었다. 동자상의 관상을 가진 사람은 오관 중에서 2관만 좋아도 공명을 이루고, 3관 이상이 좋으면 도지사 이상의 관직을 지내고, 4관 이상이면 국무총리 이상을 지내고, 5관이 다 발달되어 있으면 부귀공명을 누린다. 특히 목소리가 단전에서 울리는 듯하고 맑고 웅장하면 상격에 드는 관상이다.

(2) 동자형의 기질과 성격

전자형[田] 얼굴의 이마·광대뼈·턱뼈의 부위에 살이 많아 원자형[圓]에 가깝게 된 것을 동자형[同]의 얼굴이라 한다. 동자형의 사람은 남성적인 성격을 가지지만, 음과 양의 조화를 이루고 있어 전자형보다 언행이 부드럽고 온화하다. 또 관직이나 상업에 인연이 많다. 중년 전후에 성공하며, 모든 것이 안정적인 직업에 종사하거나 안전한 물건을 비치하면 실패하지 않는다.

이러한 관상을 가진 사람은 초년에 부모덕으로 의식주에 대해 걱정 없이 잘 지내며, 30세를 전후하여 최소한의 기반을 잡는다. 그리고 마음이 온순하며, 다른 사람을 지나치게 믿는 경향이 있어 종종 실수를 하기도 한다. 성품이 온화하고 강유(剛柔)를 겸비하고 복덕이 많으므로 대개 성공한다. 또한 이 경우는 처자궁이 매우 좋으며, 장수한다.

매사에 착실한 사람으로, 일을 함에 있어 진지하고, 불굴불요(不

屈不撓)의 정신으로 실행 능력은 강하지만 계획 능력은 약하다. 또한 자기 주관이 강하고 일을 처리함에 있어 과감하면서 책임감이 있다. 대인관계도 원만하여 주위 사람들의 신뢰를 받는다. 또 계산 능력은 있지만, 이재(理財)를 잘하는 편은 아니다. 부부관계가 좋아서 크게 외롭지는 않다.

(3) 동자형의 직업

동자형의 관상을 가진 사람은 중년 이후에는 특별히 모든 면에서 발전한다. 유명한 기업가 대부분이 동자형의 관상을 가지고 있으며, 모두 재물운을 타고났으며, 좋은 또한 인연이 타고났다. 특히 동자형의 관상을 가진 사람이 관골 부위가 발달되어 있다면 스포츠인·기술자·정치가·행정관·예능인에 적합하다. 턱 부위가 발달되어 있는 사람들은 사업이나 평론가나 신문기자로 종사하는 사람이 많다.

(4) 동자형의 건강

동자형의 관상을 가진 사람들은 굵은 뼈대에 적당한 살집을 갖추고 있어 대체적으로 건강하게 보이고, 체력도 매우 좋다. 근골이 튼튼하여 자신의 체력만 믿고 무리하여 일을 하거나 과음을 하여 간과 담의 기능이 손상되기 쉽다. 또한 무리한 노동으로 관절이나 근육계통의 질환에 잘 걸리고, 우울증이나 스트레스에 취약하므로 주의해야 한다.

(5) 동자형의 길흉

동자형의 관상을 가진 남성은 얼굴에 분홍색을 나타나는 것을 꺼린

다. 얼굴에 분색(粉色)이 나타날 때는 도화살(桃花煞)이 올 염려가
있다. 만약 여성이 동자형의 관상을 가졌다면 관골이 높은 것을 꺼
린다. 만약 관골이 높으면 세 명의 남편을 극(克)할 운명으로 결혼을
여러 번 하는 경우가 많다.

(6) 동자형의 개운법

동자형의 관상을 가진 사람들은 법령선이 선명하고 귀가 두터워야
하고, 턱이 발달되어 코를 향하고 있으며 입이 크면 좋다. 그렇지 않
으면 격이 깨지는 것으로 좋지 않다.

눈썹이 흩어져[疏散] 있으면 사업을 성취하기가 어렵고, 턱이 짧
으면 단명한다. 얼굴이 크면서 코가 가늘면 운기가 좋지 못하고 복
록이 부족하여 고생을 많이 한다. 게다가 혼인도 잘되지 않고 비명
횡사를 조심해야 한다.

(7) 동자형의 유명인

김병세(배우), 김형일(배우), 방실이(가수), 양희경(배우), 정홍채(배
우), 조양호(기업인)

5. 수형(水形) : 원자형(圓字形)

1) 원자형(圓字形)

얼굴 전체가 둥글다. 눈도 둥글고 귀도 둥글어 어디 한군데 모질고 맺힌 곳이 없으며 살집이 있고 대부분 쌍꺼풀이 있다. 한자의 '둥글 원(圓)' 자를 닮아 원자형 얼굴이라고 한다. 음(陰)의 기운이 왕성하고 양(陽)이 쇠한 관상이다.

(1) 원자형의 얼굴 특징

원자형의 관상을 가진 사람은 얼굴 전체가 둥글고 아울러 눈과 귀도 모두 둥글게 생긴 사람이다.

피부는 약간 붉은색을 띠고, 주로 여성에게서 많이 볼 수 있는 얼굴형이다. 오행으로는 토형의 사람에 속한다. 원형의 얼굴을 가진 사람이 모두 같은 것은 아니지만, 골격에 붙어 있는 살이 많거나 피부의 탄력, 피부 안에 숨어 있는 피부의 색, 피부의 외부에 나타나는 피부의 기색도 살펴야 하지만, 오관이 좋다면 입신출세하는 관상이라 할 수 있다.

원자형 얼굴을 가진 사람의 체형은 전반적으로 비만처럼 보일 정도로 살집이 좋으며, 서양관상학에서 말하는 영양질형에 속하고 지방이 많은 체형이며, 모발은 가늘고 얼굴의 색은 흰색을 띠면서 투명한 홍색 혹은 흑색을 띠기도 한다. 얼굴의 뺨에 살집이 풍만하고 신체의 사지도 비교적 다른 체형보다는 짧고 목 부위도 짧다.

(2) 원자형의 기질과 성격

둥근 형태의 얼굴로 상상할 수 있듯이 온화한 인품을 가지고 있으며 낙관적이다. 또 상냥하고 친절해서 다른 사람과 자연스럽게 교제를 할 수 있는 유형이다. 사고력 · 대응력이 뛰어나서 장사를 시작하면 잠재된 능력을 발휘한다. 그러나 보다 많은 이익을 얻으려고 잔꾀를 부리면, 정작 얻어야 할 이익조차 얻을 수 없다. 평소 다른 사람들과 다투지 않고 포용력이 있지만, 약간 변덕스러운 측면이 있다. 박학다식하고 다재다능하지만, 자기의 궁극적인 목표를 찾지 못하거나 전문적인 지식이 부족한 경향이 있다.

본능적인 요소가 강하고, 음식에 대한 욕구나 성욕도 강하기 때문에 제멋대로 되기 쉬운 관상이다. 자칫하면 향락에 빠져 정력을 낭비하는 경우가 있다. 그러나 사회적으로 문제가 될 사고는 일으키지 않는다. 애교가 많은 여성들에게 이러한 얼굴을 많이 볼 수 있지만, 얼굴에 살이 너무 많다든가, 탄력이 없고 축 처져 있으면 애교보다는 게으르고 둔한 느낌을 주는 경향이 있다.

(3) 원자형의 직업

다정다감하게 행동하거나 부드러운 말투를 가지고 있어서 서비스업에 적합하다. 서비스업 중에서도 음식점이나 카페 등이 좋다. 금융계의 간부들에게도 이러한 얼굴이 많고, 사회적으로 지위가 높아지면 다른 사람을 통솔하는 힘도 있다. 관직계통으로는 외교관이나 관리직에도 적합하다. 남의 앞에 나서 인기를 끄는 직업인 연예인에게서도 자주 볼 수 있는 얼굴의 형태이다. 보험이나 증권 등의 세일즈, 마케팅 분야에서 성공을 거둘 수 있다.

원자형의 얼굴에 오관의 구조가 모두 좋으면 부(富)격이므로 재물과 의식은 풍부하다. 오관 중에서 3분의 2가 좋지 않다면 부귀하게 될 수 없으니 기술직이나 예술 계통에 종사하면 좋고, 고향을 떠나서 타향에서 사는 경우가 많다. 특히 이러한 관상은 음의 기운[陰]이 왕성한 관상이기 때문에, 남성이라도 여성들의 직업에 종사하기 쉬우며, 요리사나 주방장 또는 종업원 중에도 많다.

(4) 원자형의 건강

원형의 얼굴을 가진 사람에게 가장 문제가 되는 것은 비만이지만, 뇌출혈·중풍 등의 질환을 조심해야 한다. 영양 소비가 많아 당뇨병에 걸리는 경우도 가끔 있다. 몸이 잘 붇고, 요통이나 류머티즘 질환이 잘 온다.

(5) 원자형의 길흉

성격은 유순하여 주위와 잘 어울리지만 박력이 부족하고, 사소한 행복에도 만족감을 느끼나 편의나 향락으로 치우치는 수가 많다. 자손의 인연도 부족하고 딸은 많으나 아들이 적은 경우가 많다. 여성이 원자의 관상을 가지고 있으면 남성보다는 좋지만 시부모의 덕이 적고, 외로운 기운을 타고났다. 부부 사이도 생이별을 많이 한다.

원자형 관상을 가진 사람들의 코와 눈이 크면 부자가 되지만 입이 큰 것은 꺼린다. 원자형의 격국을 갖추지 못하면 돈과 재물[錢財]을 가지고 있어도 모두 탕진하는 경향이 있다. 또한 눈 위에 망형(網形)의 주름이 있거나 눈꼬리나 눈두덩이 아래로 처져 있으면 32세를 넘기기가 어렵다. 남성에게 점이 있으면 여성화되고, 여성에게 점이 있으면 남성화되어 간다. 피부가 부드럽고 살집이 냉하면 자녀의 숫자가 적다.

(6) 원자형의 개운법

남자로서 원자형의 관상을 가졌다면 대개 부모를 일찍 여의거나 형제 및 친척 등 골육 간에 일찍 이별수가 있다. 그러므로 대개 타향에서 자수성가하며, 직업으로는 사회에 중견 간부들이 많고 관직에 있더라도 기관장 등의 고위 간부에 해당되는 사람이 많다.

재운이 좋으므로 목표를 세워 놓고 매진하는 것이 중요하다. 성격이 원만하고 낙천적인 것은 좋지만, 확고한 목표와 강한 의지를 가지지 않으면 이익을 얻을 수 없다는 것을 마음 깊이 새겨야 한다. 또 음식에 대한 집착을 버려야 한다. 둥근 얼굴을 가진 사람은 튼튼한 것처럼 보여도 건강관리를 잘해야 하며, 너무 비만하거나 너무 야위는 것은 운명학적으로 좋지 않다.

(7) 원자형의 유명인

강부자(배우), 김을동(배우), 정성화(배우), 정원중(탤런트), 정한용(탤런트), 최태원(기업인)

6. 오행(五行) 혼합형 : 용자형(用字形), 왕자형(王字形), 풍자형(風字形)

1) 용자형(用字形)

얼굴 한쪽이 비뚤어졌거나 골육(骨肉)이 들쑥날쑥해서 얼굴이 고르지 못하다. 언뜻 동자형과 닮은 듯하지만 동자형을 반듯한 데 비해 용자형은 턱뼈가 눈에 띄도록 한쪽으로 나와 있어 조화롭지 않다. 한자의 '쓸 용(用)'자를 닮아 용자형 얼굴이라고 한다.

(1) 용자형의 얼굴 특징

얼굴 한쪽이 비뚤어지거나 골육이 들쑥날쑥하다. 즉 이마가 비뚤어지거나 눈썹이나 눈의 균형이 맞지 않는다. 또 코가 한쪽으로 굽어 있기도 하며, 양쪽 귀의 높낮이에 차이가 있거나 턱이 비뚤어지는 등 얼굴의 윤곽이나 오관의 균형이 일치하지 않는다.

(2) 용자형의 기질과 성격

용자형의 관상은 그 성격에 있어서도 불안정하며 기묘하고 비정상적인 측면이 있으며, 전반적인 운명도 순탄하지 못하여 극에서 극으로 변화되는 수가 많다. 이러한 관상을 가진 사람들은 처음에는 이산(離散)했다가 다음에 건립(建立)하고, 또는 파산한 후에야 비로소 성공하는 격이므로 부모와의 인연이 좋지 못하고, 부부간이나 자손과의 인연에 있어서도 형상(刑傷)이 있으므로 시련을 겪는 경우가 많다.

(3) 용자형의 직업

이마에 비해서 턱 부위가 발달되어 있는 용자형의 관상을 가진 사람들은 실업가 · 임업 · 광업 · 탐험가 · 조경 사업에 종사하는 경우가 많은데, 용자형의 관상을 가진 사람들은 얼굴 전체의 형태에서 턱 부위가 조금 비틀어져 있는 경향이 있어, 한 번 정도는 실패한 후에 성공하는 경우가 많다. 만약 신체가 두텁고 피부에 윤기가 난다면 처음 20년 정도는 좋은 운을 유지하기도 한다.

(4) 용자형의 건강

관상학에서 턱은 말년 운이나 후계자 및 부하 운을 살피는 것과 동시에 말년의 건강운도 함께 살필 수 있다. 전체적인 얼굴 형태에서 턱 부위가 틀어져 있는 사람들은 방광의 기능이 약해 소변이 시원치 않고 요통 · 척추의 통증 및 후두통이 자주 발생한다. 또한 용자형의 관상을 가진 여성이라면 자궁에 관련된 질환이 발생하기 쉽다. 게다가 턱 부위에 평상시 붉은색이 많이 나타나는 사람은 신장과 방광 계통이 약한 경우가 많다.

(5) 용자형의 길흉

용자형의 관상을 가진 사람이 양쪽 귀가 불균형을 이루면 초년인 14세 전에 부모에 관한 시련이 있고, 이마가 불균형하면 20세 이전에 신체 발육이 나쁘거나 부모의 일로 시련을 겪는다. 또 양쪽 눈썹이 불균형하면 34세 전에 형제나 친척, 가족 관계에 관한 시련이 있으며, 양쪽 눈이 불균형하면 일찍이 부모와의 인연이 박하거나 40세 전에 부부간에 시련이 생긴다. 코의 균형이 맞지 않아 극단적으로 비뚤어져 보이면 50세 이전에 가족 관계에 파란이 있다. 코가 비뚤어졌으며 인중이 지나치게 짧거나 좁으면 대개 51~52세에 상처하거나 자손을 잃고 고독하게 되는 수가 많다. 입이 삐뚤어져 있으면 60세 전후에 자손에게 해(害)가 있거나 아니면 부부간에 이별수가 있으며, 턱이 비뚤어져 있으면 말년의 운에 불안정한 변화를 초래하며 특히 거주지의 재난이 있다.

여성의 경우는 대체로 남자와 운이 동일하지만, 잘살면 단명하고 가난하면 장수한다. 용자형의 사람은 남에게 덕을 많이 베풀고 신에게 기도해야 그 액을 면할 수 있다고 본다. 특히 양쪽 눈의 차이가 너무 심하거나 양쪽 눈동자의 검은자위가 균형이 맞지 않으면, 대개 초혼에 실패하고 재가한다. 여기에 귀가 뒤집어지면 자손에게까지 해가 있어 유산되는 수가 많으며, 인중이 선명하지 못하고 희미하면 더욱더 자손의 인연이 부족하고, 여기에 코가 구부러지거나 굽지 않았더라도 콧등의 연상·수상의 뼈가 너무 높으면 부부간의 인연도 매우 불길하다.

(6) 용자형의 개운법

『주역(周易)』에서 말하기를, "뉘우칠 회자는 흉한 데서 길한 데로 가는 의미이고 인색할 객자는 길한 데서 흉한 데로 가는 암시라 하였으니, 마음이 형상에 앞서는 것과 같이 이러한 사람들의 마음은 대개 총명하고 재치는 있어도 겉보기보다는 지나친 기교와 인색한 면이 많으니, 그 마음을 뉘우치고 좀 더 남을 위하여 헌신적인 입장에서 음덕을 쌓아 나간다면 자손의 흥함을 좋은 쪽으로 개척할 수 있을 것이다" 하였다.

(7) 용자형의 유명인

기안84(만화가), 김수로(배우), 김동현(배우), 박원상(배우), 이천희(배우)

2) 왕자형(王字形)

얼굴이 전체적으로 반듯하지만 모가 났으며 골격은 있어도 근육이 적다. 이마 양쪽 측면(복덕궁, 천이궁), 광대뼈와 시골 사이의 살집이 움푹 패여 있다. 상대적으로 이마, 광대뼈, 턱이 툭 불거진 얼굴 형태이다. '임금 왕(王)'자를 닮아 왕자형 얼굴이라고 한다.

(1) 왕자형의 얼굴 특징

얼굴의 형태가 대체로 방정하고 뼈가 솟고 살이 거의 없어 사방으로 뼈가 드러난 듯하다. 특히 삼골(三骨 : 이마 뼈 · 관골 · 시골)이 돌출되어 있으며 콧대가 뻗어 있다. 태양혈(太陽穴) 부위는 들어가[凹] 있고 관골은 돌출되어[凸] 있고 뺨은 들어가[面凹] 있으며 시골은 돌출되어 있는 것이 왕자형 얼굴의 특징이다. 이러한 관상을 가진 사람들은 부모로부터 물려받은 유산을 유지하지 못하나 자수성가하여 의식주는 풍부하다.

(2) 왕자형의 기질과 성격

왕자형 얼굴을 가진 사람들은 집착이 강하여 주로 계략과 계산에 능하다. 간사하고 교활한 측면이 있으나 대개 노력형이다. 이러한 관상을 가진 사람은 집을 장만하기 힘들며, 집이 있다 하더라도 생전에 수를 헤아리기 힘들 정도로 자주 이사하게 된다.(농촌에서 살 경우는 제외한다.) 자손은 많으나 처궁(妻宮)이 매우 박하여 안정감이 결여된 생활을 한다. 여성의 관상이 이러하면 기질이 강하여 가족과 불화하여 남편을 극하게 되므로 사회생활을 하는 편이 경제적으로 안정된다. 특히 과부가 될 관상이므로 평생 고독하게 살든가 화류계에 종사하는 경우가 허다하다.

(3) 왕자형의 직업

왕자형의 얼굴을 가진 사람들은 미골(眉骨)과 광대뼈 사이가 좁은 형태로 되어 있는데, 이는 음의 기운이 양의 기운에 편승한 것으로 부자가 되거나 귀한 벼슬을 하는 것은 조금 어렵다. 관상학의 고전에서는 '강이나 바닷가에 머물면서 고기를 잡거나 고향이나 시골에 머물면 조직의 우두머리가 되거나 짐승을 잡아 파는 사냥꾼이 된다'라고 하였다. 현대사회에서는 왕자형의 얼굴을 가진 사람들 중에는 발명가나 예술가 · 투기꾼이 많으며, 왕자형의 얼굴로 이마의 천이와 변지 부위가 발달된 사람은 교통 · 운수 · 통신 · 외교관 · 무역업에 종사를 해서 성공하는 사람들을 볼 수 있다.

(4) 왕자형의 건강

한의학의 진단학에서는 이마의 가장 위쪽부터 눈썹 아래까지를 심장 · 폐에 해당한다고 하는데, 이 부위가 들어가 있는 왕자형의 관상을 가진 사람들은 다른 관상들에 비해 심장과 폐의 기능이 조금 약하다. 또한 왕자형의 관상을 가진 사람들이 광대뼈 아래에서 턱에 이르기 까지 붉은색을 띠고 있으면 간과 췌장에 열이 많은 사람들이다. 게다가 분주하게 다니기 때문에 과로로 인한 질환으로 고생하기도 한다.

(5) 왕자형의 길흉

왕자형의 관상을 가진 사람은 대개 초년 · 중년 · 말년의 운이 어느 정도는 평온하여 발복(發福)이 되나, 그 운세의 결함을 말한다면 웬만큼 성장하다가는 쇠하고 모였다가는 흩어지는 것이 특징이다. 모두가 자신의 그릇 크기를 넘지 못하는 것은 자연현상인 것이다. 대개 수명은 길지만 처자에 대해서는 덕이 부족하다. 이런 사람이 만일 귀하게 된다면 자신의 복력이 아니므로 대개 귀한 사람의 옆에서 남의 일을 맡는 비서나 조력자로서 매우 분주한 생활을 하게 된다. 이러한 관상에 오관이 단정하다면 어느 정도의 성공은 할 수 있으나 이 역시 음양이 모두 조화를 이루는 형상이 못되므로 명예는 있되 재물이 부족하거나, 또는 재물은 있어도 명예가 부족한 수가 많으니 이것을 재록부전이 편고한 관상이라 말하는 것이다.

(6) 왕자형의 개운법

왕자형의 관상을 가진 사람들은 딸보다 아들을 두게 되니 대체로 이 부분의 설명만을 떠나서 다른 전체의 원리로 설명한다면, 여성의 몸이 살이 적고 뼈가 많은 사람을 양성 체질이라 하여 기질은 강하지만 딸이 적고 아들을 많이 두게 되며, 살이 많고 뼈가 가는 사람은 음성 체질이라 하여 아들이 적고 딸을 많이 둔다고 하였다. 그러나 만약 뼈대가 굵고 살이 너무 부족하든가 살이 많고 뼈가 가늘면 이 것은 음양의 조화를 잃은 순음순양이 편고한 형상이므로 오히려 자손을 두지 못하는 수가 많다. 그러므로 모든 이치는 자연의 형상과 같이 그 조화를 이루는 것이 가장 중요한 것이라 하겠다.

(7) 왕자형의 유명인

류준열(배우), 오지호(배우), 이해영(배우), 한정수(배우)

3) 풍자형(風字形)

얼굴의 천정 부위가 모가 나고 이마가 옆으로 퍼져 있으며, 턱 부위가 특히 발달되어 매우 넓다. 전체적으로 살집이 풍부하고, 얼굴의 중정인 양쪽 광대뼈가 이마나 턱보다 좁다. 한자의 '바람 풍(風)'자를 닮아 풍자형 얼굴이라고 한다.

(1) 풍자형의 얼굴 특징

얼굴의 위아래가 살졌으며, 좌우 관골이 깎여 나간 듯 흔적이 없는 것처럼 빈약하고, 이마의 좌우 측면과 턱의 좌우 측면이 벌여져 있다. 다시 말해 얼굴의 중앙이 모두 좁게 생기고 위아래만 넓게 보이는 관상이다.

(2) 풍자형의 기질과 성격

풍자형의 관상을 가진 사람은 방랑(放浪)성과 변덕이 많다. 게다가 큰일을 하더라도 끈기가 없어서 오랫동안 지속하지 못하며, 직업도 꾸준히 한곳에 머무르지 못하는 성격 때문에 말년에 고난을 면하기 힘들다. 특히 직장의 변동, 이사를 자주하는 등 변태성이나 역마기질이 강하다. 여성의 경우는 가정을 유지하기 힘들며, 가정을 유지한다 하더라도 불화가 계속된다. 또한 자식이 있으면 남편과 별거하고, 남편이 있으면 자식과 별거하게 되는 현상이 일어난다.

(3) 풍자형의 직업

이마의 천정 부위와 턱 부위가 넓은 풍자형의 얼굴을 가진 사람들은 전체적으로 처음에는 일이 잘 풀리지만 나중에는 어려워지는 경향이 있다. 풍자형의 관상을 가진 사람들 중에 이마 부위가 전체적으로 살집과 윤기가 있는 사람은 사교성이 많으므로 외교관, 실업가 등이 적합한데 오랫동안 지속하지 못한다. 또한 기질적으로는 사회사업가나 종교인, 항공사업 분야에 적합하다.

만약 이마 부위가 발달되어 있으면서 윤기가 있다면 마음이 우아하고 취미가 풍부하고 지성이 우수하기 때문에, 지능적 또는 정신적 직업에 적합하고 육체노동에 관련된 직업이나 장사 등에는 적합하지 않다.

(4) 풍자형의 건강

풍자형의 얼굴은 양쪽 광대뼈를 중심으로 좁기 때문에 장고(杖鼓)와 같은 형체를 하고 있다. 얼굴의 중간 부위가 좁다는 것은 신체도 전반적으로 허리 부위가 가는 것을 볼 수 있는데, 이러한 관상과 체형을 가진 사람들은 허리에 관련된 질환과 여성이라면 자궁에 관련된 질환을 많이 가지고 있다. 그 외에도 성기능쇠약이나 전신기능의 쇠약이나 늑간신경통이나 어깨·팔 등의 신경통으로 고생을 많이 한다.

(5) 풍자형의 길흉

본래의 신체가 약하여 허리가 가늘며, 초년은 부를 축적했다 해도 중년기부터는 빈한(貧寒)하게 되며, 지각(池閣)이 좋다 해도 만년에는 삼정이 조화가 잘 안 된 탓으로 큰 발복(發福)이 적다. 그러므로 이러한 관상을 가리켜 조화와 결실이 없는 격이라 하며, 그에 따라 이사와 파란이 많아 안정성이 없는 생활이 거듭되므로 이것을 말하여 세 번 이사하고 아홉 번 거주하는 운명이라 한다. 오관이 좋아 귀격에 든다 해도 어느 정도 안정 상태에 그치는 정도며, 큰 부자가 되기는 쉽지 않다. 여성이 풍자형의 관상을 가지고 있으면 화류계에서 생애를 보내게 된다. 남편이 있으면 자식이 없고, 자식이 있으면 남편이 없는 경우가 많다.

(6) 풍자형의 개운법

풍자형의 관상을 가진 사람들은 위쪽은 크고 중간은 좁고 하관이 넓은 것이 특징인데, 다른 부위에 비해서 코가 발달되어 있으면 자신의 주관이 지나치게 강하고 좋고 싫음이 분명하지만 변덕이 심한 경향이 있다. 또한 애정 방면에서도 밖으로 표현을 잘 못하고, 속으로 마음을 졸이는 경우가 많다. 때문에 스스로 중심을 잡는 것이 중요하고, 주위 사람들과 논쟁이 있을 때는 생각을 깊게 하고 행동을 천천히 해야 한다. 그리고 전체적으로 자신의 운기를 개선하기 위해서는 주위 사람들의 의견을 잘 수렴하고, 부자나 귀한 벼슬을 하는 사람을 가까이 하면 자신의 몸이 편해진다.

(7) 풍자형의 유명인

김준현(개그맨), 배도환(배우), 서승현(배우), 하재영(배우)

7. 오형인(五形人) · 오태인(五態人)

한의학의 고전인 『황제내경(黃帝內經)』[*]에서는 여러 가지 형태로 체질과 체형의 특징을 분류하고 있는데, 대표적인 것이 『영추(靈樞)』 「음양이십오인(陰陽二十五人)」에서 이야기하는 오형인(五形人)과, 『영추』 「통천(通天)」에서 이야기하는 오태인(五態人)이다.

오행을 기준으로 나눈 체질 가운데서 화형인(火形人)과 목형인(木形人)은 모두 편양(偏陽) 체질로서 '열이 많고, 건조하며, 활동적이고 흥분을 잘 하는' 세 가지의 특징을 가지고 있고, 수형인(水形人)과 금형인(金形人)은 편음(偏陰) 체질로 '차갑고, 습하며, 조용하고 침착한' 모습을 보인다. 그리고 토형인(土形人)은 음과 양 어느

---

* 『황제내경(黃帝內經)』은 중국에 현존하는 의학이론서 중 가장 오래된 책으로 『내경(內經)』이라고도 한다. 작은 우주인 인간의 육체를 황제에 빗대어 논한 자연철학적 이론 의서의 총칭이다. 중국 고대 전설상의 인물인 황제와 그의 신하인 기백의 의술에 관한 토론을 기록한 것이라고 하나 전국시대에 활약하던 음양가(陰陽家)의 논리에 맞춰 예전부터 전승되던 것을 모아 엮은 책으로 보인다. 책이 만들어진 시기는 대략 춘추전국시대 중 제왕기(BC 770~221)로 추정되며 후대인들에 의해서 계속 증보되었다. 이 책은 소문(素問)과 영추(靈樞) 두 부분으로 나뉘며, 각각 9권 162편으로 구성되어 있다. 내용은 전설상의 제왕 황제와 기백(岐伯) · 뇌공(雷公) 등이 의학문제를 대화로 나누는 형식으로 짜여 있다. 소문은 음양오행설을 토대로 장부(臟腑) · 경락(經絡) · 병기(病機) · 진법(診法) · 치칙(治則) · 침구(針灸) · 방약(方藥) 등의 각 분야 및 인체생리 · 병리 · 진단 · 치료에 대해 계통적으로 논술하여 중국 의학이론의 기초를 형성했다. 영추는 경락 · 침구 분야에서 쓰이는 물리요법을 상세히 서술하여 침경(針經)이라고도 부른다. - Daum 백과

한쪽으로 치우치지 않으며 균형 있고 조화로운 체질의 특징을 보인다.

『영추』「음양이십오인」과 『영추』「통천」 이 양편에서 체질의 유형과 심리적인 특징, 체형 등을 다섯 가지로 분류하고, 각 체질의 특징과 체질에 따른 질병의 발생 경향성과 치료 방향에 논하고 있다. 이 책에서는 관상학에 필요한 부분을 요약 정리하였다.

1) 『영추』「음양이십오인」에서 말하는 오형인(五形人)

『황제내경』 64편의 「음양이십오인」에 의하면 체질을 오행의 법칙에 따라 다섯 가지로 분류하고 있다. 다시 말해 만물은 모두 오행의 법칙에 따라 목(木)·화(火)·토(土)·금(金)·수(水)의 다섯 가지 성질로 나눌 수 있는 데 그 특징은 다음과 같다.

(1) 목형인(木形人)과 오행

목형인은 상각(上角)에 속하고 창제(蒼帝)와 흡사하다. 안색이 푸르고 머리가 작고 얼굴이 길다. 어깨와 등이 크고 몸이 꼿꼿하며 손발이 작다. 재주가 많고 정신노동을 많이 하며 힘은 적다. 근심이 많아 일에 매달린다. 봄과 여름은 잘 견디지만 가을과 겨울은 잘 견디지 못한다. 가을과 겨울에 질병에 잘 걸린다. 족궐음간경(足厥陰肝經)에 속하며 온화하고 점잖다. - 『영추』「음양이십오인」

▶ 목형인의 관상과 신체 특징

목형인은 얼굴과 피부의 기색이 전반적으로 푸른색[蒼色]을 띠고,

머리의 형태는 작으면서 얼굴이 길쭉하게 생겼다. 체형은 어깨의 폭이 넓으면서 등이 곧고, 손과 발이 작으면서 균형을 이루고 있고, 몸매가 잘 빠져 있는 것이 특징이다. 행동이 빠르면서 재능이 많으나 힘이 적어 매사에 근심과 걱정을 많이 한다.

▶ 목형인의 기질

목형인은 어떤 일이나 사물에 대해 생각하기를 좋아하며, 또한 어떤 활동이나 사업에 대해 반드시 특출한 재능을 발휘한다. 이러한 유형의 사람은 전향적이며, 진취적인 특성을 가지고 있지만, 정서적으로는 고민을 많이 한다. 한편으로는 의지가 약하여 포기를 빨리하거나 대세에 잘 순응하고 성격은 침착하고 여유가 있으며, 정직하고, 아부를 하지 못한다.

▶ 목형인과 오행의 상생상극

목형인은 체질적으로 양의 기운이 왕성한 봄과 여름철에는 잘 지내지만, 음의 기운이 왕성한 가을과 겨울에는 잘 지내지 못하고 질병에 잘 걸린다.

▶ 목형인의 유명인

채시라(배우), 황수정(배우)

(2) 화형인(火形人)과 오행

상징(上徵)에 어울리며, 적제(赤帝, 오방신장(五方神將)의 하나. 남쪽과 여름을 관장하여 지킨다는 신)와 비슷하다. 안색이 붉고 잇몸이 넓고 얼굴이 뾰족하고 머리가 작고, 어깨와 등 그리고 대퇴부와 복부의 발육이 좋다. 손발이 작고 걸을 때 땅을 안정되게 밟는다. 빨리 걷고 걸을 때 흔들거린다. 어깨와 등 근육이 풍만하고 기가 있으며, 믿음이 부족하고 걱정이 많으며, 사리에 밝다. 얼굴이 좋고 마음이 조급하며 오래 살지 못하고 갑자기 요절한다. 봄과 여름은 잘 견디지만 가을과 겨울은 견디지 못한다. 가을과 겨울에 질병이 발생한다. 경락상으로는 수소음심경(手少陰心經)에 속하고 마음이 빈 듯하다. - 『영추』「음양이십오인」

▶ 화형인의 관상과 신체 특징

화형인은 얼굴과 피부에 전반적으로 붉은색의 기색을 많이 띠고, 머리가 작으나 이마가 넓고 얼굴이 앞으로 돌출되어 있으면서 뾰족한 느낌이 난다. 어깨와 등이 잘 발달되었고, 허리와 배가 나왔다. 손과 발이 굵거나 크지 않으면서 적당하고, 걸음걸이가 안정되고 빠르면서 몸을 흔드는 경향이 있다. 또한 성질이 급하면서 행동이 요란스럽고, 재물을 경시하는 기질이 있으면서 신용이 별로 없다. 그렇지만 생각이 다양하여 사리 판단을 잘하며, 안색이 좋으나 얼굴과는 달리 마음이 급하다.

▶ 화형인의 기질

화형인은 사물에 대한 인식 능력에 있어서는 객관적으로 사물에 대한 이해가 민첩한 반면에 사물을 인식하는 정도가 비교적 표피적이어서 항상 사물의 표면적인 현상만을 이해할 뿐이고, 그 본질이나 규율성을 장악하는 데는 소홀하다. 또한 생각하기를 좋아하여 어떠한 문제에 대해 명쾌하고 민첩하게 분석해 내는 능력이 있으며, 반면에 왕왕 사물에 대해 의혹을 가지는 경향이 있다. 정서적으로는 일체의 번뇌와 우수를 던져 버리고 가볍고 유쾌하게 정서를 표현하며, 용맹하여 남에게 지는 것을 싫어한다. 재물을 가볍게 여겨 자신에게 많은 돈이 있지 않아도 남을 잘 도와주며, 반면에 허세가 있어 신용이 없다. 대인관계는 매우 솔직하면서 성의가 있다. 또한 화형인들은 타고난 수명을 다 누리지 못하고 사고로 죽는 경우가 많다.

▶ 화형인과 오행의 상생상극

화형인들은 양기가 왕성한 봄과 여름철에는 잘 적응하지만, 음기가 왕성한 가을과 겨울철에는 잘 지내지 못하고 신체 컨디션이 무너지기도 한다.

▶ 화형인의 유명인

금잔디(가수), 보아(가수)

(3) 토형인(土形人)과 오행

상궁(上宮)에 속한다. 상고시대 황제(黃帝)와 흡사하다. 안색이 노랗고 얼굴이 둥글며 머리가 크다. 어깨와 등이 예쁘고 배가 나와 있으며 다리와 정강이가 잘생겼다. 손발이 작고 육질이 많아서 상하가 균형을 이룬다. 걷는 자세가 안정되어 있으며, 모든 일에 믿음을 준다. 남을 위하고 권세를 좋아하지 않으며, 사람과 쉽게 사귄다. 가을과 겨울은 잘 견디지만 봄과 여름은 잘 견디지 못한다. 봄과 여름에 병이 잘 생긴다. 경락상으로는 족태음비경(足太陰脾經)에 속하고 진실되다. -『영추』「음양이십오인」

▶ 토형인의 관상과 신체 특징

토형인은 얼굴과 피부에 누런색의 기색을 가지고 있으면서 얼굴은 둥글며 머리가 큰 것이 특징이다. 어깨와 등의 선이 아름답고, 목과 어깨, 등과 엉덩이가 고루 잘 발달되어 있으면서 배가 풍만하다. 손과 발이 작지면 적당하게 살집이 붙어 있으며, 상반신과 하반신이 조화롭게 균형이 잡혀 있다. 걸음걸이가 안정되지만 발을 높이 드는 것이 특징이다.

▶ 토형인의 기질

토형인은 마음이 안정되어 있어 다른 사람들을 잘 도와준다. 권세를 가지고 있다고 하더라도 권력을 휘두르는 것을 좋아하지 않고, 다른 사람들의 의견을 존중한다. 토형인은 능히 스스로 독립하거나 자립할 수 있는 의지와 능력을 가지고 있으며, 마음이 굳건하여 좀처럼 동요하지 않는다. 정서적으로는 쾌활하고 평화롭고 유순하고, 사회적으로는 남을 돕는 것을 좋아하고 나쁜 것을 싫어하는 경향이 있다.

▶ 토형인과 오행의 상생(上生) 상극(相剋)

토형인은 음의 기운이 왕성한 가을과 겨울에는 잘 견디지만, 양의 기운이 왕성한 봄과 여름에는 체력이 떨어져 만사에 의욕을 잃거나 한다.

▶ 토형인의 유명인

노태우(군인, 정치인), 이상벽(방송인), 전두환(군인, 정치인)

(4) 금형인(金形人)과 오행

상상(上商)에 속한다. 백제(白帝)와 흡사하다. 얼굴이 모나고 안색이 희고 머리가 작다. 어깨와 등이 작고 배가 작다. 손발이 작고 뼈가 발꿈치 밖으로 나온 것처럼 보인다. 뼈가 가볍다. 몸이 청렴하며 마음이 급하고 고요하며 날래다. 관리직에 적합하다. 가을과 겨울은 잘 견디지만 봄과 여름은 견디지 못한다. 봄과 여름에 병이 생긴다. 경락상으로는 수태음폐경(手太陰肺經)에 속하고 결단성이 있다. -『영추』「음양이십오인」

▶ 금형인의 관상과 신체 특징

금형인은 얼굴과 피부의 기색이 대체적으로 희고, 머리의 형태가 작으면서 얼굴은 모난 것처럼 보이는 것이 특징이다. 금형인의 신체 특징을 보면 어깨와 등이 작고, 배가 작으면서 골격이 단단하면서 아담하게 보이고, 손과 발이 작고 마치 뼈가 드러난 것처럼 보인다. 언뜻 보면 작지만 야무지게 보인다.

▶ 금형인의 기질

금형인은 성격이 청렴결백한 것을 좋아하고 마음이 성급하다. 그렇지만 욕심이 별로 없으면서 의지가 굳세고 사람들 앞에 서는 것을 좋아한다. 또한 금형인은 사물을 인식함에 있어서는 거울과 같이, 사물에 대해 본래의 모습을 매우 분명하게 객관적으로 반영할 수 있는 관찰력과 인식 능력이 뛰어나다. 감정과 정서를 표현할 때는 남이야 어떻게 생각하든 자신이 좋아하는 것만 생각하는 경향이 있고, 엄숙하고 중압감이 느껴지는 특징이 있다. 의지가 굳세고 백절불굴하는 특징이 있다. 뿐만 아니라 사회적인 품성은 청렴결백하여 공적인 일을 명백하게 잘 처리하며, 불의한 재물을 취하지 않는 경향이 있다.

▶ 금형인과 오행의 상생상극
금형인 음기가 성한 가을과 겨울은 건강하게 잘 보내지만, 양기의 기운이 성한 봄과 여름철에는 약해서 슬럼프에 빠지거나 컨디션이 무너지는 경향이 있다.

▶ 금형인의 유명인
손석희(아나운서), 임성훈(MC)

(5) 수형인(水形人)과 오행
상우(上羽)에 속한다. 흑제(黑帝)와 흡사하다. 안색이 검고 얼굴이 평평하지 않다. 머리가 크고 턱은 각이 있다. 어깨가 작고 배가 크며 손발을 잘 움직인다. 걸을 때 몸을 흔든다. 꽁무니까지 길이가 길어서 등이 길다. 남을 공경할 줄 모르고 잘 속여서 죽임을 당할 수 있다. 가을과 겨울은 잘 견디지만 여름과 봄은 견디지 못한다. 봄과 여름에 병이 걸린다. 경락상으로는 족소음신경(足少陰腎經)에 속하고 자신을 비하한다. - 『영추』「음양이십오인」

▶ 수형인의 관상과 신체 특징
수형인은 얼굴과 피부의 기색이 전체적으로 검은 빛을 띠면서 머리가 크고, 얼굴이 울퉁불퉁하면서 턱이 각이 지고 넓은 것이 특징이다. 체형은 어깨가 작지만 배가 크며, 엉덩이가 길고 등이 길다. 하반신보다는 상반신이 길게 보인다. 손발을 빨리 움직이고 걸을 때 몸을 흔든다.

▶ 수형인의 기질

수형인은 다른 사람을 대하는 태도가 공손하지 못하고, 두려워하지
않으며, 남을 잘 속이고, 재물에 대한 욕심이 있어 다른 사람의 재물
을 빼앗기 위해서 살인도 서슴지 않고 저지른다. 또한 표현이 직설
적이지 않기 때문에 좀처럼 희로애락의 감정을 잘 드러내지 않는다.
의지적으로는 의지가 유연하고 곧지 않으며, 행동은 동요가 심한 편
이다.

▶ 수형인과 오행의 상생상극

수형인은 가을과 겨울에는 잘 지내지만, 봄과 여름에는 잘 지내지
못하는 경향이 있다.

▶ 수형인의 유명인

김대중(정치인), 옐친(전 러시아 대통령), 유인촌(방송인)

2) 『영추』「통천」에서 말하는 오태인(五太人)

『영추』『음양이십오인』에서는 인체의 특징을 오행의 법칙을 바탕으
로 목형, 화형, 토형, 금형, 수형으로 분류했지만, 『영추 · 통천』에서
는 음양의 왕성함과 쇠함을 바탕으로 태양, 소양, 소음, 태음, 그리고
음양화평지인의 5가지로 분류하고 있다. 본 장에서는 관상학에 필
요한 부분만 추려서 요약 정리하였다.

(1) 태음인(太陰人)과 오행의 수(水)

"태음인(太陰人)은 사람됨이 탐욕스럽고 어질지 못하고, 겉으로는 낮추고 사람들을 똑같이 대하지만, 그 속마음을 잘 드러내지 않는다. 받아들이기는 좋아하지만 내놓기를 싫어하고, 좀처럼 속마음을 드러내지 않고, 선한 일에는 힘을 쓰지 않고, 남들이 움직이면 이를 따르는 것이 태음인의 특징이다."

"태음인은 음이 많고 양이 없다. 그 음의 피가 흐리고 그 위기(衛氣)가 껄끄럽고, 음과 양의 기운이 고르지 않고, 힘줄이 느슨하고 피부가 두껍다."

"태음인은 모습이 거뭇거뭇하고, 마치 생각이 그러한 것처럼 자신의 뜻을 낮추는 듯하고, 몸이 큼직큼직하고 구부정하나 꼽추는 아니다. 이것이 태음의 사람이다. - 『영추』「通天」

이를 정리하면, 태음인은 얼굴과 피부의 기색이 전체적으로 어두운 흑색을 띠고, 키가 크고 오금이 잘 펴지지 않는다. 한마디로 피부가 검고 키가 크지만 겸손하게 보이는 것이 외형적인 특징이다. 또한 태음인은 탐욕스러우면서 인자하지 않으나, 겸손하게 자기를 낮추면서 주도면밀하고 중후한 척하며, 마음이 억울해도 좀처럼 표현하지 않고, 시간에 쫓기지 않으면서 행동이 느릿느릿한 것이 행동적인 특징이라 할 수 있다.

태음인은 외부 사물을 인식함에 유행을 좇지 않고 시대의 변천에 부응하여 자기의 사상과 관념과 주장을 바꾸는 것이 쉽지 않으며, 형세변화와 동향을 심각하게 살핀 후에야 비로소 자기의 사상과 관념, 주장 그리고 행동을 확정한다. 따라서 어떤 행동을 함에 있어서 전면에 나서지 않는다. 비록 반응은 매우 느리지만 객관적인 사물에 대한 인식이 매우 깊으며, 행동 또한 비교적 신중하게 한다. 정서적으로는 자아에 대한 통제력이 강해 자신의 감정을 억제하여 희로애락을 표현하지 않는다. 재물에 대한 욕심이 있어 재물이 들어오는 것은 좋아하지만 쓰는 것은 싫어하며, 재물을 모으는 데 있어 사회적인 도덕 같은 것은 전혀 고려하지 않는다. 또한 이들은 표면적으로 매우 겸허하고 깨끗한 듯이 보이나 속마음은 매우 음험하다고 할 수 있다.

(2) 소음인(少陰人)과 오행의 금(金)

"소음인(少陰人)은 작은 이익을 탐하고 나쁜 마음을 품어서 '다른 사람이 망하는 것을 보면 마치 무엇을 얻은 듯이 기뻐하고, 남을 다치게 하는 것을 좋아하고 해치는 것을 좋아하고, 남이 잘되는 것을 보면 도리어 화를 내고, 마음으로 시기질투를 하고 은혜를 베풀지 않는다. 이것이 소음의 특징이다."

"소음인은 음이 많고 양이 적고, 위장이 작고 장이 크고, 오장육부가 조화를 이루지 못하고, 그 족양명의 맥이 작고 태양의 맥이 크다. 반드시 살펴서 이를 조절해야 한다. 이들은 혈(血)이 쉽게 빠져나가고 그 기운도 쉽게 다친다."

"소음인은 그 모습은 맑으나 뒤로는 못된 짓을 하고, 늘 타인을 해치려는 마음을 품고 있고, 서있을 때는 조급하고 불안해하여 악하게 보이고, 걸어 갈 때는 마치 기어가는 것처럼 보이는 것이 소음인이다. -『영추』「通天」

이를 다시 정리해 보면, 소음인은 그 형상이 맑고 깨끗하나 음험하여 본래 음침하면서 잔인하다. 행동을 보면 서면 위험할까, 걸으면 매복이 있을까 두려워 행동거지가 어두운 곳을 기어가는 것처럼 수상하게 여긴다. 게다가 소음인은 작은 것을 탐내는 도둑 심보로 타인의 손해가 자신의 이득이 된 듯하고, 상처도 잘 입고 해치기도 잘하며, 타인의 잘됨을 싫어하고, 마음이 조급하고 은혜를 갚을 줄 모른다. 타인의 재난을 즐거워하고, 시기 질투심이 많은 반면에 동정심이 없다.

(3) 태양인(太陽人)과 오행의 화(火)

"태양인(太陽人)은 매사에 만족스러워하고, 큰일을 말하길 좋아하고, 무능하면서도 빈말을 잘하고, 뜻을 온 세상에 드러내고, 일 처리에 옳고 그름을 가리지 않고, 일을 하는데 자신감이 지나쳐 일이 비록 실패할지라도 뉘우치는 것이 별로 없는 것이 태양인의 특징이다."

"태양인은 양이 많고 음이 없다. 반드시 이를 삼가 조절하여 그 음을 빼앗기지 않도록 하고, 그 양의 기운을 줄여 준다. 양이 거듭 빠져나간 사람은 쉽게 미치고 음과 양이 모두 빠져나간 사람은 갑자기 죽거나 사람을 알아보지 못하는 경우도 있다."

"태양인은 사람의 모습이 득의양양하여 오만방자하고, 마치 배를 내밀고 있는 것처럼 몸이 뒤로 젖혀지고 오금이 구부러져 있는 것이 태양인이다. - 『영추』「通天」

위의 내용을 다시 설명하면, 태양인은 그 형상이 의기양양하면서 자만하여 우쭐대고 가슴과 배를 쑥 내밀고 걸어다닌다. 태양인은 높은 곳을 좋아하고, 큰일을 말하기 좋아하며 능력은 없으면서 허풍을 떨고, 일처리를 할 때에 옳고 그름을 가리지 않으며, 항상 제멋대로 행동해서 일이 비록 실패하더라도 후회를 하거나 잘못을 반성하지 않는다. 태양인은 거주 환경에 대해 비교적 만족하고 환경의 변화에 잘 적응하는 특성을 가지고 있어 머무는 곳마다 편안해하고, 이들이 일에 임할 때는 반드시 기백이 있으나, 득의양양하며 자존망대하기 쉬운 성격이다. 뜻이 비록 원대하나 주변을 살피지 못하고 이상만 높으며, 과장되게 이야기하는 것을 좋아하고, 큰일을 호언하나 실제 능력은 없어 빈말인 경우가 많으며, 결과를 만들어 내는 것이 별로 없다.

(4) 소양인(少陽人)과 오행의 목(木)

"소양인(少陽人)은 세밀하여 빈틈이 없고 자존심이 매우 강하고, 낮은 벼슬을 하더라도 뽐내고 자랑하고, 밖으로 사귀는 것은 좋아하나 내적으로 친한 사람이 없는 것이 소양인의 특징이다."

"소양인은 양이 많고 음이 적고, 경맥이 작고 낙맥이 크다. 음인 혈은 속에 있고 양인 기운은 밖에 있다. 음의 기운이 충실하고 양의 기운이 허하다. 오직 그 낙맥을 덜어 내면 뻣뻣해져 기운이 빠져나가는 것이 빨라져서 체내의 기운이 부족해서 질병이 잘 낮지 않는다."

"소양인은 그 모습이 서면 머리를 높이 쳐들고, 걸으면 몸을 흔들길 좋아하고, 양팔과 양손이 늘 뒷짐을 지는 것이 소양인이다." - 『영추』「通天」

위의 내용을 다시 설명하면, 소양인은 그 형상이 걸어다닐 때는 머리를 치켜들기를 좋아하고 행동할 때는 몸을 흔들기를 좋아하여, 그 양팔과 팔꿈치가 항상 등 밖으로 튀어나오는 것이 특징이다. 또한 소양인은 자신을 귀중히 여기고 작은 관직이라도 있으면 득의양양하고, 사교적인 것을 좋아하지만 내부에서 도움을 주는 것을 싫어한다. 세심하고 자기 자랑을 즐기며, 외교적인 것을 좋아하여 착실히 일하지 못한다. 소양인은 객관 사물에 대해 오랜 시간 동안 주의를 집중하여 살피고 또 살펴 매우 정밀하게 인식한다. 이러한 유형의 사람은 그 능력이 비교적 뛰어나 높은 관직에 오르는 경향이 있으나, 스스로를 귀하게 여겨서 자만 등의 교만한 정서가 생기기 쉽다. 즉 이러한 유형의 사람은 스스로 훌륭하다고 생각하여 아주 작은 관직이라도 맡게 되면 곧 교만해지고 스스로 고무되는 기질을 가지고 있다.

(5) 음양화평인(陰陽和平人)과 오행의 토(土)

"음양화평인(陰陽和平人)은 조용한 곳에서 지내고, 두려움이 없고 욕심이 없고, 사물을 따르고, 견주어 다투지 않고 때와 더불어 바뀌어 간다. 높아지면 겸손해 하고, 말로 하되 다스리지 않는다. 이를 일러 지극한 다스림이라 한다."

"음과 양의 기운이 조화롭고 혈맥이 조절된다. 마땅히 삼가서 음과 양을 진단하고, 몹쓸 기운과 올바른 기운을 보고, 그 용모나 차림새를 알고, 남는 것과 모자라는 것을 살피는데, 드세면 들어내고 허하면 보태고, 드세지도 허하지도 않으면 그 경맥을 치료할 대상으로 고른다. 이것이 음과 양을 고르게 하고 다섯 가지 모습인 사람을 가르는 것이다. 모습이 온화하고 점잖고, 성격이 유순하여 환경에 잘 적응하고, 태도가 엄숙하고 품행이 단정하고, 사람을 부드럽게 대하고, 눈빛이 자상하고 상냥하며, 행동거지가 절도가 있고, 일을 분명하게 처리하여 사람들이 모두 군자라 한다." -『영추』「通天」

음양화평인은 그 형상이 여유만만하고 온화하면서 존엄하며 화기애애하고 눈빛이 선량하고 확고부동하여 뭇사람들이 군자로 존경하는 것이 특징이다. 음양화평인은 처세가 안정되어 두려워함이 없으며 희열(喜悅)하지도 않고, 온화하게 사물에 순응하여 사람들과 다투지 않으면서 자연의 순리에 따르고, 사람들이 존중하면 겸손해 한다.

음양화평인은 사물의 인식 능력이 뛰어나 사물의 일반 규율을 장악할 수 있으며, 사물의 본질을 능히 인식할 수 있다. 또한 근면하며 배우기를 좋아하고, 사유가 고도로 영민하여 객관적인 형세의 발전 변화에 부응하여 자기의 사상이나 개념과 주장을 개선, 변화시킬 수 있으며, 음기응변할 수 있다. 게다가 주관이 있어 동요되지 않으며, 재물이나 힘으로 그 마음을 굴복시킬 수 없고, 이익이나 부귀도 그 마음을 침범할 수 없다. 성격적으로 행동거지가 매우 안정되고 점잖으며 침착하고 여유가 있고, 주위환경 변화에 순종하고 잘 적응한다. 또한 사람을 대하는 태도가 항상 환한 얼굴로 약간의 미소를 머금고 있으며, 그 눈빛이 매우 온화하고 선량하다. 언어와 행동이 바르고 흐트러짐이 없으며, 다른 사람과 고집을 부리며 맞서거나 명예를 다투어 힘으로 이기려 하지 않는다.

제7장
오행과 서양 관상학

동서양에서는 고금(古今)을 막론하고 관상학이 유행하였는데, 서양에서는 주로 심성과 기질을 파악하는 분야로 발전하였으며, 동양에서는 주로 운명의 길흉을 판단하는 쪽으로 발전을 거듭하여 왔다. 기원전의 그리스 철학자인 소크라테스는 제자를 받아들일 때 평가의 수단으로 인상을 중요시했다고 한다. 또 아리스토텔레스는 동물과 인간을 비교 연구하여, 특정의 동물과 닮아 있는 사람은 성격도 그 동물과 닮았다고 보았고, 히포크라테스는 3질론으로 '영양질·근골질·심성질'을 주창했는데, 그의 학설은 근대 의사인 갈레노스(Galenus)에게 전승되었다. 그리고 이것이 오늘날 서양 관상학의 근간이 되었다고 볼 수 있다.

이름	내용	특징
오행 관상 (五行觀相)	오행의 의미와 외모를 결부시킴.	목(木), 화(火), 토(土), 금(金), 수(水)
십자면법 (十字面法)	열 가지 한자의 모양과 얼굴을 대비해 구분함.	유(由), 갑(甲), 신(申), 전(田), 동(同), 왕(王), 원(圓), 목(目), 용(用), 풍(風)
관인팔법 (觀人八法)	한자의 의미와 외모를 결부시킴.	위(威), 후(厚), 청(淸), 고(古), 고(孤), 박(薄), 악(惡), 속(俗)
삼형질론 (三形質論)	얼굴과 체형을 살집과 골격의 차이로 구분함.	심성질(心性質), 영양질(榮養質), 근골질(筋骨質)
물형론 (物形論)	사람의 모습을 동물의 모습에 대입함.	

갈레노스(Galenus)는 인간의 얼굴에서 대표적인 얼굴형으로, 둥근 얼굴의 영양질(榮養質), 역삼각형 얼굴의 심성질(心性質), 사각형 얼굴의 근골질(筋骨質)로 구분하였다. 여기에다 근골질형을 뼈[骨]형, 근육(筋肉)형 등으로 세분하여 5개형으로 보는 경우도 있다. 사람의 몸과 얼굴에서 두드러지는 생물학적인 특성을 바탕으로, 영양질형(소화기관 발달형, 비만형), 가슴형(호흡기, 가슴 발달형), 뼈형(몸이 마른 뼈 발달형), 근육형(근육 발달형), 두뇌형(신경과 머리 발달형)의 다섯 가지로 구분하여 이론적인 발전을 거듭하고 있다.

1. 삼형질(三形質)과 오행 관상

관상을 보는 방법으로는 십자면법(十字面法), 이십면법(二十面法), 오행상법(五行相法) 등이 전해지고 있는데, 최근에 삼형질론이 크게 유행한 적이 있다. 삼형질론은 영양질, 근골질, 심성질 이 세 가지를 기본으로 사람들의 얼굴과 특징을 구분하는 것이다.

영양질은 살집이 많고 온화한 느낌이 있다. 성격은 원만하면서 쾌활하고 세세한 것에 구애 받지 않는 경향이 있다. 근골질은 몸이 튼튼한 근육질로 투사형이다. 적극적이면서 행동력이 뛰어나고, 근면하면서 끈기가 있다. 심성질은 머리가 발달하여 있고, 뺨과 턱에 살집이 없고 뾰족한 편이다. 골격도 가늘고, 지적이면서 사고력이 뛰어나고 신경도 섬세하고 미감이 발달해 있다.

〔 오행(五行)과 삼형질(三形質) 〕

오행(五行)	삼형질	특징
목형(木形)	심성질형(心性質)	역삼각형
금형(金形)	근골질형(筋骨質)	사각형
수형(水形)	영양질형(榮養質)	원형

1) 영양질형(榮養質形)

영양질형의 얼굴을 가진 사람들은 대체적으로 유연하고 여유 있어 보이며, 사람들과 대화하면 따뜻하고 부드러운 느낌을 준다.

(1) 영양질형의 얼굴과 신체 특징

영양질형은 다른 체질에 비해 얼굴이 둥글며, 눈·턱·귀도 둥근 편이고, 귓불은 큰 편이다. 눈꺼풀에 살이 많고 코와 입술도 다른 체형에 비해 두툼하며, 턱은 이중 턱처럼 살이 많고, 머리카락은 숱이 많고 진하면서 거칠지는 않다. 게다가 눈썹은 진하고 부드럽다.

영양질형의 사람은 신체의 대부분이 토실토실하게 살진 것처럼 보인다. 살이 단단한 근골질형에 비해 영양질형은 매우 부드럽다. 가슴과 어깨보다 배를 중심으로 살집이 많으면서 앞으로 나와 있으며, 허리가 비교적 굵다. 또한 손에 살이 많아서 마치 거북이 등처럼 두툼하고, 손가락에도 살이 많아서 전체적으로 둥글게 보인다. 또한 음성은 전체적으로 부드러우면서 말이 느린 편인데, 말꼬리가 명료하지 못하고 흐린 편이다. 그러나 목소리(음성)는 힘이 있으면서 부드럽다.

(2) 영양질형의 행동 특징

체형이 둥글둥글한 영양질형은 서두르지 않으며 행동이 느릿느릿하다. 걸음걸이는 느리지만 보폭은 보통이고, 대개의 경우 배를 앞으로 내밀고 어기적거리며 걷는 경우가 많다. 태평스러운데다 가능한 한 적게 움직이려고 하고, 어디를 가더라도 바쁠 것이 없는 편안한 행동과 태도를 보인다.

앉을 때는 좁은 공간보다는 넓은 공간을 좋아한다. 그리고 옷을 입을 때도 좁은 옷보다는 헐렁한 옷을 좋아한다. 체형과 성격처럼 편안함을 최우선으로 삼다 보니 지속해서 신던 신발이나 장갑을 착용하는 경우가 많다.

비만한 체형 때문에 머리를 뒤로 돌리는 것이 어려워 본인의 등 뒤에서 하는 대화나 일에 대해서는 별로 신경 쓰지 않는다. 인상과 태도는 대개의 경우 대범하며, 어떤 면에서는 불친절하게도 보인다.

(3) 영양질형의 기질과 직업 - 정(情)이 많은 둥근 형

관상학적으로 둥근 얼굴을 가진 사람은 삼각형이나 사각형에 비해 풍만하게 살집이 붙어 있고 신체는 둥글둥글다. 야위어 있는 사람은 금욕적이고 정이 적은 경향이 있지만 얼굴이나 신체에 살집이 있으면 그것과 동시에 마음도 둥글어져 주위에 대해서 애정도 깊어진다. 살집이 좋은 사람은 관상학적으로 '정'이나 애정, 상냥함을 의미하고 여성은 적당한 살집이 있는 편이 좋은 관상이 된다.

둥근 형태의 얼굴을 가진 사람은 마음이 원만하고 사람들과의 투쟁을 싫어한다. 또한 사람을 화목하게 하고 안심을 시키는 성격에 마음도 온후하고 따뜻한 인품의 사람이 많은 것이 특징이다. 다만 세세한 일이나 꼼꼼한 일은 서툴고 대략적으로 사물을 정리하거나 힘을 쓰는 일을 좋아하기도 한다. 직업은 천성적인 애교나, 사람을 즐겁게 하는 매력으로 인기 직업이나 접객업 등이 적합하다.

둥근 얼굴로 얼굴이나 신체에 살집이 너무 포동포동하면 마음에 신축성도 없고 눈앞의 향락을 쫓기 쉽고, 정욕도 강해지는 경향이 있기 때문에 주의가 필요하다. 반대로 신체에 살집이 많아도 탄력이나 야무진 사람은 재운이 좋고 근골질형과 교제하여 궁합이 잘 맞으면 실업가나 사장 등 최고의 지위에 오르는 경향도 있다.

(4) 영양질형의 건강

영양질형 유형의 사람들은 어릴 때부터 청년기까지는 매우 발육이
좋다. 그러나 위장이 튼튼하다고 과식하여 위 확장이나 소화불량을
일으키는 경우가 있으므로 식사량을 일정하게 규제하는 것이 좋다.
이런 유형의 사람들은 식도락을 즐기던 습관 때문에 자주 어깨가
뻐근하고 변비에 걸리곤 한다. 과로하면 현기증이 일어나거나 귀가
울린다든지 하며, 머리가 무겁고 숨이 막혀 심장이 뛰는 증세가 생
기곤 한다. 특히 심장병이나 뇌일혈·동맥경화·당뇨병 등에 걸리
기 쉽다.

영양질형의 사람들은 기름기가 많은 돼지고기, 쇠고기, 전골류,
뱀장어, 튀김류 등을 좋아하는 편인데, 가능하면 채소와 나물, 과일
류 등 식물성 음식을 많이 먹어야 질병을 예방할 수 있다.

(5) 영양질형의 운세

영양형의 사람은 인상이 유연하고 여유가 있어 보이고, 대화를 하
고 있으면 상대에게 유쾌해지고 따뜻하고 부드러운 느낌을 준다. 영
양질형의 체형을 가진 남성은 대인관계가 좋고 사교적이기 때문에
주위 사람들로부터 인기를 얻어서 항상 성공과 출세의 기회를 잡는
유형이다. 동작이 조금 둔한 것이 단점이지만 일에 대한 추진력과
실행력은 좋다. 그리고 일하는 요령이라든지 자기를 표현하는 능력
과 물러날 때의 방법 등을 잘 알고 있으므로 외교 분야나 상업, 관리
직 분야에 적합하다.

영양질형의 여성은 매우 명랑하다. 사람들의 호감을 얻고, 인간

관계에 원만한 유형으로 모임이나 단체에서 분위기를 좌우한다. 또한 가정에서도 명랑하고 성실하면서 가족에게 최선을 다하는 유형이다. 다만 성격 면에서 대범하다 보니 일 처리를 할 때는 대충 처리하는 경향이 있어 뒷처리가 깔끔하지 못하다는 평가를 받기도 한다. 하지만 바로 이러한 면이 남자들에게는 매력으로 비쳐져서 인기가 많다.

(6) 영양질형의 개운법

영양질형의 체형과 체질을 가진 사람들이 인생이 정체되거나 어려운 상황이 반복될 때는 자신의 모든 것을 변화시키기 위해서 노력을 해야 자신이 원하는 쪽으로 인생이 흘러갈 것이다.

인생에 변화를 주고 싶으면 뚜렷한 목적과 목표를 설정하고 끈기와 집념을 가지고 행동해야 한다. 거창한 목표보다는 작은 목표를 설정해 놓고, 처음의 목표가 성취되면 다음 목표를 세워 노력을 계속하다 보면 마침내 최종 목적지에 도달할 것이다. 또한 본인 스스로 반드시 성공할 수 있다는 강한 신념을 가져야 한다. 특히 자신이 세워 놓은 신념이 흔들리지 않도록 해야 한다.

영양질형의 체형과 체질을 가진 사람은 인생을 살아가면서 자신이 지켜야 할 질서와 규칙을 정해 놓고, 그에 맞게 행동해야 한다. 뿐만 아니라 사업이나 인간관계에서 너무 빠져서는 안 된다. 사람들을 만날 때에 어느 정도의 선을 그어 놓고 만나는 것이 좋다. 특히 결혼한 사람들은 다른 이성에게 빠지면 패가망신하기도 하고, 같은 동성이라도 동업 등 공동투자를 제안 받았을 때는 신중하게 고민해야 한다.

영양질형 사람은 가정이나 직장에서나든 항상 예의를 지키도록 노력할 필요가 있다. 특히 가정에서 배우자에게 온 우편물을 열어 보거나 휴대 전화나 메일을 엿보는 행동으로 부부싸움을 하기도 한다. 특히 여성들은 남편의 직장에 관련된 일이나 비밀을 다른 사람들에게 아무 생각 없이 누설하여 남편을 파멸의 길로 이끄는 경우도 많다.

(7) 영양질형의 유명인

강부자(배우), 김민경(개그맨), 김준현(개그맨), 신영균(배우), 유민상(개그맨), 이영자(방송인), 이용식(개그맨), 현미(가수)

2) 근골질형(筋骨質形)

근골질형의 사람은 생기 있고 박력이 넘치는 인상이지만, 형식이나 격식을 무시하는 경향이 있어 예의가 없는 사람처럼 보이기도 한다. 전체적으로 조금 예리하고 날카로운 인상을 준다.

(1) 근골질형(근육형)의 얼굴과 신체 특징

근골질형의 얼굴은 사각형으로 모가 졌으며, 광대뼈가 돌출되어 앙상한 것처럼 보이고, 살집이 대체적으로 빈약하여 조금 울퉁불퉁한 편으로 좀 억세게 보이는 형이다. 돌출된 광대뼈와 더불어 턱의 아래쪽 부분이 넓게 펴져 있으며, 콧대는 높고 눈은 찢어진 편이면서 입은 크고 굳게 다문 것이 마치 일(一)자처럼 보인다.

머리카락은 굵으면서 뻣뻣한 느낌으로 숱이 많고, 눈썹은 진하면서 거칠다. 근골형의 남성은 몸에 털이 많은 편이어서 깔끔한 인상을 주지는 못한다. 그리고 귀를 보면 중앙의 이곽 부분이 밖으로 튀어나와 있다.

근골질형인 사람은 어깨의 폭이 넓고 가슴 부분이 떡 벌어져서 한눈에 봐도 균형 잡힌 남성적인 체격을 가지고 있다. 특히 상체가 역삼각형으로 발달해 있으며, 근육은 단단하여 만져 보면 바로 느낄 수 있다. 또한 근골질형의 손은 마디가 굵으면서 손가락 길이가 거의 비슷하면서 뭉툭하고 거친 느낌을 준다. 음성은 톤이 높으면서 부드러움이 없고, 말은 비교적 명료하고 빠른 편으고, 목소리는 약간 도전적이면서 힘이 넘쳐흐른다.

(2) 근골질형의 행동 특징

사각형의 얼굴 형태를 가진 근골질형들은 정력적이면서 활동가이다. 매사에 노력하면서 사람들에게 지기를 싫어하고 투쟁심이 강하다. 가끔은 쓸데없는 고집을 부리는 경향이 많고, 건강을 과신하여 관리를 제대로 하지 않기 때문에 반대로 질병에 잘 걸린다. 이른바 말하는 남성적인 기질을 많이 표현하려고 한다. 또한 고집, 불화(不和), 행동에 거만한 경향이 있다.

사각형의 사람은 몰래 노력하는 인내심과 의지가 강한 유형으로 감정을 말로 전하는 것이 서투르고, 작은 일에는 신경을 쓰는 유형이 아니다. 그러나 정력적으로 끈질기고, 곤란한 일이 있어도 잘 이겨내는 터프함이 있다. 사람의 이야기를 듣지 않고, 자신의 신념을 결코 굽히지 않는 면이나 완고함으로 소중한 사람을 잃거나 사물을 파괴하는 힘이 있기 때문에 유연한 생각과 지성이 필요하게 된다.

(3) 근골질형의 기질과 직업 - 의(意)가 뛰어난 사각형(筋骨質)

직업으로는 천성적인 체력과 기력으로 뭐든지 해낼 수 있지만, 특히 상하관계가 분명한 직업이 적합하다. 신체를 많이 움직이는 분야, 즉 군인 · 경찰 · 소방관을 비롯하여 스포츠맨 · 세일즈맨 등이 적합하다. 얼굴이 좋은 사각형을 토대로 뺨에 살집이 풍만하면 부하들에게 존경을 받는다. 애정이 풍부하고 포용력도 있어서 경영자나 리더로 활약한다. 하지만 근골질 체형들은 다른 사람과 협조하는 것이 서툴고 상사의 말에도 반발하는 측면이 있으니, 이런 유형을 부하로 두었을 때는 명령투보다는 의논하는 투로 말하면 기꺼이 협력한다. 또 극과 극의 성격을 가지고 있기 때문에 일이 잘될 때는 많은 성공과 발전을 이루지만, 만약 한 번 실패하면 다시 일어날 수 없는 상황에 처하기도 한다.

(4) 근골질형의 건강

근골질형의 사람들은 비교적 건강하지만 그 때문에 과로하거나 지나친 운동, 과음으로 인해 결핵이나 늑막염, 심장병이나 급성간염과 폐렴 등을 앓기도 한다. 또한 류머티즘 관절염이나 같은 신경계의 질환을 앓기 쉽다. 그리고 체력이 대체로 튼튼하고 건강하기 때문이 한 번 열중해서 일하면 다른 모든 것을 잊어버리는 성격 때문에 작은 질병으로 끝날 것을 큰 병으로 만드는 능력도 가지고 있다.

(5) 근골질형의 운세

근골질의 체형을 가진 사람들은 근면성이 있고, 경쟁심이 강해서 항상 다른 사람보다 앞서는 것을 좋아한다. 근골질 체형의 남성은 이러한 기질을 바탕으로 하여 우유부단한 것을 싫어하고 모든 일에 솔선수범하는 경향이 있다. 근면성과 성실함을 주위 사람들에게 인정을 받아 성공을 이루며, 사무직보다는 현장에서 뛰는 것이 적성에 맞다. 그리고 근골질 체형을 가진 사람들은 과감하게 행동하는 경향이 있기 때문에, 사소한 것에 대해서는 등한시하는 경향이 있고, 가족이나 자신의 최측근에 있는 사람들에 대한 배려가 부족하거나, 공을 세우기 위해서 자신만 앞서가려고 한다는 오해를 받기도 한다. 특히 동료나 친구들과 술을 마실 때 행동과 말을 조심하여 상처를 주지 않도록 노력해야 한다.

여성들이 근골질의 체형과 기질을 가지고 있다면, 여성다운 측면보다는 남성적인 기질을 가지고 있는 사람이 많다. 자녀교육과 가사를 잘 돌보면서 틈틈이 부업을 하여 남편들에게 도움을 주기도 한다. 그렇지만 근골질의 여성들은 섬세하지 못한 측면이 있어 가정의 화목을 깨뜨리기도 하고, 자녀들의 학교에서 치맛바람을 일으키는 경향도 있다. 게다가 부부가 함께 장사를 하거나 사업을 한다면 남편보다 앞에서 모든 처리하려고 하는 경향이 있으니 완급을 조절해야 한다.

(6) 근골질형의 개운법

행동력과 활동력, 실행력을 갖춘 근골질형 사람들이 추진하는 일에 정체 현상이 일어나거나, 현재의 삶보다 미래에 보다 발전된 인생을 살고자 한다면, 자신의 생활습관과 방식에 변화를 주어야 한다.

조금은 딱딱하고 굳어 보이는 얼굴을 가진 근골질형의 사람들은 항상 얼굴에 미소 짓는 연습을 해야 한다. 어느 체질을 막론하고 화난 얼굴보다는 항상 미소를 짓는 얼굴을 하면 행운은 저절로 찾아올 것이다. 자신의 분야에서 성공하는 사람들은 항상 웃으면서 명랑하고 즐겁게 생활하려고 노력한다.

직장이나 개인사업을 하더라도 자신의 일이나 업무에 대해서는 항상 연구하고 노력하는 자세를 가져야 한다. 일할 때는 철저한 계획과 매뉴얼을 설정해 놓고 연구하고 노력해야 한다. 그와 더불어 선배나 동료들의 조언에 참고하여 자신에게 발전이 되도록 한다. 그리고 상대방이 본인에게 실수라거나 화가 나더라도 항상 상대방에게 부드럽게 말하도록 노력해야 한다. 자신과 경쟁하는 사람들에 대해서 비판하기보다는 긍정적인 마인드로 관대하게 대하고 칭찬하도록 한다. 또한 생활과 마음에 여유를 가지고 주변 사람들에 대해 관심을 갖고 배려하여 내 편을 많이 만드는 것이 좋다. 뿐만 아니라 가족 간에도 말과 행동을 조심하고, 가정이 화목해지도록 노력해야 한다. 특히 집안일을 부인에게만 맡겨 놓고 간섭하기보다는 옆에서 도와주는 자세를 갖는 것이 좋다. 가정과 직장은 분리해야 한다. 사회생활하듯 가정생활을 한다면 화목하지 못하게 된다.

(7) 근골질형의 유명인

강호동(방송인), 김구(정치인), 김학철(배우), 박경림(방송인), 솔비(가수), 이혁재(방송인), 전현무(방송인), 하지원(배우)

3) 심성질형(心性質形)

심성질형의 사람들은 온화하면서 온순한 느낌과 함께 약하고 쓸쓸한 느낌을 준다. 가끔은 심성질과 근골질을 혼동하는 경우가 있는데, 심성질은 머리카락이 부드럽지만 근골질들은 조금 거칠고 딱딱한 느낌을 준다.

(1) 심성질형의 얼굴과 신체 특징

심성질의 특징을 가진 사람들은 역삼각형처럼 얼굴 윗부분은 넓으나 턱으로 내려올수록 좁아지고, 이마는 비교적 넓고 코에서부터 턱으로 내려감에 따라 좁아지는 것이 특징이다. 머리카락은 가늘고 부드럽고, 눈썹은 가지런하면서 아름답고, 입술은 위아래 모두 얇은 편이다. 귀의 형태를 보면 위쪽은 발달되어 있으나 아래쪽은 내려갈수록 작다.

심성질형은 신경이 예리하면서 지혜가 풍부한 것이 특징인데, 머리가 약간 큰 데 비해 몸은 약간 마르고 빈약한 편이며, 손가락은 손바닥에서 손가락 끝으로 갈수록 가늘어지고, 손금이 복잡하고 가는 선과 주름이 많은 것이 특징이다. 언뜻 보면 신체의 대부분이 가늘고 약하지만 골격이 돌출되어 있지는 않다. 비만하지도 않고 근육이 발달해 있지도 않은 중간형으로, 이른바 현대인들이 좋아하는 날씬한 체형이다. 이와 같은 체형을 가진 사람은 아무리 영양가 있는 음식을 섭취하더라도 살이 찌지 않고, 운동을 해도 근육이 잘 발달하지 않는다. 어깨가 내려와 있고, 가슴둘레가 신장에 비해 작은 편이나 신체에 털이 많고 빨리 늙는 경향이 있어 40세만 되어도 노인처럼 보이는 사람이 있다. 그리고 음성은 비교적 명료하면서 말꼬리가 확실하며, 목소리는 작은 편이다. 또 말을 할 때는 대체로 논리적이고 합리적인 경향이 많다.

(2) 심성질형의 행동 특징

심성질들은 다른 체형에 비해 민감하고 민첩하여 항상 행동할 준비가 되어 있으므로 손과 발을 활발하게 사용한다. 대체로 모든 종류의 기구와 도구를 능수능란하게 잘 다룬다.

걸음걸이가 경쾌하고, 바쁘게 걸을 때도 다른 유형에 비해 우아하고 품위 있게 걷지만 보폭이 좁은 편이다. 마찬가지로 앉을 때도 편안하고 품위 있게 걸친 듯 앉았다가 가볍게 일어난다. 가끔은 에너지가 넘치기 때문에 안정되지 않은 인상을 주지만, 다른 체형들이 보여주는 불안정한 모습에 비하면 편안하고도 품위 있어 보인다.

(3) 심성질형의 기질과 직업 – 지(智)가 뛰어난 역삼각형(心性質)

관상학적으로 삼각형의 얼굴을 가진 사람을 심성질형이라 부른다. 삼각형은 이마가 발달해 있고, 턱은 이마에 비해 가늘고, 신체는 조금 마른 형이 많은 것이 특징이다. 이마가 넓고 예쁘며 얼룩이나 검은 점, 사마귀 등이 없는 경우를 지(智 : 예지, 지성, 지력)가 좋은 것으로 본다. 신체적으로는 체력에 자신이 없는 사람이나 내장의 기능이 약한 사람이 많다.

삼각형은 신경이 섬세하고 감수성이 날카로운 유형으로 일반적으로 이성이나 아이디어가 뛰어나고, 사물을 바르게 판단하려고 노력한다. 일반 사람들이 보지 못하는 것을 살피는 능력이 있으며, 감각이나 오관이 발달되어 있으므로 조금 까다롭고 신경질적인 면이 있다. 지적 재능이나 미적 감각을 타고난 경우가 많고, 게다가 기억력도 좋고 상상력도 풍부하다.

직업으로는 예술 분야의 감각을 살리거나, 전문 지식이나 기술업계, 학문을 주로 하는 것이 적합하다. 정치나 실업에는 적합하지 않은 유형이지만 참모역으로서 두각을 나타내는 사람도 있다.

삼각형에 영양질형이 균형을 이루고 있는 사람을 사귀면 교사나 선생님으로서 활약하고, 근골질형을 잘 사귀면 실업가나 종교가로 활약하고 있는 사람도 많다.

(4) 심성질형의 건강

심성질형의 사람은 비교적 결핵이나 폐렴 등의 호흡기 질환에 걸리기 쉬우며 또한 신경의 류머티즘과 같은 뇌신경계 질환을 앓기 쉽다. 또한 위장병이나 불면증, 게다가 신경질 때문에 노이로제에 걸리기 쉽다.

어린아이들은 편식하거나 음식의 색채와 냄새를 가려 먹으므로 영양을 충분히 섭취하지 못한다. 따라서 요리법에 특별히 신경 쓰지 않으면 소아마비나 결핵 등에 걸릴 염려가 있다. 또한 전염병에 걸리기 쉽다.

(5) 심성질형의 운세

다정다감하지만 신경질적인 경향이 많고, 우아하고 아름다운 것을 좋아하고 감각이 날카롭다. 공상(空想)을 하거나 그에 관련된 이야기, 시끄러운 것 보다는 조용한 것을 좋아한다. 이러한 기질을 가진 남성들은 치밀한 두뇌와 섬세한 성격을 가지고 있다. 이들은 두뇌 회전이 빠르기 때문에, 이러한 장점을 잘 살리면 운을 열어 갈 가능성이 있다. 좋은 머리나 아이디어를 가지고 있어도 운세를 자신의 것으로 만들기 위해서는 의욕과 실행력이 필요할 것이다.

여성들은 조용하면서 얌전하고 재치도 있다. 장래를 계획적으로 설계하지만 행동이 생각과 계획을 따라가지 못하다 보니 주위에 불평불만을 많이 가지는 경우도 있다. 동호회나 친목 모임에 참가하여 따지거나 사소한 것을 지적하다 보니 겉돌거나 고독해지기 쉽다. 마음에 여유를 가지고 주위 사람들이 실수하거나 잘못을 하더라도 감싸고 덮어 주어야 원만한 인간관계가 형성될 것이다.

(6) 심성질형의 개운법

심성질의 사람들은 사업이나 직무에 있어 빠른 두뇌 회전에서 쏟아져 나오는 아이디어를 활용하면 현재의 삶보다는 미래의 삶이 아름답고 행복해질 것이다. 항상 자신의 장점을 살리고 단점을 보완하면 아무리 어려운 일이 닥쳐도 충분히 극복해 나갈 수 있다.

직장에서나 사회생활하면서 만나는 사람들 또는 가족에 대해서 단점을 꼬집어 내기보다는 장점을 파악하고 칭찬하는 습관을 들여야 한다. 항상 상대의 단점보다는 장점을 보려고 노력하고, 만약 상대의 단점이 보인다면 그것이 자신의 단점이려니 하고 자신을 바꾸도록 노력하면 대인관계가 원만해질 것이다.

심성질의 사람들은 다른 사람들의 비판에 지나치게 신경쓰지 말아야 한다. 심성질의 기질을 가진 사람들은 마음이 약하다 보니 누군가 자신을 비판하거나 비난하면 의기소침해지는 경향이 많다. 이와 더불어 비관하는 마음을 가져서도 안 된다. 비관하다 보면 긍정적인 쪽보다는 슬픈 쪽으로 흐르기 쉽고, 비관과 슬픔이 반복되다 보면 스스로 불행을 자초하는 것이기 때문에 항상 웃으면서 낙천적인 마음을 가지도록 습관을 들여야 한다.

(7) 심성질형의 유명인

강수지(가수), 김국진(방송인), 양파(가수), 유시민(작가), 유재석(방송인), 윤종신(가수)

4) 코를 통해서보는 삼형질의 특징

코를 통해 본인, 재운, 중년운을
비롯하여 추진력과 실행력의 강
약을 살핀다. 코는 삼정중의 중정
(中停)을 나타내고 중년의 좋고
나쁨을 살필 수 있는 주요한 부위
이다. 아무리 좋은 두뇌로 계획을
세워도, 그것을 실행으로 옮기고
성공시키는 재량과 힘이 부족하
면 성공하기 어려운데, 코가 바로

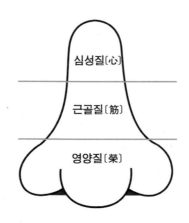

그것을 담당하므로 관상의 핵심이라고 할 수 있다. 코가 크면 클수
록 자신감과 자기 표현력이 강하다. 또한 코는 남성의 성기(性器)를
의미하므로, 코를 통해 남성의 애정의 정도나 성욕을 판단할 수 있
다.

좋은 코는, 얼굴 형태에 잘 어울리면서 코를 중심으로 광대뼈가
잘 발달되어 있으면서 적당히 크고 준두와 콧방울이 둥근 것이다.
특히 코의 기색이 베이지색이나 분홍색인 사람은 애정운과 금전운
이 모두 풍족하다.

코는 상부(上部)를 심(心), 중부(中部)를 근(筋), 하부(下部)를 영
(榮)으로 분류하는데, 이 분류법을 '코의 삼형질론'이라고 한다. 예
시 그림에서, 윗부분을 '산근(山根)'이라고 하는데, 산근은 타인 특
히 손윗사람과의 관계를 나타낸다. 이 부위는 코의 영(榮)까지 콧대
가 형성되어 있는데, 상처나 결함이 있으면 관계성이 양호하다고는
할 수 없다.

(1) 심성질형의 코

코의 윗부분[上部] 즉 심(心) 부위가 발달한 사람은 체형이 홀쭉하고, 코끝이 날카로운 느낌이 있다. 이 부위가 발달한 사람은 심성질형의 기질을 가진 사람으로, 명예를 존중하고 규율과 규칙을 준수하는 편이지만 실행력이 떨어지고 빈둥거리는 유형의 사람이 많다.

코의 최상부인 산근은 어느 유형의 사람이나 조금 들어가 있지만, 산근이 지나치게 들어가 있어 요(凹)의 형태인 사람은 심(心)이 발달하지 못하여 지능이 낮고 생명력이 약하며 경박한 경향이 있다. 영화나 연속극을 보면서 곧바로 웃거나 우는 등 감정의 기복이 심한 편이다. 한편 측면에서 보았을 때 산근과 준두가 일직선으로 기복이 없는 코도 있다. 이러한 코는 머리로는 이성을 잃지만 자존심이 강하고, 사람을 무시하는 경향이 있다. 또 비량이 좁으면 신경질로 물질 운이 약하다는 의미도 더해지고 사람들로부터 미움을 받는 경우도 많아진다.

(2) 근골질형의 코

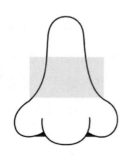

코의 가운뎃부분[中部] 즉 근(筋) 부위가 발달한 사람은 단단하고 튼튼한 체격으로, 코의 높이와 폭이 모두 적당한 느낌을 준다. 실행력이 뛰어난 유형으로, 생각보다 행동이 빠른 편이다.

코의 중부는 중년운의 강약과 실행력을

살피는 부위로, 만약 이 부위만 발달한 코는 중년운이 강하지만 무슨 일이든지 지속되는 것이 어렵고, 곧바로 자기 의견을 표출하는 경향이 있다. 생각도 얕고 깊게 생각하지 않고 실행으로 옮겨서 실패하는 경우가 많다. 중간 부분을 측면에서 보았을 때 마디가 있는 것처럼 보이는 사람은 살집이 좋은 사람으로부터 지원을 받는 경향이 강하다. 정면에서 보았을 때 마디가 있는 코는, 공격적이고 타협성이 부족하여 교제가 능숙하지 못하고, 주거운이나 부부의 인연이 약한 편이다. 또한 중병에 주의해야 한다.

(3) 영양질형의 코

코의 아랫부분[下部] 즉 영(榮) 부위가 발달한 사람은 대부분 둥근 느낌을 주는데, 비량이 넓고 코 자체가 그리 높지는 않다. 자존심이 강하지만 솔직하지 못한 편이라고 볼 수 있다.

코의 하부는 재운과 인간관계의 좋은 점이나 열정을 살펴보는 곳이다. 하부의 콧방울이 발달한 코는 스스로 운명을 개척하기 때문에 말년운도 좋다고 본다. 활동적이면서 사람들을 돌보기를 좋아하고, 승부를 가리는 것을 좋아한다. 반대로 하부가 빈약하고 살집이 약하면 소극적인 경향이 있다. 게다가 몸도 튼튼하지 못하다. 중부에서 하부에 이르기까지 둥글고 큰 코는 '대비(袋鼻)'라고 하여 일생 부귀를 타고난 사람이다.

5) 삼형질형에게 맞는 인장(印章)

사람들의 마음과 형태가 모양으로 나타는 물건은 일치한다고 할 수 있다. 일반적으로 사람은 40세부터 스스로의 얼굴에 책임을 져야 한다고 한다. 그처럼 사람의 얼굴은 정신이나 영혼을 물질화(物質化)하고 있다. 사람들은 자신의 얼굴 형태에 맞는 모양이나 형태를 좋아하는 경향이 있다.

예를 들면 살집이 좋고 둥근 형태를 띤 영양질형의 사람은 원형의 도장을 사용하는 경우가 많고, 근골질형으로 씩씩하고 활동적인 사람들은 각형(角形)의 도장을 많이 사용하고, 용모가 온아(溫雅)하고 신경질적인 특징을 가진 심성질형의 사람은 타원형의 도장을 많이 사용한다. 이처럼 자신이 가진 기질을 바탕으로 형태를 선택하는 것은 심리학의 형태 비례로 밝혀지고 있다.

[삼형질에 따른 인장 형태]

영양질	근골질	심성질
○	□ ◇	⬭ ⬭

[삼형질의 비교]

구분	영양질	근골질	심성질
얼굴 형태	원형	사각형	역삼각형
이마 형태			
머리	소뇌부(뒷머리)가 발달해 있다.	옆머리(측두부)의 발달이 좋다.	앞이마(전두부)가 발달해 있다.
머리카락	가늘면서 숱이 짙다.	굵고 거칠다.	가장 가늘면서 부드럽다.
피부	살집이 좋고, 부드럽고, 혈색이 좋다.	두텁고 긴장된 듯하고, 혈색이 거무스름하다.	매끄러워 보이지만 혈색이 나쁘고, 푸른색을 띤다.
눈썹	색이 짙으면서 둥근 편이다. 	색이 가장 진하고, 거칠면서 굵다. 	색이 가장 흐리고, 가늘면서 눈썹꼬리 쪽이 굵다.
전택궁 넓이	중간이다. 	좁다. 	넓다.
눈	둥글고, 따뜻한 느낌이다. 	길면서 크고, 강한 느낌이다. 	가늘면서 작고, 힘이 없는 느낌이다.
눈의 위치	하삼백안과 비슷하다. 	직선으로 예리하다. 	상삼백안과 비슷하다.
동공	검은자위가 크다.	흰자위가 크다.	동공이 작다.

코	살집이 좋고 코끝이 둥글다.	콧방울이 단단하고 튀어나와 있다.	산근이 뚜렷하고 콧방울이 약하다.
뺨	살집이 좋다.	살이 적어 함몰된 것처럼 보인다.	뾰족하게 보이고 살집이 빈약하다.
광대뼈	살집이 좋고 높다.	앞쪽과 옆쪽으로 돌출되어 있다.	굴곡이 없고 편편하게 보인다.
입	전체적으로 입술이 두툼하다.	가로로 길면서 크고, 다문 모양이 단정하다.	작고, 입술이 얇다.
치아	치열이 고르다.	치열이 고르고 앞니가 크다.	치아가 좁고 치열이 나쁘다.
턱	둥글면서 살집이 좋다.	사각형으로 뼈가 나와 있다.	턱이 뾰족하고, 살집이 빈약하다.
귀	귓불이 발달되어 있고, 귀가 전체적으로 두툼하다.	이골이 길면서, 내곽이 돌출되어 있다.	귓불이 없고, 살집이 빈약하다.
귀의 위치	위쪽에 붙어 있고, 앞쪽에 위치해 있다.	정면에서 중간에 붙어 있고, 중간에 위치해 있다.	아래쪽에 붙어 있고, 뒤쪽에 위치해 있다.
어깨	둥글면서 살집이 좋다.	각이 지고 뼈가 튀어나와 있으며 넓다.	어깨 한쪽이 처져 있으며 빈약해 보인다.
신장	크지도 작지도 않다.	크다.	작다.
가슴	작다.	크다.	빈약하다.

복부	복부가 크다.	복부가 작다.	복부가 빈약하다.
허리	매우 크다.	살이 많으면서 단단하다.	작고 허약하다.
손발	손가락 끝이 뾰족하고 살집이 좋으면서 둥글고, 손바닥에 가로선이 많다.	손가락 끝이 굵고, 손가락보다 손바닥이 크다.	작고 가늘게 보이고, 가늘고 길다. 손바닥에는 손금이 어지럽다.
동작	느릿느릿하면서 침착하고, 고개가 앞으로 나오지 않는다.	활발하고, 고개가 앞으로 나오고, 신발 앞축이 닳는다.	느리고 정적이다.
성격	물질적이며 동물적이다.	직선적이다.	심령적이다.
질병	위장 질환에 걸리기 쉽다.	폐 질환에 걸리기 쉽다.	소화불량에 걸리기 쉽다.
팔면의 연관성	여면, 동면	남면+동면	노면, 동면

2. 베네딕트 관상학과 체질론

미국의 심리학자이면서 대중 강연자였던 엘시 링컨 베네딕트(Elsie Lincoln Benedict)와 랄프 페인 베네딕트(Ralph Paine Benedict) 부부는 20세기 초 미국의 대학에서 심리학과 인류학을 공부하고 정신분석학을 중심으로 심리학을 대중이 이해하기 쉽도록 강의하였다. 링컨 베네딕트는 『Famous Lovers』, 『Brainology: Understanding』 『Developing and Training Your Brain』, 『Elsie Lincoln Benedict School of Opportunity』, 『Stimulating Stories』 등 총 7권의 저서를 집필했고, 배우자인 랄프 베네딕트와 『How to Analyze People on Sight』, 『Our Trip Around the World』를 공동 집필했다.

이들 부부는 사람들의 관상과 체형을 통해서 성격과 생활방식을 분석하고 판단하는 '인간분석법'을 연구하고, 사람들을 5가지 유형으로 분류하였다. 얼굴과 몸의 형태를 중심으로 영양질형 · 가슴형 · 근육형 · 골격형 · 두뇌형의 다섯 가지로 분류하고, 각각의 얼굴과 체형의 특징 및 행동과 기질적인 특징을 설명하였다. 이번 장에서 독자들이 이해하기 쉽도록 링컨 베네딕트의 관상학의 특징을 살펴본다.

1) 영양형(the fat people)

(1) 영양형의 신체 특징

▶ 얼굴

영양형의 얼굴의 특징은 몸의 크기에 비해 얼굴(머리)이 상대적으로 작다는 것이다. 작은 얼굴과 동그란 눈매는 다른 사람들에 비해 조금 어려 보이게 한다. 또한 남녀불문하고 영양형의 비만한 사람들은 짧고 둥근 코를 가졌고, 윗입술에 비해 아랫입술이 두터운 경향이 있다. 몸에 살집이 있기 때문에 코가 길쭉해 보이는 사람이 없다.

목과 뒤통수 아랫부분이 지방으로 둘러싸여 있고 머리에서 목덜미 쪽으로 내려가며 점점 부풀어 오른 형태를 하고 있어서 다른 체형보다는 목이 짧아 보인다. 턱은 두 겹이나 세 겹으로 접혀 있어서 마치 아기 같은 얼굴이다.

▶ 체형

영양형의 체형은 살집이 풍부한 편으로, 신체의 모든 부분이 둥글둥글하다. 작은 골격에 부드러운 살이 통통하게 붙어 있다. 동그란 손가락과 발, 허리, 팔다리 그리고 흘러내리듯 동그란 어깨, 둥그런 허벅지, 불룩한 종아리와 손목 및 발목을 지녔다. 남성의 신체에서 가장 큰 부위는 허리둘레이고, 여성은 엉덩이둘레이다.

▶ 손발

영양형의 체형을 가진 사람들은 몸에 비해서 손과 발이 작은 편이다. 손은 손가락 마디마다 보조개처럼 움푹움푹 들어가 있으며 통통하고 동그랗다.

(2) 영양형의 행동 특징

체형이 둥글둥글한 영양형은 대부분 어기적거리며 걷고, 서두르지 않으며 행동이 느릿느릿하다. 가능한 한 적게 움직이려고 하고 어디를 가더라도 바쁠 것이 없는 태평스러운 태도를 보인다. 또 뚱뚱한 체형 때문에 머리를 뒤로 돌리는 것이 어려워 본인의 등 뒤에서 하는 대화나 일에 대해서는 별로 신경 쓰지 않는다.

앉을 때는 좁은 공간보다는 넓은 공간을 좋아한다. 그리고 옷을 입을 때도 좁은 옷보다는 헐렁한 옷을 좋아한다. 체형과 성격처럼 편안함을 최우선으로 삼다 보니 지속해서 신던 신발이나 장갑을 착용하는 경우가 많다.

(3) 영양형의 기질

영양형의 체형을 가진 사람들은 대부분이 어떤 일이라도 심각하게 받아들이지 않는 경향이 있다. 그러한 태도를 자신의 행동이나 말에서 무의식적으로 나타낸다. 또한 영양형들은 자기의 주장을 강하게 펼치기보다는 주로 듣는 것을 좋아하고, 재미있는 일화나 개인적인 경험담을 잘 이야기한다. 또한 자신의 고민이나 걱정에 대해서는 좀처럼 남들에게 털어놓지 않으므로 근심걱정이 없는 것처럼 보인다. 논쟁을 싫어하여 다른 사람과 의견 대립을 피하려 든다.

영양형은 모든 일에 잘 순응하는 사람을 친구로 삼는 경향이 있다. 순리를 거슬러 저항하는 것은 시간과 에너지의 낭비라고 본다. 영양형들은 누군가를 오래 미워하지 못한다. 싫어하고 미워하는 마음을 간직하지 않으려고 한다. 여유로운 체형만큼이나 마음 또한 너

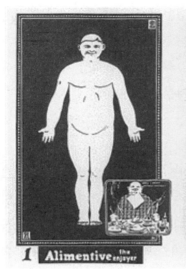
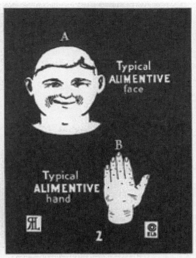

그러워 좀처럼 화를 내지 않는 유형이다. 또한 자신에 대한 험담에도 대체로 대범하고, 낙천적인 현실주의자들이 많다.

(4) 영양형의 재운

세계적인 갑부 중에는 영양형처럼 뚱뚱한 사람들이 많다. 영양형의 사람은 경제적 여유가 있을 때 화재보험이나 국채 혹은 부동산을 소유하기보다는 최신 유행 물품을 구입하는 경향이 있다. 즉 돈으로만 손에 넣을 수 있는 사치와 안락함 그리고 편리함을 추구하는 유형이다.

영양형으로서 두뇌가 좋은 사람은 돈을 벌기 위해 자신의 뇌를 충분하게 활용한다. 몸을 움직이는 것 자체를 싫어하여 육체노동은 싫어하지만 지적인 능력이 뛰어날수록 돈을 벌기 위해서 즐거움이나 여가를 뒤로 미루는 경향이 강하다.

영양형의 사람은 가족에게는 아낌없이 돈을 사용하지만 자선사업이라든가 어려운 타인을 위해서는 돈을 쓰고 싶어 하지 않는다. 기본적으로 가족적이고 가정적이며, 존경 받을 만하고, 주택을 소유하고 있으며, 세금을 성실하게 납부하는 편이다.

(5) 영양형의 건강

영양형의 체형을 가진 사람들에게 가장 흔한 질병은 당뇨병이고, 그다음은 뇌졸중이다. 특히 심장 박동이 빠르고 혈색이 붉거나 고혈압 증세가 있는 사람은 매우 위험하다. 또한 다른 체형에 비해 갑작스런 오장육부의 기능장애가 일어나기도 하는데, 이는 오랜 과식 습관과 생활방식 탓에 심장·신장·간장 등이 시달린 결과라고 할 수 있다.

영양형의 사람들은 다른 장기에 비해 소화기관이 발달되어 있다. 소화기 계통이 만족될 때는 행복을 느끼고, 그것이 방해를 받을 때는 불행한 느낌을 받는다. 영양형은 사회나 세상에서 필요로 하는 특징을 많이 지니고 있는데, 과식 습관만 자제한다면 자신은 물론 인류를 위해 일할 수 있는 무한한 능력을 가지고 있는 사람이다.

(6) 영양형의 결혼과 궁합

영양형은 체형에 비해 성숙하지 못한 경우가 많기 때문에 사랑을 표현하는 것이 서툴다. 그렇지만 사랑에 빠졌을 때는 스킨십을 좋아하고, 그로 인해 본의와는 다르게 희롱을 즐긴다는 오해를 받기도 한다.

영양형은 유순하고 붙임성이 있으며 상냥하다. 특히 작고 뚱뚱한 여성들은 사람들의 마음을 잘 다독여 주는 상냥한 기질을 가지고 있다. 그래서 사업가들에게 인기를 얻는다. 반대로 뚱뚱한 남편들은 자신의 부인을 잘 받들어 주는 경향이 있다.

낙천적인 성격의 통통한 여성은 결혼 적령기가 되면 다른 어떤 유형의 여성들보다 빨리 결혼하고, 이혼해도 빨리 재혼하는 경향이 있다. 영양형의 체형과 기질을 가진 부인은 다정다감하고 침착하며 낙천적인 성격이고 요리를 잘한다. 하지만 지나치게 느긋한 습관들 때문에 남편을 사랑을 잃기도 한다.

통통한 영양형의 남자도 다른 유형보다는 결혼을 빨리 하는 편이 다. 대부분이 일찍 직장을 가지며, 모든 문제를 스스로 해결하려고 하고, 빨리 돈을 벌어서 결혼할 조건을 갖추게 된다. 적당하게 살이 찐 독신녀가 드문 것처럼 적당하게 살진 남성들 중에서도 독신으로 사는 사람은 비교적 적다.

영양형의 사람들에게 어울리는 유형은 근육형이 가장 좋다. 근육형은 세상 사람들과 원만하게 잘 지내려고 하는 영양형의 성향을 공유하고 있으며, 동시에 느슨하고 부주의한 영양형의 성격을 보완할 수 있는 실용적인 기질을 가지고 있다.

또한 영양형은 가슴형의 이성과 잘 어울린다. 이 두 유형은 서로 공통점이 많은데, 가슴형의 명석함과 속도는 영양형의 명예를 유지하려고 애쓰는 성향을 지켜주며, 적당하게 넘어가려는 영양형의 성격을 조절해 주는 능력이 있다. 그리고 같은 영양형끼리도 궁합이 잘 맞는다.

(7) 영양형의 직업

전형적인 영양형의 체질과 기질을 가진 사람들은 요리사, 간호사, 식품 유통업자, 식당 및 호텔, 휴게실, 편의 시설의 운영자 등에 접합하다. 또한 영양형과 가슴형이 혼합된 체질들은 신제품과 예술·아트 판매점, 제과점 및 특산품점, 옷가게, 자동차 딜러 등이 적합하고, 영양형과 근육형이 혼합된 체질들은 실용품 판매업, 영양형과 골격형이 혼합된 체질들은 농장이나 목장, 목재, 철물, 채권 영업에 적합하고, 영양형과 두뇌형이 혼합된 체질들은 대규모의 유통 판매 제조업과 광고업이 적합하다.

2) 가슴형(the florid people)

(1) 가슴형의 신체 특징

▶ 얼굴

가슴형의 얼굴 형태는 머리 부위가 눈에 띌 만큼 우뚝하다는 것이 특징이다. 이러한 특징이 인종적으로 보면 앵글로 색슨족에게 많이 나타난다. 다른 체형이나 유형의 사람들보다 머리 형태가 가장 잘생긴 것으로 알려져 있으며, 기품 있고 지적인 외모로 인정받는다. 앞이나 뒤에서 볼 때 넓어 보이지 않으며 키에 비해 영양형의 머리보다 약간 좁은 경향이 있다.

얼굴의 특징을 보면 광대뼈 부근이 가장 넓으며, 이마와 턱 쪽으로 갈수록 점점 좁아진다. 하지만 턱이나 정수리가 뾰족한 형태라고 볼 수는 없으며, 다만 코 부분이 유별나게 넓어서 광대뼈 위아래로 조금씩 좁아지는 것으로 보여서 마치 가오리 형태의 얼굴을 하고 있다.

가슴 부위가 발달되어 있는 사람들은 코도 전반적으로 풍융(豊

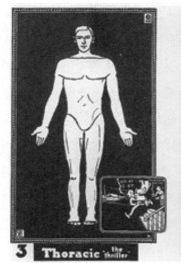
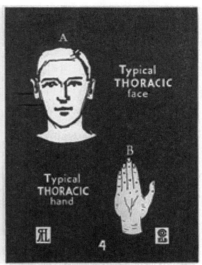

隆)하고 우뚝하게 솟아 있으면서 넓은 코를 가지고 있다. 게다가 코의 길이가 길 뿐만 아니라, 콧마루 역시 잘 발달해 있다. 가슴이 발달한 사람은 폐의 용량이 크기 때문에 코 부위가 발달되어야 한다.

또한 코가 길고 우뚝하며, 광대뼈가 널찍하다면 폐의 기능이 우수하고 신체의 에너지를 소모하는 사람이다. 한편 콧등이 낮으면서 휘어져 있거나 광대뼈가 전반적으로 좁은 사람은 폐의 전반적인 기능이 약한 편이다.

▶ 체형

전반적으로 신체 전체에 탄력이 있는 것이 특징이다. 얼굴이나 몸의 혈색이 좋고 가슴이 탄탄하다면 가슴형의 특징을 드러내는 것으로 보면 된다. 혈색이 좋다는 것은 순환기관이 잘 발달되어 있기 때문에 홍조를 띠는 것처럼 보이기도 한다.

가슴형들은 신체에서 가슴둘레가 다른 부위에 비해서 가장 크다. 가슴이 크게 보이는 것은 평균보다 큰 폐를 가지고 있기 때문이다. 발달된 가슴 외에도 긴 허리를 가진 것이 체형의 특징이다. 가슴형의 사람은 비슷한 키를 가진 사람들 중에서도 상체와 하체를 나누는 허리선이 훨씬 아래쪽에 위치하고 있다.

긴 허리와 불룩한 가슴을 가진 여성은 일반적인 여성보다 엉덩이는 작고 어깨는 약간 더 넓어 보인다. 남성의 경우에는 꼿꼿한 자세의 군인 같은 인상을 풍기며 넓은 보폭으로 성큼성큼 걸어가면 사람들의 부러운 시선을 받기도 한다. 게다가 흥미로운 것은 혈색이 좋고 가슴이 발달된 사람들은 대부분 머리카락에 붉은색을 띤다는 것이다. 머리카락이 금발이거나 갈색 혹은 그 중간의 색이라면 대부분이 가슴형에 속한다고 볼 수 있다.

▶ 손발

가슴 부위가 발달한 체형을 가진 사람들의 손은 뾰족한 형태를 하고 있는 것이 특징이다. 또한 검지가 길며 손가락을 모두 펼쳤을 때는 뾰족한 손의 형태가 확실하게 드러난다. 이와 같이 손 모양이 뾰족한 사람은 대부분이 가슴이 잘 발달되어 있다.

가슴형의 체형과 기질을 가진 사람들의 손은 일반적인 사람들보다 더 갸름하고 붉은 빛을 띠고 있다. 이에 비해 발은 다른 체형들에 비해 발의 볼이 좁은 것이 특징으로, 둥근 아치형의 모양을 하고 있다. 그렇기 때문에 신발을 신었을 때는 다른 형태의 발보다는 맵시가 더 뛰어나다.

(2) 가슴형의 행동 특징

다른 체형에 비해 민감하고 민첩한 가슴형의 특징을 가진 사람들은 항상 행동으로 옮길 준비가 되어 있기 때문에 손과 발을 민첩하게 활발하게 사용한다. 게다가 대체로 모든 종류의 기구와 도구들을 능수능란하게 잘 다룬다.

가슴형의 특징을 가진 사람들은 경쾌한 걸음걸이를 하는데, 바쁘게 걷는다고 해도 다른 유형들의 걸음걸이에 비해 우아하고 품위가 있다. 피곤하거나 술을 먹었다고 해도 비틀거리며 걷지를 않고, 춤을 출 때에도 상대편의 옷자락을 밟는 법이 없다.

걷는 것 외에도 앉을 때도 편안하고 품위 있게 걸친 듯 앉았다가 가볍게 일어나는 사람은 대부분이 가슴형이다. 가끔은 에너지가 넘치기 때문에 안절부절 못하는 행동을 한다는 인상을 주지만, 다른 체형들이 보여주는 불안정한 모습에 비하면 편안하고도 품위 있어 보인다.

그리고 가슴형들은 청각과 시각이 예민하여 소리와 풍경, 그리고 냄새 등에 대해서 매우 빠르게 반응을 한다. 신체적인 감각이 예민하고 얇고 민감한 피부 때문에 항상 바이올린의 줄처럼 팽팽하게 긴장되어 있다.

(3) 가슴형의 기질

가슴 부위가 발달되어 있는 사람들은 의식적으로나 무의식적으로나 항상 다른 사람들에게 보여주기 위한 행동을 하는 경향이 있다. 순간마다 자신의 감정을 표현하며, 매일 접하는 다양한 순간들의 감정들을 항상 타인들에게 보여주려고 한다.

상대방의 감정에 개의치 않고 수시로 자신의 감정을 표현하다 보니, 화를 잘 내거나 이성을 잃을 만큼 흥분하기도 한다. 한마디로 말해 불같은 성격은 가슴형의 기질이라 할 수 있다. 하지만 순간적으로 화를 냈다가도 금방 화를 푸는 경우도 많기 때문에 주위에 따르는 사람도 많다. 그리고 가슴형의 사람들은 타인들로부터 존경과 부러움의 대상이 되고자 하는 욕구가 강하다. 그러다 보니 성공과 목표를 향한 열망이 강하고, 그것을 성취하기 위해서는 뼈를 깎는 노력을 하기도 한다.

주변에서 옷을 맵시 있게 입고 다니는 사람들의 대부분은 이 유형에 속하고, 유행과 시대를 앞서는 감각을 가지고 있다. 끊임없이 스타일을 과시하면서 최신 헤어스타일을 좋아한다. 뿐만 아니라 자신의 생각이나 행동을 적극적으로 표현하고, 모든 것을 빨리 생각하다 보니 얼굴과 몸 그리고 목소리가 시시각각 변하고 모든 일에 대답과 반응이 번개처럼 빨라서 '변덕이 심하다'라는 평판을 듣기도 한다.

(4) 가슴형의 재운

가슴형의 체형과 기질을 가진 사람들은 가난한 경우가 드물다. 세상이 요구하는 개성과 활력을 가졌으므로 일반적으로는 높은 직책을 차지하고, 그것을 통해서 부를 축적하기도 한다.

다른 체형들에 비해 사치스러운 취향을 가지고 있는 가슴 형들은 집에 진귀한 예술품들을 많이 장식한다. 특히 돈으로 사들이는 것들은 간접적으로나 직접적으로나 모두 남들의 관심을 끌기 위한 욕망을 충족시키기 위해서이다. 특히 가슴형의 유형들은 먹고, 입고, 타고, 살아가는 모든 것에서 강렬한 인상을 남기기를 원한다. 게다가 샹들리에와 특이한 의상, 멋진 현관, 조경이 잘된 정원, 고급스러운 가구와 실내장식을 하는 성향을 살리는 것은 대부분이 부유한 경우일 것이다. 그리고 이들은 사람들과 잘 어울리며 타인의 관심을 끌어 모으는 매력이 가장 소중한 사업적인 장점을 가지고 있다.

(5) 가슴형의 건강

다른 기관에 비해 순환기관(심장, 동맥, 혈관)과 호흡기관(폐, 코, 흉부)이 발달한 가슴형의 체형과 기질을 가진 사람은 급성질환에 많이 걸린다. 감정 기복이 심한 것처럼 갑작스럽게 질병에 걸렸다가 금세 회복되는 경향이 있다. 그래서 이러한 유형들은 만성질환에는 잘 걸리지 않는다. 영양형은 풍족하게 차려진 음식은 좋아하지만 다양한 음식을 좋아하는 것은 아니다. 이에 비해 가슴형은 다양하고 새로운 음식을 좋아한다. 예를 들어 외국을 여행하다 보면 음식에 특이한 향이나 재료를 사용한 음식을 가장 먼저 젓가락을 갖다 대는 사람들은 대부분이 가슴형이다.

(6) 가슴형의 결혼과 궁합

예쁘고 세련된 외모의 가슴형 여성, 모든 유형 중에서 가장 잘생기고 매력적인 가슴형의 남성. 남녀를 불문하고 이 유형의 사람들은 개성이 넘치고 친근하며 사람을 보자마자 사랑에 빠지는 경우가 많다. 만난 지 얼마 되지 않았는데 결혼했다면 둘 중 하나는 가슴형의 사람이다. 이들은 열렬한 사랑에 빠져들었다가도 마치 홍역에서 회복되듯이 바로 빠져나올 수 있다. 타인에게 해를 끼칠 의도는 없지만 '사랑의 불장난'은 이들의 천성이라고 볼 수 있다. 한편으로 가슴형들은 성격이 예민하여 다른 유형에 비해 마음의 상처를 많이 입는 편이다.

가슴형의 사람은 같은 유형의 사람과 결혼하는 것이 가장 좋다. 다른 유형들은 약간 충동적인 성향의 가슴형을 제대로 이해하지 못한다. 가슴형이 영양형의 사람과 결혼하면 이견이 있을 때도 서로에게 아량을 베풀어 준다. 가슴형과 근육형의 사람도 잘 어울리지만 골격형과는 아예 결혼하지 않는 것이 가장 좋다.

(7) 가슴형의 직업

가슴형의 사람은 대부분 타인의 인정과 칭찬을 받기 좋아하고, 남과 잘 어울리므로 여럿이 함께 하거나 사람을 많이 접촉하는 분야에서 큰 성공을 거둘 것이다. 동료들과 떨어져 혼자 일하게 되면 외로움과 따분함을 느끼며, 바로 일에 대한 의욕을 상실할 것이다. 그리고 틀에 박힌 일은 피하는 것이 좋다.

전형적인 가슴형의 사람은 예술계통이나 광고업 등의 직업이 적합하고, 가슴형과 영양형이 혼합된 유형은 신제품 또는 예술적이고 심미적인 제품 판매와 의료 · 생명보험 · 영화와 전시에 관련된 직업이 어울린다. 가슴형과 근육형이 혼합된 유형은 음악 분야 및 인테리어 · 정치학자 · 사회복지사 · 체육 분야 및 디자이너가 적합하고, 가슴형과 골격형이 혼합된 유형들은 조경사 · 과학자 · 성직자 등이 좋다. 가슴과 두뇌형이 혼합된 유형은 서비스 · 저술가 · 교육자 · 사진가 · 마케터 등의 직업이 적합하다.

3) 근육형(the muscular people)

(1) 근육형의 신체

▶ 얼굴

근육형의 사람들을 만났을 때 가장 먼저 눈에 띄는 것이 '각진 머리'이다. 영양형의 둥근 머리나 가슴형의 가오리 모양과는 달리 근육형의 머리는 평범하다고 할 수 있다. 근육형의 사람은 목이 유난히 굵고 탄탄한데, 굵은 목은 신체가 건강하다는 증거로 장수의 상징이다.

네모 모양의 얼굴에 옆머리와 턱, 뺨 역시 거의 정사각형처럼 보인다. 정면에서 바라보면 이들의 턱뼈는 귀 아래쪽으로 처져 있어 둥그스름한 형태를 띠면서 각이 져 있음을 알 수 있다. 남성의 경우에는 멋지게 보일 수도 있지만 섬세하고 갸름한 턱을 원하는 여성들에게는 불만일 것이다.

▶ 체형

전형적인 근육형의 사람은 크고 단단한 근육이 뼈를 짜임새 있게 덮고 있다. 물론 다른 유형 중에서도 이러한 외형을 갖춘 사람이 있을 수 있지만, 대부분 근육형에 속한다.

근육형은 글자 그대로 체형이 사각형이다. 다른 유형의 사람들에 비해 키는 평균보다 작고, 근육 때문에 몸무게는 더 나간다. 이들은 단단하고 건장하며 강인하게 보인다. 특히 어깨는 거의 직각에 가까울 정도여서 매우 두드러지며, 키에 비해 훨씬 더 넓은 편이다. 다른 유형의 사람 중에 어깨가 넓고 각진 사람은 드물지만 이 근육형과

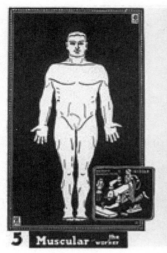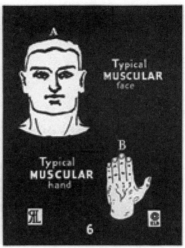

다른 유형이 혼합된 사람 중에서는 자연스럽게 각진 어깨가 나타나기도 한다. 또한 전형적인 근육형의 사람들은 언제나 키에 비해 팔이 상대적으로 길다.

▶ 손발

얼굴과 체형이 다르듯이 손발도 같은 사람이 없다. 근육형의 손 모양은 손목에서부터 곧게 뻗어 내려가면서 다른 신체 부위와 마찬가지로 각진 형태를 하고 있다. 또한 손가락의 끝이 네모 나면 분명 근육형의 성향을 띤 사람이라고 생각하면 된다. 손가락이 뚜렷한 사각형이라면 신체 전반적으로 근육이 잘 발달되어 있는 경우가 많다.

각진 손가락을 가진 사람들은 주로 손에 의존하는 예술 창작, 즉 회화 · 건축 · 공예 · 만화 · 조각 · 악기 연주와 같은 분야에서 두각을 나타내고 있다. 이러한 분야의 예술작품들은 오로지 예술적 감각과 취향 혹은 통찰에 의해서 창작된 것이라 할 수 있다. 튼튼하게 잘 발달된 손이 없었다면 위대한 예술가의 생각은 구체적인 작품으로 구현되지 못했을 것이다.

(2) 근육형의 행동

근육형의 사람은 힘차고 단호하게 행동하는 경향이 있다. 걸음걸이는 성큼성큼 하면서 묵직하고 힘차다. 짧은 거리를 걸을 때도 마치 마라톤을 하듯이 발걸음을 힘차게 내딛는다. 모든 면에서 활발하게 활동하고, 가만히 있는 것을 질색한다. 아무것도 하지 않고 시간을 허비하면 좀이 쑤셔서 견딜 수 없는 유형이다.

힘찬 움직임과 함께 '화통을 삶아 먹은 듯한 목소리'는 이 유형의 특징이다. 작은 목소리를 내기가 쉽지 않으며, 연설이나 웅변을 힘차게 잘하는 사람은 대부분 이 유형에 속한다.

또한 근육형의 사람은 자리에 앉을 때도 업무를 처리하듯 반듯하게 앉아 있다. 영양형처럼 비스듬히 기울어져 있거나 가슴형처럼 우아하게 걸터앉지도 않는다.

(3) 근육형의 기질

활동 자체를 즐기고, 다른 유형보다 훨씬 더 열심히 일하기 때문에 많은 사람의 신뢰를 받으며, 노동을 즐기므로 실직하는 경우는 거의 없다. 가끔 싸움을 즐기는 사람들은 예외 없이 근육형이다. 그렇기 때문에 곤란한 상황에 처하기도 한다.

근육형의 사람들은 조용하게 살기보다는 도전하는 삶을 좋아하는 한편 수수하고 실용적인 취향을 가지고 있다. 이들이 옷을 구입할 때는 유행보다는 얼마나 오래 입을 수 있는지를 먼저 따진다. 스타일보다는 품질을 우선하며, 튀는 디자인보다는 수수한 옷을 선택의 기준으로 삼는다. 여성들도 수수한 옷차림을 좋아하며 남들에게 보여주는 것이 아니라 활동하기에 편해야 만족감을 얻는다.

가슴형의 사람들이 천진난만할 정도로 천성적인 귀족적 우월감을 즐기는 데 비해 근육형의 사람들은 부(富)나 신분을 통해 얻은 우월한 지위를 누리려 하지 않는다. 아랫사람들에게 군림하려 들지 않고 모든 사람을 동등하게 대한다.

이들은 삶에서 어려움에 직면하더라도 피하지 않고 당당하게 맞서 해결한다. 문제에 직면했을 때 가장 빠르고 가장 확실한 방법을 좋아하며, 떠들썩하게 일하지 않고 언제나 가장 효율적인 방식으로 일처리를 하려고 하고 실현 가능한 일을 하기 위해 노력한다.

(4) 근육형의 재운

근육형의 사람들은 건실하게 은행계좌를 관리하며 어린 시절부터 일하며 살아가는 방법을 가르친다. 꼭 필요한 것만을 구입하고 장식품이나 사치품에는 별로 신경 쓰지 않는다.

근육형의 사람들이 부자일 경우 자선사업을 많이 하는 편이다. 자신을 위한 물품을 구입하는 데 돈을 많이 쓰지 않지만 가치가 있다고 생각되는 것에 투자를 아끼지 않는다. 근육형 부자는 시끄러운 장소에서 흥청망청 먹고 마시는 것을 좋아하지는 않는다. 화류계의 생활에는 관심이 없으며, 또한 안락한 삶이나 사치스럽게 살기 위해서 백만장자가 되어야 한다는 생각도 하지 않는다.

사업을 할 때는 효율성을 중시하며 자발적으로 노력하는 행동파지만, 사소한 일에도 호전적인 태도를 보이기 때문에 기회를 잃어버리는 경향이 있다. 따라서 사업이나 장사를 할 경우에는 호전적인 태도를 버려야 성공할 수 있다.

(5) 근육형의 건강

푸짐하고 달콤한 음식을 좋아하는 영양형, 다채롭고 맛 좋은 음식을 좋아하는 가슴형과 달리 근육형은 든든하고 알찬 음식, 고기를 선호한다.

근육형들은 체질적으로나 기질적으로나 항상 적극적으로 활동하고 운동을 많이 하므로 잔병치레를 하지 않지만 상대적으로 류머티즘을 많이 앓는 편이다. 건강의 질을 높이려면 적절한 휴식을 취하고 호전적인 태도를 버려야 한다.

(6) 근육형의 결혼과 궁합

일찍 결혼하는 영양형, 즉흥적으로 결혼하는 가슴형에 비해 실용적인 성품을 가진 근육형들은 사랑과 결혼도 실용성을 우선시하는 경향이 있다. 근육형들은 어느 정도의 생활력(경제력)을 갖춘 뒤에 결혼하려 하고, 자신의 목표에 방해가 되지 않도록 비슷한 성향의 배우자를 선택하는 경향이 있다. 이를테면 품질이 좋은 옷을 고르듯이 말이다.

결혼이라는 관점에서 볼 때 근육형은 다른 유형에 비해 장점을 많이 지니고 있지만, 호전적인 성향은 그것을 단번에 무너뜨리기도 한다. 격렬한 분노를 표출하며 상처가 되는 말을 내뱉기도 하므로 결혼생활이 깨지고 이상적인 배우자를 잃을 수도 있다.

근육형들이 결혼해서는 안 되는 유일한 유형은 골격형이다. 골격형의 완고한 특성과 근육형의 호전적인 성향이 마주치면 끝없는 싸움만이 반복된다. 전형적인 근육형이라면 자신과 똑같은 전형적인 근육형의 배우자를 선택하는 것이 최선이다. 다른 체형들은 가정생활에서 마주치는 실질적인 문제에 전혀 도움을 줄 수 없다.

다음으로 선택할 수 있는 유형은 두뇌형이다. 이들 둘이 만나면 두뇌형의 머리에서 만들어진 계획과 근육형의 현실적인 진행력이 조화를 이루어 행복하게 살 수 있다. 가슴형과 영양형도 어느 정도 어울린다.

(7) 근육형의 직업

대체적으로 뚱뚱한 사람은 세상을 관리하려 하고, 혈색이 좋은 사람은 세상을 즐기며, 근육이 잘 발달된 사람들은 이 세상의 일들을 처리하려고 한다. 체형의 특징과 기질에 의해 일용직 노동자, 수공업자, 기계공 등의 분야에서 많은 활약을 한다.

만약 근육형이 사업을 할 때 동업자로 가장 좋은 유형은 같은 근육형이며, 그 다음으로 두뇌형과 가슴형 순이다. 동업자든 고용주든 간에 모든 골격형은 피하는 것이 상책이다.

전형적인 골격형이라면 자동차 · 비행기 · 각종 기계를 비롯하여 건설업 · 도시공학자 · 무용가 · 육상선수 등에 적합하고, 근육과 영양형의 혼합형은 실용적인 관련 물품 제조 및 판매업 등이 어울린다.근육과 가슴형이 혼합된 사람들은 광고업자 및 조각가 · 의사 · 운동선수 · 연주가 · 정치가 · 운송업자 · 설계사 등에 적합하고, 근육과 골격형이 혼합된 유형은 건설업과 경찰관 · 광부 등, 근육형과 두뇌형이 혼합된 사람은 건축가 · 예술가 · 재판장 · 연설가 · 운송업자 · 교사 등이 적합하다.

4. 골격형(the bony people)

(1) 골격형의 신체

▶ 얼굴

전형적인 골격형의 특징을 가진 사람들은 신체에서 머리가 우뚝하고, 몸의 위아래가 거의 일직선으로 보인다. 영양형처럼 둥글지 않고 가슴형처럼 가오리 모양도 아니며, 근육형처럼 각이 져 있지도 않다. 머리가 다른 유형보다 더 우뚝하고, 더 각졌으며, 목은 더 길고, 울대뼈가 특히 두드러져 있다.

보통 사람보다 광대뼈가 돌출되어 보인다면 대개 가슴형이나 골격형이다. 양쪽 광대뼈 사이가 많이 벌어져 얼굴에서 가장 넓은 부분으로 보인다면 골격형보다 가슴형일 가능성이 더 크다. 하지만 얼굴 폭이 좁고 특히 광대뼈에서 턱의 모서리까지 점점 좁아지는 대신 수직의 형태를 보인다면 골격형에 속한다. 얼굴의 모양도 직사각형인데, 심지어는 옆얼굴마저도 다른 어떤 인간형보다 직사각형이 더욱 두드러지게 보일 것이다.

얼굴 표정이 무표정한 사람은 매우 고지식하다. 융통성이 없는 사람은 평균보다 위아래로 더 곧은 얼굴선을 가지고 있다.

▶ 체형

얼굴과 체형에 지방이 두드러지면 영양형에 가깝고, 잘 발달된 근육이 눈에 띈다면 근육형이라 할 수 있고, 몸에 비해 골격이 상대적으로 두드러져 보인다면 골격형이라 할 수 있다.

일반적으로 골격형은 다른 유형에 비해 키가 크다. 키는 작지만

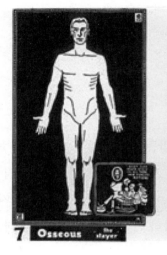
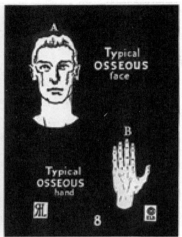

관절이 유난히 큰 사람이 있다면 골격형이라고 봐야 한다. 또한 살이나 근육과는 상관없이 몸에 비해 각 부위의 뼈가 큰 사람도 어느 정도 골격형의 특징을 가지고 있다고 봐야 한다.

골격형의 가장 큰 특징은 신체가 경직되어 있다는 것이다. 남녀 모두 안정적이고 변화가 별로 없으며, 어떤 입장을 선택하면 끝까지 고수하려 든다. 키가 매우 크고 빼빼 마른 사람은 이러한 인상을 매우 강하게 드러낸다. 또한 큼직한 관절과 각진 손, 전반적으로 큰 신체에서 드러나는 강인한 인상으로 인해 사람들이 쉽게 접근하지 못한다.

▶ 손발

발목과 손목, 손가락 관절 그리고 팔꿈치가 유난히 돌출되어 있다는 것은 신체 내의 골격이 상대적으로 잘 발달해 있다는 의미다. 이들의 손은 울퉁불퉁하게 마디가 두드러진다. 손의 윤곽 또한 길쭉한 직사각형이다. 손가락을 모았을 때, 손끝으로 가면서 손의 형태가 점점 좁아지지 않고 일직선으로 이어진다. 이들은 손과 몸과 머리 그리고 얼굴의 형태가 전체적으로 일치한다.

만약 골격형과 악수를 한다면 손이 뻣뻣하다는 것을 확실하게 느낄 수 있다. 손가락 마디가 불규칙하게 보이는 것은 몸 전체적으로 그렇듯이 관절이 다른 체형들보다 크기 때문이다.

(2) 골격형의 행동

전형적인 골격형들은 구부정한 자세로 의자에 앉는 경우가 없으며 흔들의자보다는 등받이 의자를 좋아한다.

빼빼하게 마른 사람들은 걸음걸이가 뻣뻣한 편이다. 걸음걸이가 차분하지만 다소 기계적이다. 일반적으로 영양형은 물결이 굽이치듯이 걷고, 가슴형은 경쾌하게 걸으며, 근육형은 힘차게 걷는다. 하지만 골격형은 기계적으로 차분하게 걸으며, 결코 모든 면에서 서두르거나 빠르게 걷지 않는다.

(3) 골격형의 기질

골격형은 그 어떤 유형보다도 신뢰할 만하다. 이들은 '한결같은 사람,' '절대 변하지 않을 사람', '언제나 변함없는 사람'이라는 말을 듣는다. 모든 유형 중에서 바람둥이가 가장 적다. 책임감이 강하고, 10년이든 20년이든 같은 스타일을 고수하며, 겉으로 드러내는 것을 싫어한다. 새로운 환경에 적응하지 못하고, 한 가지 생각과 태도를 고수하는 외골수적인 기질을 가지고 있다. 새로운 유행에 따르기를 거부하며, 사람들과 사귀는 것을 어려워하므로 사회적으로 성공하기가 어렵다.

골격형의 특징을 가진 사람들은 자제력이 있고 자급자족 능력이 있다. 일상생활에서 아침과 저녁, 일요일과 휴가 기간에 할 일을 미리 계획해 놓으며 그것을 바꾸는 법이 없다. 다른 유형에 비해 외부의 자극에 신경 쓰지 않으며, 자신만의 일과 시간과 삶을 중심으로 사소한 일로 인해 자신의 생활이 흐트러지지 않도록 노력한다. 골격형의 체형을 가진 사람들은 '모든 것은 항상 제자리에 있어야만 한다'는 원칙을 주장하고 실천한다. 자신이 사용하는 물건을 잘 정리하여 어떠한 상황에서도 찾아낸다. 골격형들은 한 번에 한 가지 이상의 일이 주어지면 스트레스를 받는다.

이들은 변덕을 부리지 않고 경박하지도 않지만, 상대와 다툼이 있었다면 오랫동안 마음에 담아 둔다. 잘못을 저지른 자녀를 집밖으로 쫓아내는 냉정한 아버지의 대부분은 골격형이다.

(4) 골격형의 재운

뚱뚱한 사람이나 근육형의 사람들에게서는 구두쇠를 찾아보기 힘들지만, 뼈만 앙상한 골격형들은 돈 문제에 있어서 대단히 까다롭고 민감하다. 아무리 돈이 많아도 자동차를 구입한 지 얼마 되지 않아서 다시 새로운 차로 바꾸는 일 따위는 하지 않는다. 지출을 세심하게 관리하고 임금이 적어도 항상 저축하므로 빈털터리가 되는 경우는 거의 없다. 하지만 백만장자가 되는 경우 또한 없다. 지출을 지나치게 억제하다 보니 큰돈을 만들 기회를 만나지 못하는 것이다.

영양형이나 가슴형의 남성들은 아내에게 돈을 모두 주고 사용처를 묻지 않지만 골격형들은 전체 수입 중에서 아주 적은 분량만을 아내에게 건넨다. 이들은 부인의 지출 내용을 항목별로 알기를 원한다.

(5) 골격형의 건강

골격형의 사람들은 주변의 일이나 감정적인 일에 휘말리지 않고, 습관적으로 음식을 적게 먹으므로 비교적 건강하다. 하지만 우울증(특히 경제적인), 공포감, 오래 지속되는 증오와 분노 그리고 변화 부족 등이 간접 원인이 되어 치명적인 질병에 걸리기도 한다. 만성질환을 앓게 될 경우 치료 기간도 오래 걸리는 편이다.

이들은 갑작스럽게 에너지를 쓰기보다는 차분하게 혼자 즐길 수 있는 하이킹과 골프를 좋아한다. 단체 운동이나 경쟁자에게 빠르게 반응해야 하는 운동에는 별로 관심을 두지 않는다. 가슴형과 혼합되어 있는 경우를 제외하면 특히 테니스를 싫어한다.

(6) 골격형의 결혼과 궁합

사랑에 빠지는 것이 극소수인 골격형들은 일단 사랑에 빠지면 쉽사리 마음을 바꾸지 않는다. 이들은 평생 하나의 사랑만을 변치 않고 지킨다. 사랑하는 사람이 다른 사람과 결혼한다 해도 그 사랑을 지키려고 한다. 그러다 보니 한평생 여러 번 사랑에 빠지지 않는다.

영양형은 이성과 함께 있는 것을 편안해 하고, 가슴형은 그들을 매혹하고, 근육형은 진지하게 몰두하지만, 골격형은 이성을 피하는 경향이 있다. 만약 결혼하지 않았다면 나이가 들수록 점점 더 이성 앞에 나서는 것을 꺼리게 된다.

골격형에 잘 어울리는 배우자는 영양형이고, 그 다음에는 전형적인 두뇌형이지만 세 번째는 없다. 특히 전형적인 골격형과 가슴형이 결혼하면 성향이 너무 달라서 결코 서로를 이해하려 하지 않는다. 그리고 같은 골격형끼리도 결혼해서는 안 된다. 만약 결혼하게 되면 각자의 의견과 욕구 그리고 선호하는 것을 상대방에게 양보를 하지 않아 다툼이 그치지 않는다.

(7) 골격형의 직업

골격형은 다른 유형과 함께 일하기가 가장 힘들다. 영양형은 물건과 사람들을 결합해 일하고, 근육형은 기계와 사람을 결합해 일하며, 가슴형은 오직 사람들과 함께 일한다. 그렇지만 골격형은 오직 사물과 함께 일하도록 자신 스스로 제한하기도 한다.

골격형은 모든 것을 스스로 담당할 수 있다면 동업하지 않는 것이 좋으며, 꼭 동업을 해야 한다면 그나마 두뇌형이 어울린다.

전형적인 골격형들은 농업 · 목축업 · 벌목업 · 원양어업 · 철물업 · 제재업 · 각종 개척 활동이 좋고, 골격과 영양형의 혼합형은 농장 노동자 · 목축업자가 어울린다. 골격과 가슴형의 혼합형은 농부 · 목공업자 · 법률가 · 전기 및 화학공학자 · 경찰관이 좋고, 골격과 두뇌형의 혼합형은 기계발명가 · 통계학자 · 수학자 · 편집자 · 전문회계사 · 계보학자 · 은행가 등이 적합하다.

골격형들이 작업하는 곳은 혼잡한 도시보다는 외곽 지역으로 농촌이나 바다, 산이 광활하게 펼쳐진 곳이 좋다.

5) 두뇌형(the mental people)

(1) 두뇌형의 신체

▶ 얼굴

두뇌형은 인체 중에서 두뇌가 가장 발달해 있으므로 정신에 가해지

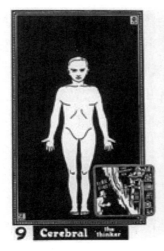
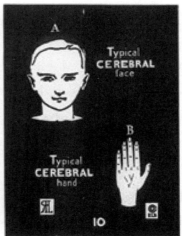

는 모든 자극에 가장 민감하게 반응한다. 이들의 얼굴과 머리를 앞에서 보면 대략 삼각형 모양이다. 만약 극단적인 두뇌형이라면 머리를 옆에서 보아도 삼각형처럼 보일 수 있는데, 짧은 목 위에 있는 그의 뒤통수는 길쭉하고 이마는 정수리까지 올라가 있고, 다른 체형들에 비해서 정수리 부분이 넓다.

▶ 체형

전형적인 두뇌형은 몸에 비해 머리가 크고, 소화기관과 가슴, 근육 그리고 골격은 평균보다 작거나 덜 발달되어 있다. 두뇌형은 뇌가 크기 때문에 머리가 크다. 손가락 모양대로 장갑이 형태를 갖추듯이, 태어날 때 유연하고 미완성인 두개골은 뇌의 크기와 형태에 맞춰 자란다.

두뇌형은 육체적 활동보다 정신적 활동을 훨씬 많이 하며 성숙한 사고를 한다. 영양형이 음식을 먹고 소화하는 것 외에는 특별한 활동을 하지 않고 단순한 생각만 하는 것과 극명하게 대조된다. 위장이 비어 있으면 명석한 생각을 위해 필요한 만큼의 혈액을 뇌로 충분히 공급할 수 있으므로 위가 적당히 비어 있는 것이 좋다.

권력자와 자수성가한 백만장자 중에는 두뇌형과 영양형이 조합된 사람이 많다.

▶ 손발

손이 가늘고 섬세하다면, 뇌가 큰 두뇌형의 요소를 더 많이 가지고 있다고 볼 수 있다. 위아래로 곧게 뻗어 있는 매끄러운 손가락은 전형적인 두뇌형의 특징이다. 두뇌형의 손가락은 통통하게 보일 만한 살도 없고, 단단하게 보일 만한 근육도 없으며, 관절도 두드러지지 않는다.

(2) 두뇌형의 행동

두뇌형이 극단적으로 생각에 빠지는 경우에는 자신이 계획하는 일의 실행 가능성조차도 무시하는 경향이 있다. 성과를 낼 수 없는 일에 줄곧 매달려 결국에는 무모하게 실패하는 경향이 있다. 근육형이 진득하게 앉아 있지 못하고 무언가를 해야 직성이 풀리는 반면, 두뇌형은 움직이지 않고 가만히 앉아 있기를 원한다.

키가 작은 두뇌형은 걸을 때 종종걸음으로 걷는다. 근육이 발달해 있지 않아 힘차게 걷지 못한다. 그래서 이들의 걸음걸이는 불규칙하고 때로는 뒤뚱거리는 것처럼 보이기도 한다. 천천히 걸을 때는 잘 나타나지 않다가, 급하게 빨리 걸으면 두뇌형의 특징이 확실하게 드러난다.

(3) 두뇌형의 기질

두뇌형은 생각하기를 매우 좋아한다. 계획하고, 상상하고, 구체화하며, 많은 일에서 나타날 수 있는 다양한 가능성, 개연성 그리고 잠재성을 거듭해서 생각하는 경향이 있다. 두뇌형의 학자들은 인간의 정치적·사회적·개인적·산업적·종교적 그리고 경제적 진화의 모든 단계에 대해 뛰어난 예측을 해 왔다.

두뇌형은 지적인 대화를 좋아하고, 주목 받기보다는 뒷전에서 조용히 머물기를 좋아한다. 또한 이들은 말보다 글쓰기 실력이 더 뛰어나다. 시간 감각이 둔한 편이고, 사회적인 통념에 순종하지 않는 선구자적인 측면이 있으며, 주변의 환경에 무관심한 것이 특징이다.

(4) 두뇌형의 재운

가끔은 친구와 명성이 필요하다고 생각하는 두뇌형은 돈에 대해서만큼은 그렇게 생각하지 않는다. 재정적인 문제에서는 금전적인 이익과 불이익을 중요하게 생각하지 않는다. 두뇌형은 대체로 가난한데, 돈에 거의 관심이 없으며 돈을 벌 기회가 있어도 이를 무시한다.

(5) 두뇌형의 건강

전형적인 두뇌형은 근육이 발달하지 못했기 때문에 몸을 움직여 일하는 것을 힘들어 한다. 이들의 몸에는 근육과 뼈, 지방이 거의 없다. 영양형은 소화 과정 때문에 행동이 둔해지지만, 두뇌형은 근육이 너무 부실해서 움직이겠다는 의욕이 생기지 않는다. 또한 심장과 폐도 작아서 활동을 위한 힘이 부족하다.

(6) 두뇌형의 결혼과 궁합

두뇌형들은 사랑도 머리로 한다. 이들은 사랑에 빠지는 것을 두려워하고, 사랑에 빠진 뒤에는 말로 표현하는 것을 두려워하고, 두 사람의 인생을 책임지며 적대적인 세상과 맞서는 것을 두려워한다.

여성들은 대개 두뇌형 남성에게 호감을 보이지만, 사랑에 빠지거나 존경하는 경우는 매우 드물다. 이 유형의 남성이 결혼했다면, 남성보다는 여성이 먼저 청혼한 경우가 더 많다. 두뇌형 여성을 사랑하게 되는 남자들은 그녀의 상냥함과 신중함 그리고 섬세함을 사랑하며 그녀를 위해 일하는 것을 기쁨으로 생각하는데, 그녀는 그러한 것들을 감사하게 받아들인다.

두뇌형은 책을 읽거나 좋은 공연을 관람하고 사회 현상에 대해 연구하는 것을 주된 즐거움으로 여기기 때문에, 이러한 데 관심이 없는 사람과 결혼하면 실패한다.

두뇌형과는 전형적인 근육형이 잘 어울리고, 그 다음으로 골격형과 어울린다. 두뇌형은 타인을 지배하려는 성향이 없기 때문에 배우자에게 지배권을 넘겨주는 일 따위에는 그다지 신경 쓰지 않는다.

(7) 두뇌형의 직업

세상에는 두 가지 종류의 노동, 정신노동과 육체노동이 있다. 육체적으로 허약한 두뇌형은 육체노동에 적합하지 않으므로 교육을 제대로 받지 못한다면 모든 사회 부적응자 중에서도 가장 어려운 처지에 놓일 것이다.

전형적인 두뇌형은 교육자 · 교직원 · 저술가 · 철학자 등이 적합하고 두뇌와 영양형의 혼합형은 세계적인 규모의 금융인, 제조 및 판매업자 등이 어울린다. 두뇌형과 가슴형의 혼합형은 저널리스트 · 성직자 · 교직원 · 사진가 · 연기자 등이 적합하며, 두뇌형과 근육형의 혼합형은 훈련강사 · 기계발명가 · 사회복지사 · 연설가 · 강사 · 의사 등이 잘 맞는 직업이다. 두뇌형과 골격형의 혼합형은 저술가와 금융인 · 계리사 · 전문회계사 등이 적합하다.

특히 두뇌형은 계획이나 사고의 표출 기회를 제공하지 않는 직업은 가지지 않는 것이 좋다. 고용주가 되는 것도 조심해야 한다. 목장이나 벌목장 · 건설 공사장 · 제재소 등과 같이 힘을 많이 써야 하는 곳은 피해야 한다.

제8장

일본 메켄류시(目玄龍子)의 팔면(八面) 관상

일본 관상학계와 한의학계에 새로운 이론체계를 정립한 팔면체질론(八面體質論)의 창시자는 초대(初代)인 메구로 켄류시(目黑玄龍子)와 메구로 유타로(目黑要太郎) 선생으로, 에도 시대 말기부터 메이지 시대에 걸쳐서 활약했다. 이 이론을 계승하여 인상학적인 이론체계를 보강하고 『몽색망진(蒙色望診)』을 저술한 이는 메이지 시대와 쇼와 시대에 걸쳐서 활약한 2대 메켄류시(目玄龍子)와 메구로 하치루(目黑八朗) 선생이다. 여기에 좀 더 체계화하고 보급한 사람이 타케야스 테루타카(竹安輝高) 선생으로, 메켄류시 선생을 사사하고 '팔면'과 '몽색' 연구를 거듭하여 일본 전역을 다니면서 강의하였다. 노무라 모리오(野村守男) 선생은 타케야스 선생의 유지를 이어받아 팔면과 몽색을 세상 사람들이 알기 쉽도록 연구와 강의를 계속하였다.

팔면 · 몽색 진단의 목적은 현재 걸려 있는 질병을 진단하는 것뿐만 아니라 장래에 관계될 가능성이 높은 질병을 예측하는 데 있다.

1. 동면(童面)

동면

동면(童面)은 말 그대로 나이에 비해서 젊고 귀여운 느낌을 주는 얼굴이다.

(1) 동면의 행동과 정서

동면을 지닌 사람들은 아이처럼 천진난만하고 순수한 면이 있다. 행동과 정서적인 특징은 다음과 같다.

• 마음이 순수하여 아이 같고 사랑스러운 측면이 있다.
• 기억력은 좋지만 싫증을 잘 내며 인내심이 부족한 편이다.
• 낙천적으로, 아등바등 애쓰기보다는 모든 것을 운명에 맡기는 유형이다.
• 물건 수집을 좋아하지만 이것을 정리정돈하는 것을 귀찮아한다.
• 암시에 걸리기 쉽다.
• 앞뒤 안 가리고 충동구매하는 경우가 많다.
• 개그를 좋아하고, 유머가 풍부하다.

[동면의 신체 특징]

골격 · 얼굴	특 징
신장(身長)	키가 작으면서 몸통의 길이가 짧다. 전체적인 체형에 비해서 머리와 얼굴이 큰 편에 속한다.
피부(皮膚)	얼굴과 피부의 전반적인 기색은 흰색(色白)을 띠고 있다.
이마[額]	이마가 전체적으로 돌출되어 있다.
뺨[頰]	광대뼈는 조금 위쪽으로 돌출되어 있다.
시골(腮骨)	턱 뒤쪽에 있는 시골은 그다지 발달되지 못해서 빈약하게 보인다.
턱[顎]	턱은 조금 후퇴되어 마치 턱이 없는 무턱처럼 보인다.
목[首]	목은 짧고 굵다.
눈[目]	눈매가 또렷하고 검은자위가 선명하다.
코(鼻)	코가 위쪽을 향해 있고 인중도 짧으면서 위로 말려 있는 느낌이다.
귀(耳)	귀는 전체적인 모양이 앞을 향해 있는 것처럼 달려 있다.
입[口]	입은 조금 돌출되어 있고, 입꼬리는 아래로 처져 있다.

• 모든 것에 호기심이 강하다.

• 화려하고 밝은 색을 좋아한다.

• 좋아하는 음식은 빨리 먹고 과식하는 등 식탐이 있다.

• 행동과 말투가 침착하지는 않지만 동작은 매우 빠르다.

• 실패를 두려워하지 않는 도전 정신이 있다.

• 감각이 뛰어나다.

• 표정이 자주 바뀐다.

- 처음 대면한 사람과도 빨리 친해진다.
- 허물이 없다.
- 자기중심적으로 타인에 대한 배려심이 조금 부족한 편이다.

(2) 동면에게 적합한 직업

탤런트 등 사랑스러운 느낌이 있는 아이돌이 많고, 남성이라도 나이를 먹어도 어딘가 귀여운 느낌과 사랑스러운 느낌이 드는 사람은 동면에 해당한다. 이러한 관상을 가진 사람은 영웅호걸에게 많고, 현대사회에서는 학자 · 종교의 개조(開祖) · 종교 개혁자, 그 외에도 임상의 · 가수 · 탤런트 · 서예가 · 화가 · 만화가 · 성악가 등의 분야에서 성공을 한 사람이 많다. 대체로 섬세하고 세세하게 일하는 분야가 적합하다. 또한 스포츠 선수(프로레슬링 · 복서 · 씨름)와 영적인 능력을 가진 사람에게 동면의 관상이 많다.

(3) 동면의 체질

- 동면은 체질적으로 교감신경 긴장형으로, 즉 부신피질 호르몬의 분비가 부족한 기색을 하고 있다.
- 동면의 체질은 감기에 걸리기 쉽다.
- 아토피, 알레르기 체질이 많다(습윤형(濕潤型)의 염증).
- 체질상 자식을 출산하기 어렵다. 만약 출산하더라도 대부분 딸을 출산하는 경우가 많다.
- 타고난 식탐으로 과식하거나 과음하여 위의 상태가 좋지 않을 때가 많다.
- 한의학에서 이야기하는 표증(表症) · 허증(寒症) · 한증(寒症) · 습증(濕症) · 수독증(水毒症) 등의 증상을 가진 유형이 많다.

(4) 동면의 양생(食事 · 榮養)

- 여성은 칼슘, 철분, 비타민 A, 비타민 D, 비타민 B군을 많이 섭취하여 기초 체력을 길러야 한다.
- 남성은 칼슘, 아연, 비타민 A, 비타민 D, 비타민 E가 많이 들어 있는 음식을 섭취해야 한다.
- 몸을 따뜻하게 하는 음식(양파, 파, 생강, 후추 등)을 많이 섭취하고, 위장의 기능을 돕는 무를 섭취하면 좋다.

(5) 동면의 운명

동면의 관상을 가진 사람들은 글자 그대로 아이 같고, 공사(公私) · 상하(上下) · 자타(自他) · 주종(主從)의 구별을 잘 못하고, 행동과 말에 절도가 없는 경우가 많다. 그러므로 부잣집이나 명문가에서 태어나도 가족이나 고용인들을 부리는 것이 매우 어렵다. 그렇지만 타인에 대해서는 배려와 보살피기를 좋아하고 열심히 도와주는 유형이다. 그리고 동면의 관상을 가진 여성은 자궁의 발육이 좋지 못하기 때문에 유산하기 쉽고, 아이가 태어나도 딸인 경우가 많다. 동면의 관상으로 길상(吉相)은 눈과 코가 잘 열려 있고, 목소리는 명료(明了)하면서 말이 많은 것이 특징이다.

2. 청년면(靑年面) = 약중면(若衆面)

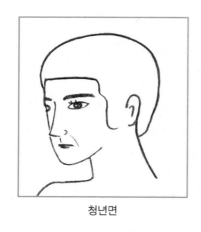

청년면

청년면은 얼굴이 갸름한 미인형이다. 외모를 가꾸거나 체면을 지키기 위해 시간과 에너지를 많이 쓰는 편이다. 성격이 급하고, 용감하며, 의리와 인정이 있다.

(1) 청년면의 행동과 정서

• 머리카락이 흐트러지지 않고 깔끔하며 정리가 잘된다.

• 꼼꼼하고 완고한 완전주의자가 많은 편이다.

• 다른 사람보다 튀고 싶어 하는 성향으로, 여러 사람이 모여서 대화할 때 '좋은 고사(古事)'를 자주 인용하는 편이다.

• 얽히고 설킨 복잡한 상황이나 일을 싫어한다.

• 외출할 때 외관에 신경을 많이 쓴다. 복장이나 머리 스타일 등을 꼼꼼하게 손질한다.

• 유행에 민감하고, 특정 분야에 열중하는 마니아가 많다.

• 아랫사람의 부탁을 거절하지 못하는 경우가 많다.

[청년면의 신체 특징]

골격 · 얼굴	특 징
신장(身長)	다른 체형에 비해서 키가 크지만, 뼈가 전체적으로 가늘다. 다리와 발도 가늘고 길며, 대체로 X형 다리를 가진 사람이 많다.
어깨[肩]	어깨가 위쪽으로 솟아 있는 체형이 많다.
가슴[胸]	가슴의 폭은 얇고, 세로로 가늘고 길다.
허리[腰]	허리가 가늘면서 늘씬한 사람이 많다.
무릎[膝]	무릎은 뻣뻣하고 유연성이 부족하여 정좌(正座)가 어렵다.
피부(皮膚)	얼굴과 피부의 전체적인 기색은 엷은 핑크색을 띤다.
모발	뻣뻣하면서 숱이 많다.
이마[額]	각이 지고 상하 폭이 좁다. 또는 가늘고 길다.
눈썹[眉毛]	눈썹이 길면서 짙은 경향이 있다. 눈썹과 눈의 간격을 보면 전택궁이 좁은 사람이 많다.
속눈썹	속눈썹이 다른 체형에 비해 길다.
턱[顎]	가늘고 긴 턱을 가진 사람이 많다.
눈[目]	크고, 검은자위가 매력적이다.
코(鼻)	콧대가 높으면서 가늘고 긴 형태이다.
입[口]	입술이 깨끗한 붉은색을 띠고 있다.

• 상사의 압력이나 압박에 반발하는 편이다.

• 눈에 띄는 곳을 잘 정리정돈한다.

• 전반적으로 사회 현상이나 사물에 대해서 관심이 많다.

(2) 청년면에게 적합한 직업

활동적인 것을 좋아하므로 직업도 사무실보다는 움직이는 현장직을 좋아한다. 한 가지 일에 몰두하므로 그 분야에서 명성을 떨친다. 직업은 파일럿이나 경찰관, 요리사, 스튜어디스, 모델을 비롯하여 스포츠 선수(야구, 축구, 육상)와 디자이너 등의 분야에 종사하면 자신의 능력을 최대한 발휘하고, 현장에서 많은 연구를 해야 하는 학자(식물, 동물, 곤충, 광물, 역사) 유형이다. 그리고 현실적으로 존재하는 것, 과거의 기록 등을 수집 · 정리하고, 기록하는 것에 자신감을 가진다.

(3) 청년면의 체질

- 청년면의 관상과 체질을 가진 사람은 추위를 잘 타며, 땀을 별로 흘리지 않는다.
- 감기에 걸리기 쉽다(증상은 목의 아픔이나 콧물이 많다. 열은 그다지 나지 않는다).
- 청년면의 체형을 가진 사람은 폐나 대장이 냉해지기 쉽다.
- 신경통이나 류머티즘 질환에 주의해야 한다.
- 정좌(正座)에 약하고, 오랫동안 앉아 있으면 무릎에 관련된 질환에 많이 걸린다.
- 남성은 정력이 조금 약한 경향이 있다.
- 한의학으로는 표증(表症) · 실증(實症) · 한증(寒症) 등의 증상이 많다.

(4) 청년면의 양생(食事 · 榮養)

- 여성은, 철분, 칼륨, 비타민 B군을, 남성은 아연과 비타민 E의 함

유량이 많은 음식을 섭취하는 것이 좋다.

- 폐장 · 대장을 따뜻하게 하는 음식(파, 양파, 마늘, 차조기, 생강, 참깨, 일곱 가지 양념)을 섭취하여 체력을 길러야 한다.
- 남성이나 여성 모두 폐를 따뜻하게 하는 음식을 섭취하여 감기에 걸리지 않도록 해야 하고, 또 대장을 따뜻하게 하는 음식을 섭취하여 변비에 걸리지 않도록 한다.

(5) 청년면의 운명

청년면의 관상이나 체형을 가진 사람은 체면이나 외모에 신경을 많이 쓰는 경향은 있지만, 대인배다운 기질을 가지고 있다. 성격이 조급하고 용감하게 나서는 것을 좋아하고, 의리를 소중하게 여긴다. 연애에 있어서도 의리를 존중하여 이별보다는 의리로 결혼을 하려는 경향이 많다. 의리와 인정을 존중하므로 실업(實業)에는 적합하지 않다. 특별한 능력과 기술을 가진 사람으로 누구나가 할 수 없는 전문적인 일을 하는 유형이다. 예능 계통에서 대성하기도 한다.

3. 소녀면(少女面) = 첩면(妾面)

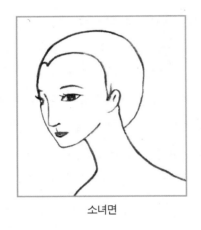

소녀면

소녀면의 관상이나 체형을 가진 사람들은 신장은 작지만 전체적인 균형을 이룬다.

(1) 소녀면의 행동과 정서

- 견실하고 야무지다.
- 결벽증이 있다.
- 자제심이 강하다.
- 허영심이 있다.
- 애완동물을 좋아한다.
- 옷과 화장품 등 몸을 아름답게 치장하는 데 돈을 아끼지 않는다.

(2) 소녀면에게 적합한 직업

소녀면의 관상이나 체형을 가진 사람들은 여배우·가수·발레리나·연주자 등의 연예 분야로 진출하는 사람이 많다. 소녀같은 면이 있으며, 꿈을 실현하려는 의지와 열정[興奮性]이 성공의 길로 이끌어 준다. 또한 미용사와 약사 등 면허를 필요로 하는 직업도 어울리

[소녀면의 신체 특징]	
골격 · 얼굴	**특 징**
신장(身長)	전체적으로 키가 작은 편이지만 전체적인 균형이 맞는다. 뼈가 가늘면서 대체로 고양이(새우) 등처럼 등이 구부정한 사람이 많다.
어깨[肩]	조금 다소곳하게 보이는 처진 어깨이다.
목[首]	어린 소녀처럼 목이 가늘면서 길다.
손발[手足]	가늘고 대체로 길다.
피부(皮膚)	기색이 얇고 창백한 경향이 많다.
모발	머리 숱이 많고 대머리는 거의 없다.
이마[額]	이마의 발제 부위는 꼭지형이다.
속눈썹	속눈썹이 길고 아름답다.
턱[顎]	가늘고 긴 턱을 가진 사람이 많다.
눈[目]	눈이 크고, 검은자위가 선명하고 매력적이다.
코(鼻)	코는 가늘면서 콧대가 높은 편이다.

고, 고객을 응대하거나 사람을 많이 만나는 직업도 맞는다.

(3) 소녀면의 체질

- 냉한 체질로 특히 하반신이 냉한 경향이 많다.
- 몸이 차서 혈액순환이 원활하지 못하므로 빈혈증에 잘 걸린다.
- 생리통이 심하고 부인병(요도염, 방광염, 자궁근종, 난소 낭종, 암)에 주의해야 한다.

- 변비를 다스려야 아름다운 피부를 유지할 수 있다.
- 신경통, 류머티즘에 주의한다.
- 한의학에서는 이증(裏症)·실증(實症)·한증(寒症)·어혈증(瘀血症) 등의 유형에 속하는 질병을 많이 가지고 있다.

(4) 소녀면의 양생(食事 · 榮養)

- 여성은 철분, 칼륨, 비타민 B군을, 남성은 아연과 비타민 E의 함유량이 높은 음식을 취한다.
- 남성은 사계절에 걸쳐서 몸을 따뜻하게 하는 음식(양파, 파, 생강, 후추 등)을 많이 섭취한다.
- 남녀 모두 변비와 생리불순을 예방하기 위한 음식(우엉, 머위, 땅두릅, 순채, 쑥)을 섭취하여 체질을 개선한다.

(5) 소녀면의 운명

소녀면의 관상을 지닌 여성은 집념이 강하고 질투심이 매우 강하다. 또한 신세 한탄 및 푸념을 많이 하고, 자기중심적이며, 항상 각광 받는 것을 좋아한다.

4. 남면(男面)

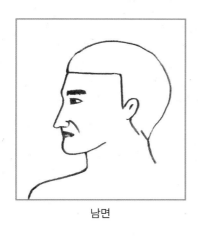

남면

남면의 사람은 말 그대로 남성적인 특성이 있다. 키는 보통이고 체격은 다부진 근골질형으로 뼈대가 굵다. 체력이 좋기 때문에 좀처럼 질병을 앓지 않는다. 하지만 의사 표현이 확실하고 책임감이 강하여 간(肝)에 부담을 주기 쉬우므로 주의해야 한다.

(1) 남면의 행동 및 정서

- 침착하고 의지 있어 보인다.
- 전반적으로 과묵하고 요점만을 말한다.
- 감정을 별로 드러내지 않는다.
- 독자적인 생각에 신념이 있다.
- 결단력과 실행력이 있다.
- 어지간해서는 다른 사람에게 속지 않는다.
- 작은 일에는 화를 내지 않지만, 한번 화를 내면 무섭다.

골격 · 얼굴	특 징
신장(身長)	키는 보통이며, 몸체의 뼈대는 굵은 편이다.
어깨[肩]	남면을 가진 사람들은 건강한 남성처럼 어깨가 넓고, 튼튼하다.
가슴[胸]	두껍고, 크다.
피부(皮膚)	얼굴과 몸의 피부가 두껍게 보이면서 딱딱한 느낌으로 검붉은 기색을 띠고 있다.
이마[額]	각이 지고 약간 넓게 보인다.
눈썹[眉毛]	굵고, 짧다.
코(鼻)	전체적으로 굵고 높다.

[남면의 신체 특징]

- 일 · 운동 · 취미생활을 할 때 끈기와 지속성이 있다.
- 운동을 좋아한다.
- 손재주는 별로 없다.

남성으로서 남면이면 이상적이지만 여성으로서 남면이 강하면 가정주부로서 일이 서툴고 남편과 자식에게 상냥하지 않다.

(2) 남면에게 적합한 직업

남면의 관상과 체형을 가진 사람은 학문적으로는 이수(理數) 계열보다 화학(化學) 계열에서 능력을 발휘한다. 만약 샐러리맨이면 관리직이 적합하며, 기술자 · 연구자 · 기업인 · 정치인 등의 분야에 진출하면 자신이 가진 재능을 발휘한다.

(3) 남면의 체질

몸이 매우 튼튼하고, 질병을 별로 앓지 않는다. 남성은 책임감이 강하여 일에 몰두하다 보면 간(肝)이 나빠지기 쉽다. 한편, 여성이 이 유형이라면 몸은 튼튼하지만 임신은 어렵다. 만약 임신한다고 해도 난산하기 쉬우니 주의해야 한다.

한의학적으로 표증(表症) · 실증(實症) · 열증(熱症) 유형에 속한다.

(4) 남면의 양생(食事 · 榮養)

- 남성으로서 이 유형의 사람은 영양도 좋고, 체질도 이상적이다. 그러나 책임감이 강하여 일을 하다 보면 간 건강이 나빠질 수 있다. 따라서 간의 피로를 풀어 주는 식초(천연의 것)를 섭취하는 것이 좋다.
- 여성으로서 이러한 유형은 질병에 잘 걸리지는 않지만 신체 영양 측면에서도 여성에게 도움이 되는 영양소가 부족하므로 철분 · 칼륨 · 비타민 B군의 함유량이 많은 음식을 섭취해야 한다. 나트륨과 아연의 섭취는 줄여야 한다.

(5) 남면의 운명

남성은 모든 일에 결론이나 결단을 내리면 철저하게 밀고 나가면서 멈추지 않는 기질이 있어서 실천력과 행동력이 뛰어나다. 발군(拔群)이기 때문에 장점이 되거나 단점이 되거나 한다. 여성은 대체로 상냥하고 부드러운 편인데, 남면적인 기질이 지나치게 강하면 남편과 아이들을 간섭하는 경우가 많다.

5. 여면(女面)

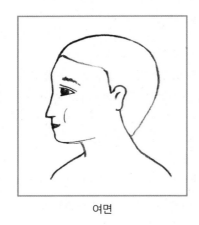

여면

여면의 관상과 체형을 가진 사람은 키는 조금 작고, 지방이 많은 체형으로 상냥하고 풋풋한 느낌이 있다.

(1) 여면의 행동 및 정서

• 손재주는 있지만 운동은 싫어한다.

• 사교적이고 마음이 관대하여 사람들에게 사랑받는다.

• 성격이 부드럽고 애정이 풍부하다.

• 가족에 대한 배려가 깊고 가정적이다.

• 스스로에게 만족한다.

• 주관적이지만 독자적인 의견은 적다. 타인의 의견에 동조하고 사기당하기 쉽다.

• 웃고 울고 슬퍼하는 등 기분이 수시로 변한다.

[여면의 신체 특징]

골격 · 얼굴	특 징
신장(身長)	조금 작다.
피부(皮膚)	약간 얇은 핑크색을 띠면서 부드러운 느낌을 준다.
눈썹[眉]	가늘고 긴 초승달형이다.
이마[額]	이마가 둥근 사람이 많다.
빰[頰]	둥글게 부풀어 있고 통통하다.
눈[目]	대부분 쌍꺼풀이 있고 상냥한 느낌이다.
입술[唇]	아랫입술이 두툼한 사람이 많다. 남성의 경우 머리카락과 수염의 숱이 적고 부드럽다.

(2) 여면에게 적합한 직업

소매업, 어린이집, 사무직, 회계 분야가 적합하다. 여면이 가진 감수성과 섬세함을 살릴 수 있는 문학가, 예능(가수) 분야에 진출하면 숨은 능력을 발휘할 수 있다,

(3) 여면의 체질

• 한의학적으로 이증(裏証) · 허증(虛証) · 한증(寒証) 유형이 많다.

• 하반신이 냉하기 쉽다.

• 설사증(下痢症) · 신장병 · 요통 · 무릎 통증에 주의한다.

(4) 여면의 양생(食事 · 榮養)

- 여성은 하반신을 따뜻하게 하는 음식(새우, 마늘, 호두, 밤)을 신경 써서 섭취한다.
- 남성은 아연 · 비타민 E군이 많은 음식을 찾아먹고, 칼륨은 주의하여 섭취한다. 여성과 마찬가지로 하반신을 따뜻하게 하는 음식을 섭취한다.

(5) 여면의 운명

여면의 특징을 가진 남성은 여자처럼 의심이 많고, 눈앞의 이익에 미혹당하고, 큰일을 앞두고 결단을 내리지 못하며 결단이 자주 바뀐다. 성공하면 여기저기 돌아다니며 자랑하고, 실패하면 남을 탓하고 앙심을 품는다. 눈물이 많아 남의 슬픔을 함께하지만 금세 잊어버린다. 먼 미래를 내다보기보다는 눈앞의 이익에만 신경쓴다. 임기가 짧은 국회의원이나 상점 주인, 중소기업 사장들로서는 복상(福相)이지만 그릇이 작아 큰 부자는 되지 못한다. 여성은 일반사무직, 회계, 세일즈 분야에 재능이 있으며, 축재성이나 가족애, 자식에 대한 운이 풍부하므로 복상에 해당한다.

6. 장년면(長年面) = 음자면(陰者面)

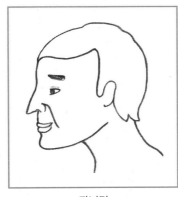

장년면

장년면은 남성에 대해서만 판단한다. 여성에게는 없다. 장년면의 사람은 키가 조금 작고, 약간 비만형에 속하며, 나이가 들어 보인다.

(1) 장년면의 행동과 정서

• 세련되고, 풍류를 즐기는 느낌을 준다.

• 눈빛은 온화하지만 위엄이 있다.

• 어려운 학문을 좋아하여 철학 · 물리학, 우주의 이론이나 법칙을 연구한다.

• 머리는 좋지만 손으로 하는 일은 서툴다.

• 이론이 많다.

• 학자로서의 기질은 있지만 재물을 모으는 데는 재주가 없다.

• 수수하고 차분한 색을 좋아한다.

[장년면의 신체 특징]	
골격 · 얼굴	**특 징**
신장(身長)	키가 조금 작다.
피부(皮膚)	전체적으로 거칠면서 거무스름하다.
얼굴[顔]	역삼각형으로, 나이보다 늙어 보인다.
이마[額]	전체적으로 넓고 조금 위쪽으로 올라가 있다.
눈썹[眉毛]	조금 짧고, 눈썹 꼬리 쪽이 굵다.
상검(上瞼)	눈꺼풀과 눈의 간격이 비교적 넓다.
턱[顎]	앞으로 돌출되어 있다.
눈[目]	약간 작다(검은자위도 약간 작다)
코(鼻)	굵고, 높고, 길다.
법령(法令)	법령선이 팔자 형태로 외측으로 향해 있다.
인중(人中)	조금 길다.

(2) 장년면에게 적합한 직업

장년면의 관상과 체형을 가진 사람들은 학자나 교수 및 의사 등의
직업을 가지거나, 추상화가 등의 예술적인 분야나 승려, 목사 등의
성직자 계통에 종사하면 적합하다.

(3) 장년면의 체질

• 부신피질호르몬이 부족해지기 쉽다.
• 상반신이 질병에 걸리기 쉽다(두통, 목, 폐렴, 심장병, 간장병, 당뇨

병 등).

- 한의학으로는 표증(表症) · 허증(虛症) · 열증(熱症)의 유형에 속한다.

(4) 장년면의 양생(食事 · 榮養)

- 아연 · 마그네슘 · 비타민 C · 비타민 E를 많이 포함한 음식을 섭취하도록 한다.
- 다시마, 된장이나 청국장 등의 발효식품이 좋다.

(5) 장년면의 운명

의학, 학자, 회화, 작가, 승려, 교사 등의 일에 종사하는 사람들을 장년면(또는 음자면)이라 불렀다. 일반적으로 학자들은 가난하여 재운이 없고, 말년이 고독한 경향이 많다. 그러나 장년면에 여면(女面)의 경향이 가미되면, 연구 · 특허 · 발명으로 재물을 축적하는 것과 동시에 부인운과 자식운이 개선된다. 현대사회에서는 아무나 배울 수 없는 학문을 연구하여 큰 성공과 발전을 성취하는 경우가 많다.

7. 열녀면(熟女面) = 유녀면(遊女面)

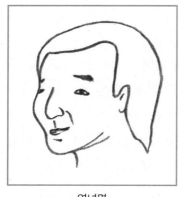
열녀면

열녀면은 남성에게는 없으므로 여성만 살핀다. 몸집이 전체적으로 기운이 있으면서 어깨가 둥글고, 등을 웅크리고 있어서 나이에 비해 약간 늙어 보인다. 두뇌 회전이 빠르고, 손재주가 있다.

(1) 열녀면의 행동과 정서

• 두뇌 회전이 빠르고, 목소리도 빠르다.
• 손재주가 많다.
• 속마음을 다른 사람에게 이야기를 하지 않는다.
• 모성애가 풍부하다.

(2) 열녀면에게 적합한 직업

열녀면의 관상과 체형을 가진 사람은 손으로 하는 일에 능숙하다. 다도 · 꽃꽂이 · 무용 · 악기 연주 등에 재주가 있다. 여관 주인이나

	〔열녀면의 신체 특징 〕
골격 · 얼굴	**특 징**
신장(身長)	몸집이 크고 좋다.
어깨[肩]	기운이 넘치는 듯한 둥근 어깨이다.
등[背骨]	새우등처럼 만곡(灣曲)되어 있다.
손발[手足]	작고 포동포동하다.
피부(皮膚)	얼굴과 피부는 생기가 없는 핑크색(어혈색 : 瘀血色)을 띠고 있다.
얼굴[額]	언뜻 보면 노면(老面)과 유사한데, 나이보다 늙어 보인다.
이마[額]	전체적으로 둥글고, 조금 위쪽으로 올라가 있다.
눈썹[眉]	조금 짧다. 미고(眉尻) 쪽으로 갈수록 굵다. 전택궁의 간격이 넓다.
턱[顎]	턱은 조금 앞으로 돌출되어 있다.
눈[目]	눈은 얼굴 크기에 비해서 조금 작게 보인다.
코(鼻)	굵고, 높고, 길다.
인중(人中)	조금 길고, 가로로 넓다.

클럽 마담, 유치원 원장 등이 적합하다.

(3) 열녀면의 체질

- 하반신에 관련된 질병에 걸리기 쉽다.
- 점액변(粘液便)의 유형이 많다.
- 대장염 · 방광염 · 냉증 등을 조심해야 한다.

• 한의학에서는 이증(裏症) · 허증(虛症) · 열증(熱症) · 어혈증(瘀血症) 의 유형이 많다.

(4) 열녀면의 양생(食事 · 榮養)

열녀면의 관상과 체형을 가진 사람들은 철분, 마그네슘, 칼륨, 비타민 C, 비타민 B군의 함유량이 높은 음식을 섭취하여 체질과 체력을 관리하도록 해야 질병에 잘 걸리지 않는다.

(5) 열녀면의 운명

웃는 얼굴로 사람의 마음을 편안하게 하는 매력이 있다. 예능 방면에 관련이 많다. 손재주가 많으며, 모든 것에 이해가 빠르다. 또한 음식을 빨리 먹는 경향이 있다.

8. 노면(老面)

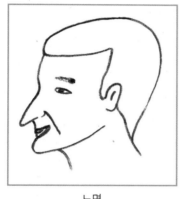

노면

한국인을 포함한 아시아인에게서는 거의 볼 수 없는 얼굴이다. 화가 피카소나 음악가 베토벤 등이 이에 속한다. 노면(老面)이라는 말 그대로 나이에 비해 늙어 보이는 것이 특징이다.

(1) 노면의 행동과 정서

• 침착하다.

• 말투와 동작이 느리다.

• 천재가 많다.

• 어려운 학문(철학, 물리, 우주의 이론 또는 법칙 연구 등)에 관심을 가진다. 그러나 그러한 분야에 대해서 오랫동안 기억하는 것은 좋아하지 않는다.

• 추상적 예술 분야에 관심을 가지고 있다.

[열녀면의 신체 특징]

얼굴 · 골격	특 징
신장(身長)	키가 작지만, 전체적으로 균형을 갖추고 있다.
피부(皮膚)	피부가 얇고, 거무스름한 기색을 띠고 있다.
얼굴[顔]	역삼각형이다. 나이 들어 보이는 유형이 많다.
이마[額]	전체적으로 넓고, 특히 상부의 바깥쪽이 넓다.
눈썹[眉]	짧고, 미고(眉尻)가 굵고 길다.
상검(上瞼)	간격이 넓다.
턱(顎)	가늘고, 앞으로 돌출되어 있다.
눈[目]	작고, 검은자위도 작고, 약간 하향이다.
코(鼻)	굵고, 높고, 조금 처진 느낌이 있다.
입[口]	굵고 길지만 인중의 선이 희미하다.

(2) 노면에게 적합한 직업

학자나 예술가 유형이 많고, 이러한 분야에 종사하면 자신의 능력을
최대한 발휘한다.

(3) 노면의 체질

- 부교감신경 긴장형이다.
- 부신피질호르몬이 부족한 경향이 있다.
- 당뇨병 · 고혈압 · 동맥경화 · 심근경색 · 뇌경색 등을 앓기 쉽다.
- 젊은 시절에 죽는 천재도 많다.

- 한의학에서는 이증(裏症), 실증(實症), 열증(熱症), 조증(躁症) 유형이 많다.

(4) 노면의 양생(食事 · 榮養)

- 여성은 철분 · 마그네슘 · 칼륨 · 비타민 C · 비타민 B군, 남성은 아연 · 칼슘 · 비타민 C · 비타민 E군을 많이 포함한 음식을 섭취한다.
- 혈류에 도움이 되는 음식(샐러리 · 오이 · 양파 등)을 많이 섭취한다.

(5) 노면의 운명

노면은 몸집이 작은 음자면과 여러 모로 닮아 있어 구별하기가 쉽지 않다. 다만 노면은 동면(童面)이 변화한 것으로 보기 때문에 늙어 보이는 사람의 어딘가에 사랑스러운 느낌이 남아 있고, 얼굴도 약간 둥근 얼굴 형태를 하고 있다. 반면에 음자면은 눈꺼풀이 날카롭고 음침하고 음험한 느낌이 있다.